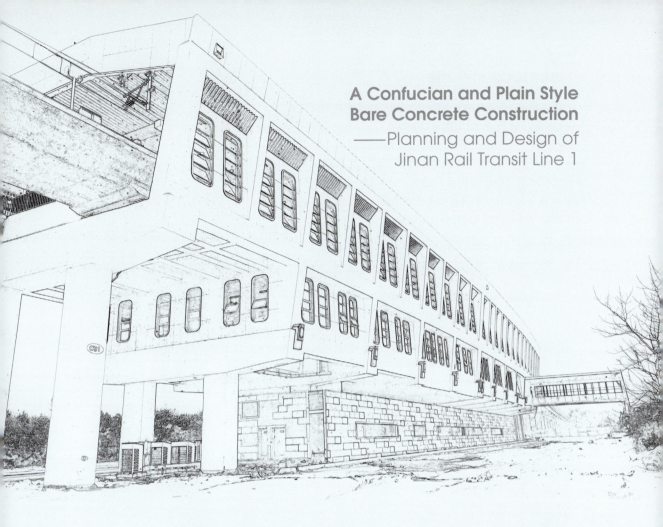

A Confucian and Plain Style
Bare Concrete Construction
—— Planning and Design of
Jinan Rail Transit Line 1

儒风素语·清水建造
济南轨道交通1号线规划设计

济南轨道交通集团有限公司　｜ 编著
北京城建设计发展集团股份有限公司

张晋毅　刘　伟　路林海　｜ 主编

中国建筑工业出版社

图书在版编目（CIP）数据

儒风素语·清水建造：济南轨道交通1号线规划设计=A Confucian and Plain Style Bare Concrete Construction——Planning and Design of Jinan Rail Transit Line 1 / 济南轨道交通集团有限公司，北京城建设计发展集团股份有限公司编著；张晋毅，刘伟，路林海主编. —北京：中国建筑工业出版社，2021.7

ISBN 978-7-112-26314-1

Ⅰ.①儒… Ⅱ.①济… ②北… ③张… ④刘… ⑤路… Ⅲ.①城市铁路—交通规划—济南 Ⅳ.①U239.5

中国版本图书馆CIP数据核字（2021）第138137号

济南轨道交通1号线是泉城首条地铁线路，开启了泉城地铁时代。本书对济南轨道交通1号线规划设计进行系统总结，主要对济南地铁建设历程、泉城地铁独特性建设理念、"儒风素语"建筑设计理念及主要制式选择、技术亮点与创新、经验教训及总结等进行阐述。本书的出版对指导首条地铁线路的规划设计、工程建设、技术创新和进步等具有很好的引导作用。

本书适用于城市轨道交通领域建设管理人员、设计及施工专业技术人员，也可供各高等院校城市轨道交通等专业的师生学习参考使用。

责任编辑：李玲洁 杜 洁
书籍设计：锋尚设计
责任校对：张 颖

儒风素语·清水建造 济南轨道交通1号线规划设计
A Confucian and Plain Style Bare Concrete Construction
——Planning and Design of Jinan Rail Transit Line 1
济南轨道交通集团有限公司
北京城建设计发展集团股份有限公司 编著
张晋毅 刘 伟 路林海 主编

*

中国建筑工业出版社出版、发行（北京海淀三里河路9号）
各地新华书店、建筑书店经销
北京锋尚制版有限公司制版
天津图文方嘉印刷有限公司印刷

*

开本：787毫米×1092毫米 1/16 印张：18½ 字数：359千字
2022年12月第一版 2022年12月第一次印刷
定价：**200.00元**
ISBN 978-7-112-26314-1
（37933）

版权所有　翻印必究
如有印装质量问题，可寄本社图书出版中心退换
（邮政编码100037）

编委会

编著单位： 济南轨道交通集团有限公司
北京城建设计发展集团股份有限公司

顾　　问： 王国富　陈思斌　高树金　王汉军　吕　杰　修春海　王伯芝
万学红　杨德勤

主　　编： 张晋毅　刘　伟　路林海

副 主 编： 赵子寅　张　伟　陈海辉　刘　颖　朱晓冬　卢伟晓　王丽君

编　　委： 王永军　刘家海　刘海东　商金华　韩　刚　郭建民　孙连勇
尹长凤　刘瑞琪　郭继杰　王一杰　叶啸飞　周国锋　王铁克
王　丹　李世忠　黄继龙　苏志红　鞠　昕　韩明睿　纪文武
袁凤东　郭建峰　郭泽阔　赵　亮　焦　岩　白　苹　吕　晶
刘　彪　许　浩　刘玲玉　刘　薇　刘　峰　张银苹　武海鹏
郎　斌　高永强　孙丽英　张　翀　谭现江　刘丹丹

审　　查： 潘　军　于松伟　李　虎　鲁卫东　周建国　张丁盛　李作周
徐成永　黄伏莲　巫　江　付义龙　白唐瀛　冯西培

济南轨道交通1号线

建筑景观缩略图

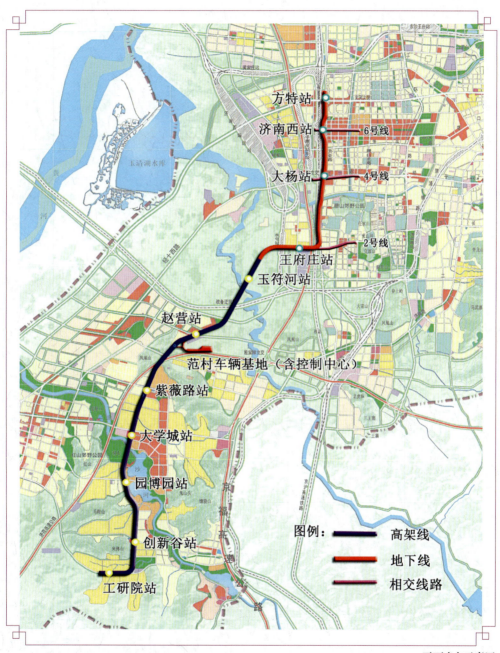

平面走向示意图

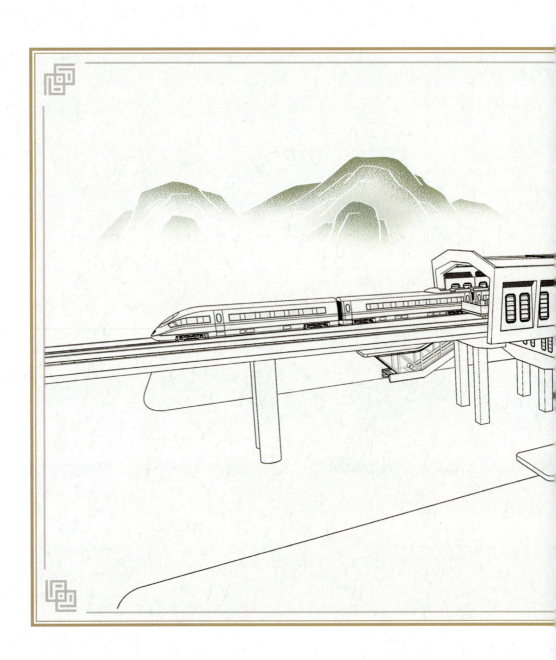

儒风：儒学德风，彰显儒家文化内敛、儒雅、尊礼、重道的德行气质
素语：素心隽语，传达建筑设计平实、素雅、内涵、谦让的人文情怀

鱼腹岛式车站人视图

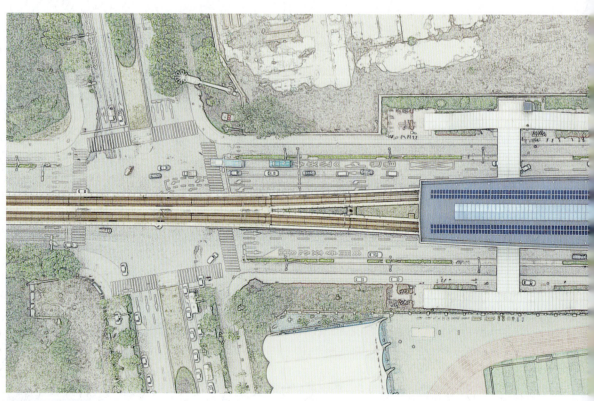

鱼腹岛式车站俯视图

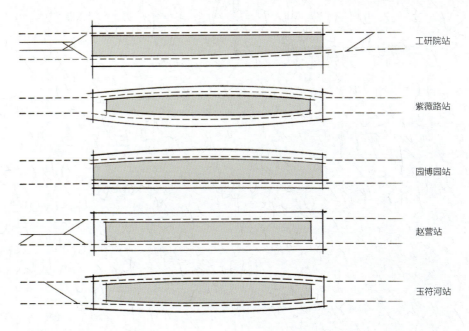

工研院站
紫薇路站
园博园站
赵营站
玉符河站

适于行车组织的高架鱼腹岛式车站示意图

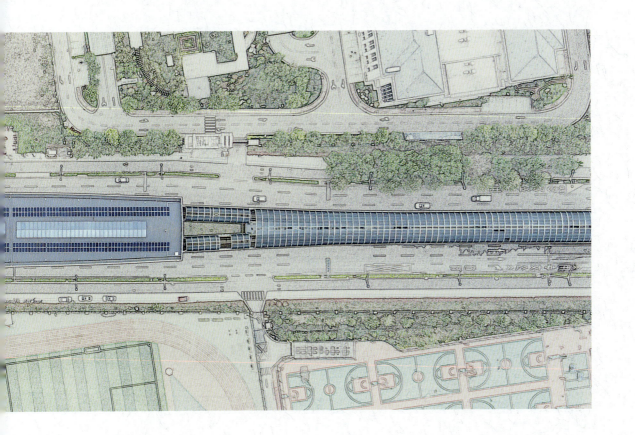

高架区间 U 形梁（施工中）鸟瞰

区间实景照片(圆柱墩+宝石形盖梁+U形梁)

节点实景照片

节点示意图

园博园站鸟瞰图

创新谷站鸟瞰图

清水混凝土高架车站近景图

高架车站外立面"和而不同"实景照片

清水混凝土高架车站站台层实景照片

清水混凝土高架车站室内实景照片（一）

清水混凝土高架车站室内实景照片（二）

高架车站站厅层艺术墙"和而不同"实景照片

济南西站天窗改造实景照片

王府庄站站厅层实景照片（清水混凝土）

王府庄站站厅层实景照片（清水混凝土）

大杨站站台层实景照片（清水混凝土）

大杨站站厅层实景照片（工业风荷塘月色）

方特站站厅层实景照片（清水混凝土）

方特站站厅层实景照片（清水裸露叠合顶板）

地下车站出入口人视实景

地下车站出入口正视实景

地下车站出入口室内实景

结合出入口风亭实景照片

园博园站传统窗棂

大杨站泉韵文化墙

"上下"提示

垂带"礼"标

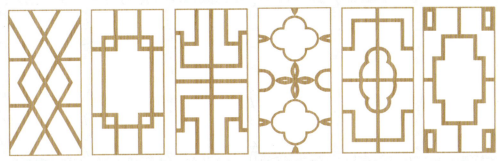

| 创新谷 | 园博园 | 大学城 | 紫薇路 | 赵营 | 玉符河 |

创新谷站天窗

园博园站窗花

大学城站窗花

紫薇路站窗花

赵营站窗花

玉符河站窗花

传统文化细节展示

范村车辆基地实景照片

范村车辆基地院落实景照片（一）

范村车辆基地院落实景照片（二）

范村车辆基地院落实景照片（三）

济南首列电客车

半封闭声屏障高架区段实景照片

地下区段实景照片

第十八届中国土木工程詹天佑奖

国家优质工程奖

北京市优秀工程勘察设计一等奖

序

济南，一座美丽而又悠久的历史文化名城，以泉水闻名世界。随着经济社会的发展，交通问题成为大城市最为棘手的问题。城市轨道交通是解决交通出行问题最有效的方式之一，而泉城济南自提出设想到2019年1号线的建成通车，历经了太多的思考、争辩、分析和论证。

作为首条通车的线路，1号线在规划、建设过程中始终肩负"保泉"的使命。在数十年泉水研究的基础上，从前期线网规划、"保泉"论证到工程建设中始终牢记这个"魂"，并充分结合城市的地质条件、发展规划、空间形态等进行开展工程建设、实践并验证了建设地铁与泉水保护可以共融共生。为城市的生态环境做出了很大的贡献，也为泉城轨道交通建设提供了宝贵的经验。

齐鲁自古名士多，济南是一座文化积淀深厚的城市。1号线的"儒风素语"理念恰如其分，素雅的清水混凝土建筑风格流露出山东人大气、谦让、儒雅的地域精神，巧妙地将建筑与文化、力学与美学高度融合。全线采用的清水混凝土，以最简单的方式、最朴实的材料，凸显了建筑艺术的质感，大幅减少了装修浪费，在整个全寿命周期中有效降低了成本。车站的处理、布局方式也实现了轻量化、免维护；为乘客带来全新的感观体验，以素颜之美展示齐鲁大地的文化特色。

在1号线工程中，还有很多的工程创新与实践，都非常具有时代意义。采用了30多项绿色建造技术，为城市的碳中和、碳达峰做出了积极的贡献。

《儒风素语·清水建造 济南轨道交通1号线规划设计》一书选择在通车后出版发行，凝聚了北京城建规划设计团队几代设计师数十年的心血，也有利于结合项目后评估进行归纳总结分析。书中打破了传统的总结形式，阐述了济南首条地铁的前世今生和线路的几个重要的专题研究、决策的过程和分析，并集中进行了技术亮点分析及教训总结。相信本书的出版能够对中国轨道交通技术发展起到有益的推动作用。

中国工程院院士

前言

济南，一座以泉水著称的北方美丽城市，在面对泉水与地铁修建的问题上，慎之又慎，确保泉水保护工作万无一失。从提出设想到首条线路建成通车耗时超过30年，作为地铁，它不经过市中心，而且一半以上的路段都在地面上，所有的纠结和避让都是为了保护地下水系，绕开济南人最珍视的泉。

济南市轨道交通1号线规划、建设过程是泉城各界统一思想、达成一致的过程，也是济南人民地铁梦、追梦地铁、实现梦想的过程。作为"保泉"的试验性线路，用事实验证了泉城修建地铁未对区域内的地下水和泉水造成影响，实现了地铁修建与泉水的共融共生，提振了济南地铁人的信心，对快速打通城市交通瓶颈起到积极的作用。

笔者作为北京城建设计发展集团济南地铁的第三代设计师，在前辈的帮助和指导下，首先将时间轴拉回到20个世纪90年代，回顾了泉城地铁的前世今生；以规划的视角阐述了泉城地铁工程地质、带型城市、建设时序的独特性；在建设中逐渐形成泉城"安全地铁、绿色地铁、智慧地铁、品质地铁"的建设理念并用以指导规划设计；其次结合首条线路特点，从以"儒风素语"为设计理念建筑景观、泉水保护、车辆编组、盾构选型、桥梁选型、供电制式、控制中心等几个方面进行了专题介绍；最后对本条线路的特色和有待进一步提高的地方进行了详细的归纳总结。

本书的出版得到政府部门、业主单位和老一辈设计师的大力支持与帮助，特此感谢！设计亮点和总结章节是本工程全部18家勘察设计单位集体智慧的结晶，笔者从设计总结中进行归纳汇总，在此向全体参与1号线的勘察、设计者对我工作多年的大力支持与帮助表示诚挚的感谢！

希望本书的出版能对国内外其他城市的地铁建设起到积极的引导作用，由于本人水平有限，书中纰漏在所难免，欢迎业界同仁和广大读者批评指正。

编者

2022年12月于泉城济南

泉水情·地铁梦

张晋毅

泉,是济南的魂、是济南的根、是济南人民文化的寄托,
承载着齐鲁大地历史的记忆。

泉水作为自然遗产,
是济南的,是山东的,是中华民族的,
更是世界的。

泉城是济南人民的,
城市的蝶变影响着泉城人民的发展和繁衍生息。

地铁,解决城市交通最高效的工具。
修建地铁直面泉水,
泉城人民慎之又慎,宁可牺牲城市发展也要确保万无一失,
为世界自然遗产保护作出了巨大的贡献。

满怀对自然的敬畏之心,
所有参建者和见证者反复分析、论证、研究,
以敬业、专业、技术、情感追梦地铁。
先外后内、先易后难,精心设计、科学决策、匠心建造,圆梦泉城地铁!

目录

壹 三十载泉城地铁探索研究建设历程

1.1 萌芽阶段 ········· 2
1.2 修建地铁会不会影响泉水 ········· 2
1.3 基于保泉的线网规划和建设规划 ········· 4
1.4 工程建设阶段 ········· 7

贰 泉城地铁建设独特性分析

2.1 工程地质研究前置的独特性 ········· 12
2.2 带状城市形态决定了快线网的独特性 ········· 16
2.3 "先外后内、先快后慢、先易后难"建设时序的独特性 ·· 18

叁 工程概述及泉城地铁建设理念

3.1 工程概述 ········· 22
3.2 泉城地铁建设理念指导规划设计 ········· 24

肆 "儒风素语"建筑设计理念

4.1 高架车站建筑的基本属性 ········· 32
4.2 清水混凝土高架车站关键技术 ········· 38
4.3 "儒风素语"总体建筑景观设计理念 ········· 54
4.4 "和而不同"融合地域文化 ········· 59

伍 泉水保护及降水回灌研究及应用

5.1 研究背景 ········· 66
5.2 主要研究内容 ········· 66
5.3 应用效果 ········· 72

陆 ● 车辆编组研究

- 6.1 背景情况 ·· 74
- 6.2 影响列车编组方案的关键因素 ··· 75
- 6.3 站立密度标准研究 ·· 76
- 6.4 列车编组对预测客流的适应性分析 ·· 78
- 6.5 列车编组对城市规划发展的适应性分析 ···································· 81
- 6.6 列车编组对网络资源共享的适应性分析 ···································· 82
- 6.7 列车远期扩编可行性研究 ·· 83
- 6.8 列车编组综合经济性比选 ·· 89
- 6.9 研究结论 ··· 93

柒 ● 盾构选型研究

- 7.1 盾构机选型 ··· 96
- 7.2 隧道衬砌内径确定 ·· 99
- 7.3 管片厚度选择 ·· 111
- 7.4 衬砌环宽 ·· 114
- 7.5 衬砌环的拼装方式 ··· 115
- 7.6 衬砌环组合类型选择 ··· 116
- 7.7 管片楔形量 ·· 116
- 7.8 管片分块 ·· 117
- 7.9 管片接头 ·· 118
- 7.10 榫槽设置 ··· 119
- 7.11 工程验证 ··· 120

捌 ● 桥梁选型研究

- 8.1 桥梁形式选择 ·· 122
- 8.2 标准梁跨径选择 ·· 123
- 8.3 标准梁截面选择 ·· 125
- 8.4 下部结构形式选择 ··· 126
- 8.5 桥梁景观设计 ·· 128

玖 供电制式研究

- 9.1 城市轨道交通牵引网简介 ········· 132
- 9.2 直流牵引电压等级分析 ············· 135
- 9.3 不同类型牵引网特点分析 ·········· 137
- 9.4 牵引网方案技术经济比较分析 ···· 149

拾 控制中心

- 10.1 控制中心概况 ························ 156
- 10.2 建筑布局与场所塑造 ··············· 157
- 10.3 设计思考 ······························ 160
- 10.4 以细节为切入点的建筑形式设计 ··· 167

拾壹 技术亮点与创新

- 11.1 勘察 ···································· 172
- 11.2 线路 ···································· 174
- 11.3 行车运营组织 ························ 178
- 11.4 轨道 ···································· 178
- 11.5 限界 ···································· 180
- 11.6 车站建筑 ······························ 181
- 11.7 车站装修 ······························ 183
- 11.8 导向标识 ······························ 185
- 11.9 管线综合 ······························ 186
- 11.10 高架车站结构 ······················ 186
- 11.11 区间桥梁 ···························· 188
- 11.12 地下车站结构 ······················ 189
- 11.13 区间隧道结构 ······················ 193
- 11.14 人防 ·································· 201
- 11.15 车辆基地 ···························· 202
- 11.16 控制中心 ···························· 205
- 11.17 供电系统 ···························· 207

11.18	暖通空调	212
11.19	给水排水及消防	214
11.20	动力照明	214
11.21	通信系统	219
11.22	信号系统	222
11.23	综合监控系统	223
11.24	火灾自动报警系统	225
11.25	自动售检票系统	226
11.26	站内客运设备	227
11.27	站台门	227
11.28	声屏障	229

拾贰 ● 经验教训及总结

12.1	勘察	232
12.2	线路	232
12.3	行车运营组织	233
12.4	轨道	234
12.5	限界	235
12.6	车站建筑	236
12.7	车站装修	237
12.8	导向标识	238
12.9	管线综合	239
12.10	高架车站结构	239
12.11	区间桥梁	240
12.12	地下车站结构	241
12.13	区间隧道结构	243
12.14	人防工程	244
12.15	车辆基地	246
12.16	控制中心	247
12.17	供电系统	248
12.18	暖通空调	249

12.19　给水排水及消防 ················250
12.20　动力照明 ····················251
12.21　通信系统 ····················252
12.22　信号系统 ····················253
12.23　综合监控系统 ················253
12.24　火灾自动报警系统 ············254
12.25　自动售检票系统 ··············254
12.26　站内客运设备 ················254
12.27　站台门 ······················255
12.28　声屏障 ······················255

附表：济南市轨道交通1号线工程参建设计单位 ············257
参考文献 ············258

壹

三十载泉城地铁探索研究建设历程

▶ 济南以泉水驰名中外,泉城人把泉涌当作城市发展的动力,视泉水为济南的市魂。30年弹指一挥间,泉城人民在城市发展、泉水保护、修建地铁之间的纠结,经历了萌芽阶段、修建地铁会不会影响泉水、基于保泉的线网规划和建设规划、工程建设四个阶段,于2019年正式开启了泉城地铁时代。

1.1　萌芽阶段

1988年，济南进行了历史上的第一次居民出行调查。调查数据显示，济南市区道路通行能力低，公交车高峰时段的运行速度仅为7~8km/h，缺少大容量公共交通设备，仅靠无轨电车、汽车无法解决客流量大的问题。济南市首次想到了建设地铁、轻轨等轨道交通，同期北京、上海、广州等也面临着城市发展中的新课题，探索着轨道交通建设发展方向。

1992年，济南市城乡建设委员会批准立项开展济南高架轻轨快速客运交通的调研。

1993年，济南市公用事业管理局成立轻轨工程筹建处，这也是济南历史上第一个为轨道交通设置的机构。

1994年《关于建设轻轨客运交通工程的调研报告》中提到，根据客流情况等考虑轨道交通线路先贯穿济南市第五人民医院、火车站、大观园、解放桥等点位，采取分期规划分布建设的方法。包括济南在内，当时全国不少城市尝试地铁等轨道交通建设，但由于有些地方不考虑经济承受能力和社会发展需要，城轨交通建设有很大盲目性。之后三年，国家没有审批城市轨道交通项目。

1995年，轻轨工程筹建机构解散。

1.2　修建地铁会不会影响泉水

1998年山东省知名交通专家许云飞从社会经济发展需要考虑，在山东省两会上提出"济南应该修地铁"的提案，有一些人反对和质疑：济南地下有错综复杂的泉脉，建设地铁肯定会破坏泉水。许云飞说，"修地铁确实有破坏泉水的可能，但只是'可能'，而不是'一定'"。

1999年，北京城建设计研究总院结合济南交通现状、交通发展战略、城市发展规划，综合分析了轨道交通线网规模、线网构架、工程实施、交通衔接等，开展济南市城市快速轨道交通线网规划研究工作，提出了城市轨道交通线网框架方案，1999年12月，山东省规划委员会专家组针对济南市轨道交通建设进行了专项论证，基本认可了由三条线路组成的线网初始方案。

2000年山东省委省政府、济南市委市政府高度重视轨道交通建设，鲁发〔2000〕17号文件《关于加快城市化进程的意见》中明确要求："济南尽快建设大容量的轨道交通设施"，济发〔2000〕1号文件《中共济南市委2000年工作要点》中要求做好市区轨道交通的前期准备工作，济南市人大会议上也要求尽快建设轨道交通。2000年3月，济南市公用事业管理局成立了济南市轨道交通筹建处，着手轨道交通筹建的前期工作，并委托北京城建设计研究总院有限责任公司编制《济南市城市快速轨道交通线网规划》。2000年

图1-1 《济南市城市快速轨道交通线网规划》专家评审会

10月，建设部、中国国际工程咨询公司邀请全国轨道交通线网规划、客流预测、轨道交通建设等方面的知名专家评审了该报告（图1-1），专家组认为：济南市规划和建设轨道交通是十分必要和及时的；规划的济南市轨道交通线网规模是可行的；推荐的线网方案基本可行，这套方案由4条线组成，分别为东西线、南北线、旅游线和支线，线网规模按93～108km控制，并认为1号线❶（东西线）、2号线（南北线）线路走向基本稳定。12月，山东省规划委员会专题研究会认为，济南市发展城市轨道交通是必要的且一定要修建的，要尽快拿出切实可行的规划方案，开展工程可行性研究，争取早日建设。

2001年，济南市委托北京市城市规划设计院编制了《济南市城市轨道交通1号线可行性研究客流预测报告》。2001年9月15日，由建设部牵头邀请广州、北京、上海、成都、山东等地的专家对报告进行了评审，专家组认为报告的依据基本可信，预测方法正确，符合济南远期客流形态，为1号线预可行性研究提供了有力支撑。济南市公用事业管理局委托北京城建设计研究总院编制《济南市轨道交通1号线一期工程预可行性研究报告》，根据客运能力，综合考虑各种交通模式技术成熟性和工程经济性，1号线拟采用轻轨模式。针对地下段如何建设，济南市公用事业管理局收集了城区自来水井、泉城路附近高层建筑及大量相关水文地质勘察资料。为进一步了解水文地质情况，结合泉城路改造工程，委托山东省地矿工程勘察院（801）对泉城路东西方向1.5km范围进行了补充勘察和相关研究。

2002年9月，中国科学院和中国工程院的周干峙、张宗祜、施仲衡、王梦恕、刘建

---

❶ 因时间跨度比较大，涉及部分单位、机构及项目名称发生了变化，编者按照以下原则：
  （1）线网规划和建设规划中，维持原表述不变。
  （2）除上述外，参照政府机构已统一的名称，R1线和济聊城际（R1线）等统一为1号线，R2线一期工程统一为2号线一期工程，R3线一期工程统一为3号线一期工程。
  （3）站点名称在工程建设阶段和正式用名不一致，工程名—正式名对照关系依次为：池东站—工研院站，前大彦站—创新谷站，园博园站—园博园站，大学城站—大学城站，紫薇路站—紫薇路站，玉符河站—玉符河站，王府庄站—王府庄站，大杨庄站—大杨站，济南西站—济南西站，演马庄西站—方特站。

航和卢耀如六位院士实地考察了规划中的济南地铁1号线，针对泉城地铁建设与地下水保护进行专题研讨，认为：一是从济南的城市规模、城市人口发展来看，修建轨道交通是必要的，现在开始筹备轨道交通建设已经为时过晚，要积极地做好前期准备工作；二是轨道交通在中心区不能走地上，如果勘测分析进行得足够详细，技术施工科学合理，建地铁与泉水保护完全可以兼顾，但是首先要做好工程地质和水文地质的勘测工作；三是轨道交通线网规划要和城市总体规划结合，统一布局纳入总体规划。综合六位院士及相关研究单位、管理机构的意见，研讨会最终得出的结论是：城市轨道交通与城市功能区域、用地开发、环境生态保护以及保护好泉脉等方面应有机结合。

综合考虑诸多因素，济南轨道交通工程继续进行"充分论证和规划"，对相关工程水文地质进一步勘察，研究城市轨道交通与泉水的关系。

1.3　基于保泉的线网规划和建设规划

2003年2月，济南市轨道交通筹建处委托山东省地矿工程勘察院对泉水附近地段进行地质条件专题勘察，查明轻轨沿线建设适宜性。

2004年12月，《济南市城市总体规划纲要（2005—2020年）》编制完成。纲要中确定了统筹发展区域交通基础设施和优先发展大容量公共交通系统的思路，提出"以BRT结合轨道交通发展快速公共交通的战略，符合济南市东西带状城市布局特点和当前及未来的发展需求"。

2007年，根据北京城建设计研究总院编制中的《济南市城市快速轨道交通线网规划报告》，济南西客站控制性详细规划方案充分结合了规划中的济南地铁1号线、6号线两条轨道交通线路。

2009年2月，济南市城市轨道交通规划建设工作领导小组成立，并启动"济南市轨道交通规划技术咨询"招标。经过考察、比较和招标，2009年6月确定由北京城建设计研究总院有限责任公司（含控股的中国地铁工程咨询有限责任公司和北京城建勘测设计研究院）进行该项工作，济南市规划设计研究院作为配合单位。其中，中国地铁工程咨询有限责任公司进行线网规划、建设规划等工作；济南市规划设计研究院进行客流预测及配合规划设计工作；北京城建勘测设计研究院负责"济南市轨道交通建设对泉水的影响研究"课题研究工作；北京城建设计研究总院进行济南地铁1号线、2号线和5号线的可行性研究工作。

2010年2月，历时8个多月进行了大量勘测工作，北京城建勘测设计研究院编制完成《济南市轨道交通建设对泉水影响研究报告》，认为只要避开泉水敏感区域，济南完全可以修建地铁，不会影响泉脉，该报告通过卢耀如院士、施仲衡院士、宋振骐院士、林学钰院士等国内知名专家审查（图1-2）。

图1-2 保泉专家咨询会

2011年，北京城建设计研究总院有限责任公司编制的《济南市轨道交通线网规划》通过专家评审（图1-3），同步基本完成《建设规划》报告编制，近期将采用地上与地下地铁相结合的敷设方式。

图1-3 线网规划专家审查会

2012年4月，《全市城市建设管理重点项目推进计划（2012—2013年）》要求济南市发展改革委做好轨道交通的前期规划报批工作。在建设美丽泉城动员会上，济南市政府要求，要加快做好轨道交通建设线网规划，尽快上报国家审批，力争完成济南地铁1号线试验段开工准备。

2013年6月，济南市政府批复了《济南市轨道交通线网规划》（济政字〔2013〕44号）。规划线网由9条线路构成（图1-4），分两个层次，其中M1~M6线为城区内部的

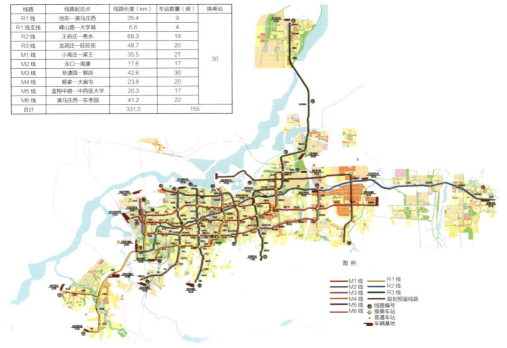

图1-4 济南市轨道交通线网（2013年）

轨道交通系统，主要解决中心城内部的客流集散；R1～R3线为市域层次的线网，主要为市域层面的客流服务。线网规模总计331km，其中城市内部线网181km，市域层次线网150km，共有车站155座，其中换乘站30座。9月，中国国际工程咨询公司在济南主持召开《济南市城市轨道交通建设规划（2014—2018年）》评估会。10月，北京城建设计研究总院中标济南轨道交通R1线工程总体总包和土建第一标段设计。12月，济南轨道交通集团有限公司正式成立。

2014年10月，环境保护部在济南主持召开《济南市城市轨道交通建设规划（2014—2018年）及线网规划环境影响报告书》专家审查会。11月，住房和城乡建设部在济南主持召开《济南市城市轨道交通近期建设规划（2015—2019年）》专家审查会。

2015年1月，经国务院批准，国家发展改革委下达《关于印发济南市城市轨道交通近期建设规划（2015—2019年）的通知》（发改基础〔2015〕42号），正式批复济南市城市轨道交通近期建设规划。包含R1线、R2线一期工程和R3线一期工程，总计80.6km，形成"一横两纵"骨干型市域快线系统，共设车站34座，工程总投资约437.2亿元（图1-5）。

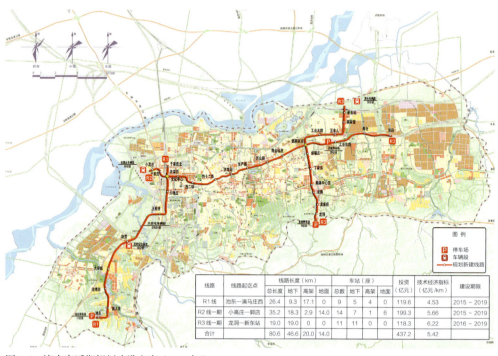

图1-5 济南市近期规划建设方案（2015年）

1.4 工程建设阶段

2014年4月18日,济南轨道交通集团有限公司对济南地铁1号线工点设计进行招标。5月公布中标情况如表1-1所示。

1号线中标情况表 表1-1

中标单位	设计范围
北京城建设计发展集团股份有限公司	土建二标段:园博园站(不含)—赵营站,系统一标段:供电系统(含动力照明)
中铁工程设计咨询集团有限公司	土建三标段:赵营站(不含)—大杨庄站(不含)
铁道第三勘察设计院集团有限公司	土建四标段:大杨站—方特站
中铁二院工程集团有限责任公司	土建五标段:池东停车场、范村车辆综合基地
中铁电气化勘测设计研究院有限公司	系统二标段:通信系统、信号系统、PIS、OA
北京全路通信信号研究设计院有限公司	系统三标段:综合监控系统、FAS、BAS、门禁、AFC、安防

2014年7月29日~7月31日,济南轨道交通集团有限公司组织召开了《济南轨道交通1号线工程总体设计》(以下简称《总体设计》)专家评审会,邀请了来自北京、天津、上海、广州、南京等地的16名专家。专家认为《总体设计》研究内容全面、翔实;对可研阶段专家咨询意见得到了较好的落实和回复;线位、站位和车辆基地选址基本适当、机电设备系统构成和配置符合运营模式要求;车站功能布局和结构、施工方案基本可行,主要技术标准符合国家规范规定,编制深度达到了《总体设计》阶段要求。鉴于《近期建设规划》《可研报告》尚未批复,专家组对《总体设计》的评审意见若与上述阶段的批复文件有较大出入时仍需再议。

2014年12月17日~19日,根据山东省发展改革委的要求,中国地铁工程咨询有限责任公司邀请来自天津、广州、西安、成都、济南的16名专家,分总体组、土建组、机电设备组和经济组,对北京城建设计发展集团股份有限公司、中国地铁工程咨询有限责任公司和济南市规划设计研究院联合编制的《济南轨道交通1号线工程可行性研究》进行了评估。专家踏勘了线路主要控制点,听取了主管单位及相关部门的意见,进行了咨询论证。部分参会部门明确表示,虽功能有所变化,项目名称变更,但在投资主体、主要建设站址、投资规模、路由选址等不变的情况下,相关支撑性文件继续有效。评估主要内容包含:线路全长26.4km(地下线9.3km、高架线17.1km),共设车站9座(其中换乘站5座),设一场一段,分别为范村车辆综合基地、池东停车场,估算总额为1217268万元,技术经济指标为46109万元/正线公里。

2015年4月23日,山东省发展改革委批复了《关于济南市轨道交通1号线工程可行性研究报告的批复》(鲁发改能交〔2015〕350号),线路全长26.4km,其中高架线17.1km、地下线9.3km。共设车站9座,设范村车辆综合基地、池东停车场和控制中心,车辆采用B型车,最高运行时速100km/h,初、近、远期均为6辆编组,工程总投资约119亿元。

2015年6月18日,中国建筑第八工程局有限公司中标试验段土建工程施工标段,总长约5.2km,包含起点至园博园站的三站两区间,具体内容包括高架区间、车站、出入口天桥和附属用房的主体结构土建施工以及U形预制梁的安装。

2015年7月16日,在建设单位、勘察单位、设计单位、施工单位、监理单位见证下,试验站创新谷站打下了第一桩(图1-6),1号线正式破土动工。

2015年8月9日~12日,受山东省和济南市发展改革委委托,上海市隧道工程轨道交通设计研究院邀请来自北京、天津、南京、济南、上海等地的29名专家组成专家组,对《济南轨道交通1号线工程初步设计》(以下简称《初步设计》)进行专家评审,相关主管领导及部门参加了会议。专家组认为,《初步设计》提供的文件内容较全面,线站位、车辆基地及控制中心选址已基本稳定,系统构成和车辆、机电设备配置能基本满足运营模式要求。车站功能布局和结构、施工(除个别车站外)方案基本可行,采用的主要技术标准符合国家有关的规范规定。线路起讫点、线路长度、敷设方式、

图1-6 第一桩岩芯纪念

车站数量、车辆选型和机电设备配置与批复的《可研报告》基本一致，编制深度基本达到了初步设计阶段的深度要求。

2015年9月21日，中国建筑第八工程局有限公司中标非试验段高架段土建施工，包含园博园站（不含）至过渡段的四站五区间，总长约12km，具体内容包括高架区间、车站、出入口天桥和附属用房的主体结构土建施工以及U形预制梁的安装。

2015年10月20日，山东省发展改革委批复了《济南市轨道交通1号线初步设计概算的批复》（鲁发改重点〔2015〕1089号文），线路全长26.1km，其中高架线长16.2km，过渡线长0.2km，地下线长9.7km。共设置车站9座，其中高架站5座，地下站4座。建设范村车辆综合基地1处，控制中心1座。车辆采用B型车，最高速度100km/h，初、近期采用3M1T四辆编组，远期采用4M2T编组，概算总投资为1252505万元。同月，中铁十四局集团有限公司（简称"中铁十四局"）和中铁十局集团有限公司（简称"中铁十局"）分别中标地下工程一标段和二标段。中铁十四局中标的一标段包括入地点至王府庄站地下盾构区间、王府庄站；王府庄站至大杨庄站盾构区间、大杨庄站。土建工程施工包含二站二区间，含地下盾构区间、车站、出入口土建施工及全线U形梁预制和运输。中铁十局中标的二标段包括大杨庄站至济南西站区间、济南西站（已建成）；济南西站（已建成）至演马庄西站区间、演马庄西站。土建工程施工包含二站二区间，含地下盾构区间、车站、出入口土建施工。

2015年11月10日，地下段开工建设，标志着全线正线工程全面开工。

2016年1月11日，由中铁十局承建的首个地下车站方特站开工建设。

2016年7月31日，首台盾构机"开拓一号"在方特站始发。

2016年10月24日，范村车辆综合基地正式开工建设，中铁一局集团有限公司承担了运用库和检修库的土建及机电安装施工工作，济南长兴建设集团有限公司承担了除运用库和检修库外的土建及机电安装施工工作。

2017年8月20日，在工研院站铺轨基地开始铺轨，标志着工程由土建施工阶段陆续转向安装阶段。

2017年9月28日，受山东省发展改革委委托，中铁第四勘察设计院集团有限公司主持召开《济南轨道交通1号线工程增设站点初步设计概算》（以下简称《初步设计概算》）专家评审会，会议邀请来自武汉、上海、广州、济南等地的9名专家，听取了《初步设计概算》总体汇报及政府各相关部门的意见，专家组认为，增设站点的初步设计采用的主要技术标准与批复的《初步设计概算》基本保持一致，提供的文件内容全面，线站位稳定，系统构成、车辆、机电设备配置能满足运营模式要求。车站功能布局、结构设计、施工方案基本可行，编制深度达到了初步设计阶段的深度要求。

2017年10月26日，山东省发展改革委批复了《济南市轨道交通1号线工程增设站点初步设计概算的批复》（鲁发改重点〔2017〕1219号），济南市轨道交通1号线在大学城站至赵营站区间增设紫薇路站，在赵营站至王府庄站区间增设玉符河站，全线站点由9座增至11座。新增车站均为路中三层岛式车站，主要技术标准与其他高架车站一致，增设站点概算投资为41219万元。

2017年12月19日，截段拼装施工的跨济广高速关键节点合龙，标志着全线高架段实现桥通。

2018年4月20日，最后一个地下区间贯通，全线实现洞通，为下一步机电设备安装奠定坚实的基础。

2018年5月17日，首列车抵达范村车辆综合基地。

2018年7月31日，全线轨通。

2018年8月31日，全线电通，全面启动综合联调。

2018年12月18日，全线工程竣工验收。

2019年1月1日，全线建成通车试运行。

2019年3月3日，山东省交通运输厅、山东省发展改革委组织召开了济南轨道交通1号线工程调整初步设计审查会，专家组听取了总体单位北京城建设计发展集团股份有限公司、工点设计单位中铁二院工程集团有限责任公司、咨询单位中铁第四勘察设计院集团有限公司的汇报以及相关单位意见。审查认为，设计文件编制内容较齐全，技术方案可行。

2019年3月21日，经参建各方验收和验收委员会确认，1号线验收合格。同日，经评估委员会对初期运营前进行安全评估，认为1号线具备初期试运营条件。

2019年4月1日，在方特站进行正式载客试运营仪式，泉城人民正式进入地铁时代。

2019年4月3日，山东省交通运输厅和山东省发展改革委发布了《关于济南市轨道交通R1号线工程调整初步设计文件的批复》（鲁交建管〔2019〕19号）[1]。《调整初步设计》主要内容包括：一是结合全自动驾驶技术条件的预留、集约利用范村车辆基地土地资源，考虑后期城市发展可能性，调整了范村车辆基地运用检修规模；二是为提高济南西站换乘大厅服务品质，建设友好型城市空间环境，增加了轨道交通济南西站换乘大厅开天窗改造、地下空间开洞改造设计；三是为实现高架车站内外立面装修风格的统一，增加了部分车站装修优化设计。调整初步设计概算总投资为130.45亿元，较原批复初步设计概算增加5.2亿元。

---

[1] 2018年国家大部制进行改革，按照中央统一部署，山东省轨道交通的审批管理由住房和城乡建设厅调整到交通运输厅，延长了报送审批时间

贰

泉城地铁建设独特性分析

▶ 济南是山东省省会,是著名的"泉城",其轨道交通建设之所以"慢",先期建设线路选择之所以"怪",根本原因在于泉水保护,"修地铁会不会影响泉水喷涌？"一直是一个悬而未决的问题。

济南轨道交通的独特性主要取决于"泉水保护"和"带状城市"两大特点,济南轨道交通规划就是围绕着"在不影响泉水的前提下,带状城市需要什么样的轨道交通"这一基本问题展开的。

2.1 工程地质研究前置的独特性

2.1.1 泉水保护的重要意义

济南是著名的"泉城",泉水是大自然的恩赐,是济南历史文化和人文精神最为宝贵的财富。经历过泉水停喷之痛的济南人民和省市两级政府,把"保泉"作为城市发展建设的前提条件和首要任务。为确保轨道交通建设不影响泉水喷涌,山东省、济南市两级领导多次强调"泉水保护要做到安全第一、慎之又慎、确保万无一失"。因此,在工作伊始就确立了"以泉水保护研究为先导,线网规划、建设规划、工程可研交叉并进"的工作思路,将轨道交通建设对泉水影响研究前置,其研究成果作为规划和工程建设的前提和依据。该思路开创了在轨道交通线网规划阶段提前开展地质勘探的先河,受到了国内轨道交通和地质专家高度评价。

济南地下水丰富,几十年来有关单位对地下水开展了一系列研究,积累了丰富的水文地质资料,由于地质情况复杂,专家们多年来在某些关键问题上观点不一致、争论不休。因此,轨道交通建设对泉水影响研究的关键是要正确制定契合地铁工程特点的、科学合理的工作方案。经过反复研究最终确定:重点在于查清地下 0~30m 的地质构造、岩溶分布和地下水情况,研究区域范围为主城区内可能布设轨道交通线网的所有主干道路。该方案明确了研究目标,缩小了研究范围,提高了研究的针对性,为轨道交通建设对泉水影响研究最终取得成功奠定了基础。

2.1.2 保泉研究结论对轨道交通规划的重要作用

2010年2月,保泉研究开展了专家评审会,听取了四位院士的相关意见和建议,最终完成的《济南市轨道交通建设对泉水影响研究报告》系统分析了勘探区域内的地质构造,明确了泉水成因,划分出泉水影响敏感区域,特别结合地铁工程特点提出了在不影响泉水喷涌的前提下建设轨道交通的结论。根据保泉结论,遵循保泉研究的要求,线网规划编制组采用先进科学方法,创新性地提出了在济南这样特点鲜明的带状城市中轨道交通发展的战略,完成了线网规划和建设规划。

(1)进一步明确了地下水分类和泉水成因

济南地区地下水主要分为孔隙水、裂隙水、岩溶水三种类型。四大泉群主要来自于岩溶水,泉水的径流通道一般在100多米以下,而地铁区间埋深一般在 10~20m,地铁车站及换乘站埋深约 20~30m。济南南部山区接收大气降水,渗入地表,在地下灰岩内形成地下径流,由高向低,由南向北,流到市区内地势低洼的地方,受到不透水的岩浆岩阻挡，在水压的作用下，水头抬升，喷涌成泉。泉水的出露有两种方式：一种是由灰岩天窗喷涌而出的，称为天窗式，四大名泉中的趵突泉和黑虎泉属于天窗式出露（图2-1）；另一种是由岩浆岩的风化深槽渗露而出的，称为渗流式，珍珠泉和五龙潭属于渗流式出露（图2-2）。

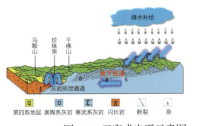 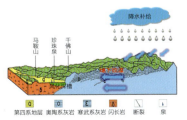

图2-1 天窗式出露示意图　　　　图2-2 渗流式出露示意图

（2）查清了济南市轨道交通建设的适宜范围，划分了影响泉水的敏感区域

研究表明，济南市区经十路以北、大明湖路以南、历山路以西、顺河高架路以东的范围为泉水影响敏感区，敏感区内泺源大街、泉城路不宜布设地铁线（图2-3）；市区其他区域能够修建地铁，但经十路（广电中心—千佛山路）区段建议埋深不超过16m，历山路（解放路—文化路）区段建议埋深不超过12m。

（3）根据保泉结论对局部路段提前做工程方案深入研究

针对保泉研究结论提出的经十路和历山路局部路段的地铁建设条件，根据这些路段的地质条件（图2-4~图2-7），进行了工程方案的深入研究。明确线路平纵断要求，深化区间及车站方案，确保满足保泉条件，为后续线网方案的构建奠定了基础。

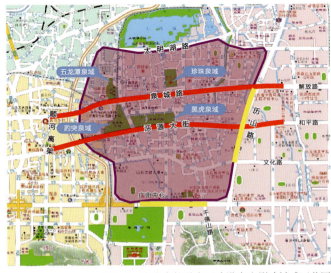

图2-3 济南市轨道交通建设泉水影响敏感区范围

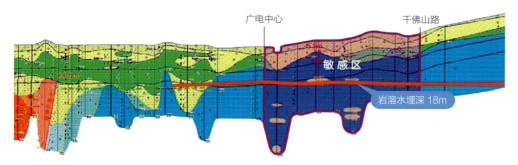

图2-4 经十路（广电中心—千佛山路）敏感段地质剖面

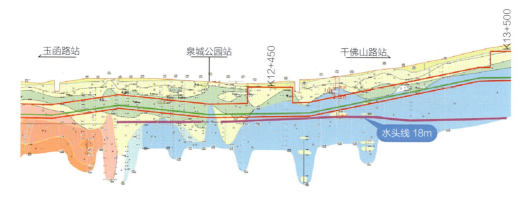

图2-5 经十路（广电中心—千佛山路）敏感段地下方案

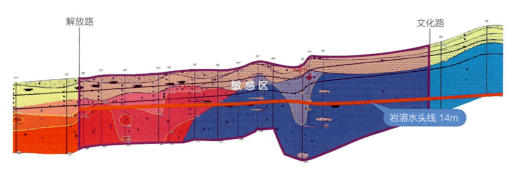

图2-6 历山路（解放路—文化路）敏感段地质剖面

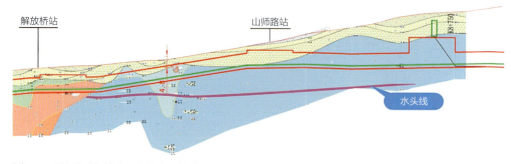

图2-7 历山路（解放路—文化路）敏感段地下方案

2.1.3 工程地质研究前置的意义

在轨道交通线网前期规划阶段较少涉及工程地质方面的深入调查和分析，一般仅停留在城市总体规划说明书中所包括的城市地质、水文和气象资料，更较少在轨道交通规划初期做详细的工程方案。济南虽然是个特例，但在迫不得已之中，也充分体现了轨道交通规划中工程地质研究的重要性和必要性。

（1）工程地质研究前置有利于线网方案的稳定性

在以往的线网规划方案构架中，主要以城市总体规划和综合交通规划为依据，以交通效果为目标导向，以交通调查和客流预测为定量检验手段，较少考虑工程地质因素的影响。当进入轨道交通实施规划阶段，对工程地质条件研究不充分往往成为线网方案调整的主要原因。因此，在规划之初即开展针对轨道交通建设特点的工程地质研究，预测了线网建设时可能遇到的工程地质问题，避免不良工程地质条件造成线位调整、敷设方式改变等带来的风险，能够确保线网方案的工程可行性和稳定性，从而保证线网规划在城市轨道交通建设中的纲领性作用。

（2）工程地质研究前置有利于降低工程风险，节约轨道交通建设投资

线网规划阶段即开展工程地质调查研究，能够为线网建设时勘察、设计、施工指明工作重点，科学合理地选择轨道交通走廊、确定线路敷设方式、安排线网实施时序等，从而能够起到节约轨道交通建设投资的作用。

（3）线网规划阶段工程地质研究的深度和工作方法

线网规划阶段工程地质研究的目的主要在于预测不良地质的条件可能对轨道交通建设带来的风险。借鉴济南经验，首先通过资料调查和文献研究，对规划区内地质条件概况做全面了解，分析、筛选可能对轨道交通建设施工产生重大影响的不良地质因素。若确实存在如地下水、淤泥软土、断裂带等不良地质因素，则可做进一步钻探勘察。钻探范围应集中在可能作为轨道交通走廊的城市主干道沿线进行，钻探深度在30m之内即可满足地铁施工需要。在地质勘察的基础上，确定规划区内轨道交通建设适宜性分区，明确轨道交通禁建区，指导后续规划设计。

2.2 带状城市形态决定了快线网的独特性

2.2.1 带状城市的空间结构特点

济南市北有黄河，南有泰山，受山水夹持地形所限，一定时期内城市空间形态是典型的带状城市（图2-8）。依据济南市总体规划（2011—2020年），济南市城市空间以现状二环内旧城为核心，沿东西发展轴向两翼展开，形成"一城三区"（老城、西部新区、东部新区、滨河新区）的城市空间格局。2020年，济南城市空间建设将在东西长68km、南北宽12～20km的狭长地带展开，远景年城市东西轴带拉长至90km，带状城市特征非常明显。

图2-8 济南市区三带空间结构图

2.2.2 快线是带状城市的必然选择

在带状城市地域内，轨道交通需要解决两种交通出行问题：一是主城中心区内部的中长距离的客运交通；二是东西向长距离向心交通，即外围组团与主城中心区之间的交通出行。这两种交通出行具有不同的交通特征和需求。

主城内部的轨道交通是城市客运交通骨干，满足城市主要交通走廊上的交通需求，要求保证较高的旅行速度和可达性。因此，主城内部的轨道交通系统应形成由若干线路编织成的网络（即轨道交通线网），中心区的线网密度不应低于0.5km/km^2，线路的平均站间距1.0~1.5km，运行速度30~40km/h。

在外围组团与中心城之间的交通出行中，轨道交通以解决轴向交通为主，是外围组团与主城之间复合交通走廊上的骨干系统。交通目标是外围进城的客流，45min到达主城副中心，1h到达核心区。服务于这种交通目标的轨道交通以大站快车为特点，轨道交通运行速度在50km/h以上，平均站间距不小于3km。

为满足上述两种特征的交通出行，需要采用两种功能线路，除市区轨道网以外，还需构建独立于主城轨道线网的快线。快线贯穿带状城市，串连各组团中心，与主城内部轨道交通线网实现多点换乘。

2.2.3 快线走廊选择的独特性

如何选择快线走廊，是在线网规划过程中的一个难点。济南主城区内东西向的主干路屈指可数，捉襟见肘，除满足市区地铁线路外，基本不可能用于快线布设。

济南是一个受铁路影响非常深远的城市，从1904年胶济线通车以来，在很长的一段历史时间里，城市建设和发展围绕这条铁路开展，胶济线逐渐成为城市的中心轴线位置。2008年，胶济客运专线通车后，胶济线基本以货运为主。随着京沪客运专线和太青客运专线的相继建设，济南铁路枢纽中的主要客运站分布于城市的东、西两端，胶济线的功能进一步弱化，而在空间上它又是处于中心轴线位置。经过与铁路部门几年的反复论证，最终确定利用胶济线走廊，沿胶济线北侧与铁路平行铺设以地上线为主的市域快线，巧妙地利用了铁路走廊与城市道路交通立交的现状条件，保证快线大站距、高速度的特点，避免了市域快线在中心区变"慢线"的风险，既解决了穿越中心城快线走廊的问题，又为铁路沿线的城市更新改造、功能提升提供了契机，成为济南线网规划和建设规划的一大特点。

2.2.4 "双网双模式"线网规划方案

针对济南市由于南山北水的地形限制而形成的带状城市的特殊空间形态，提出了"双网双模式、快线穿城"的线网规划概念，形成了"中心放射、两翼延伸"的网络构架。

最终确定济南市远景轨道交通线网（2015年版）共由9条线路组成，线路总规模332km，分为市区轨道网和市域快线网两个层次（图2-9）。市区轨道线网由6条线路组成，线路长度182km，形成"四横三纵"的网络构架；以地铁制式为主，站距小、运量大，主要服务于主城区内中长距离的交通出行，是实现"公交都市"目标的必要保证，

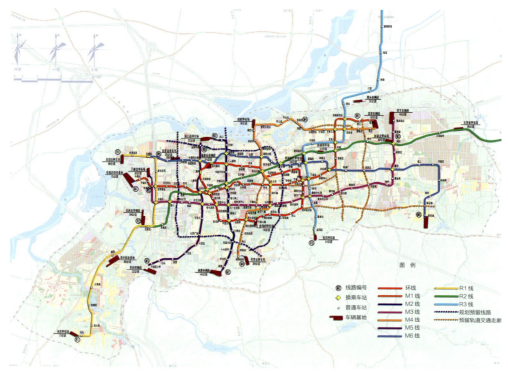

图2-9 济南市远景线网规划图（2015年版）

是缓解交通拥堵的必然选择。市域快线网由3条快线组成，线路长度150km，形成"一横两纵"的网络构架；平均站间距约3km，运行速度50~55km/h，主要服务于中心城内的长距离快速出行，实现了外围组团与主城区之间的快速交通联系，是支撑带型城市的基本骨架。

2.3 "先外后内、先快后慢、先易后难"建设时序的独特性

不同于绝大多数城市"先内后外、先慢后快"的建设时序，泉水保护和带状城市的独特性迫使济南不得不反其道行之，选择了"先外后内、先快后慢"的轨道交通发展道路。

2.3.1 影响线网建设时序的因素

（1）泉水保护的重要性和严峻性

线网规划确保线网避开了泉水敏感区，但是本着"慎之又慎、泉水保护万无一失"

的原则，在旧城内修建地下线仍然是政府难以决断的问题。济南的轨道交通建设从地上线入手，先外围后市区，先容易后困难，循序渐进，逐步为地下线的建设积累经验，增强轨道交通保泉信心，保证轨道交通建设稳步推进。

（2）城市形态的特殊性

济南所面临的问题主要是由于城市形态由团状向带状转变所带来的。在非常长的时期内，济南的城市形态呈团状发展，主要集中在旧城内；为了打破空间束缚，城市空间拓展以近域推进为主，迅速拉开城市框架，城市规模不断扩大。由于缺乏高效公共交通支撑，主要依靠小汽车和班车难以解决由此造成的大量的长距离交通问题，使"东拓、西进"的发展战略受阻。城市空间拓展受阻，反过来使中心区功能难以疏解，旧城改造使老城区密度持续增加，进一步恶化了交通和人居环境，"中优"难以实现，城市发展处于两难境地。先行建设快线，解决长距离交通出行需求，能够引导城市空间有序发展，落实"东拓、西进、中优"的空间发展战略。因此，"先快后慢"成为必然选择。

基于以上特殊的工程水文地质条件及城市空间形态，创新性地提出"先外后内、先快后慢、先易后难"的济南轨道交通建设时序，既符合带状城市的空间特点，解决东西向长距离出行交通需求，缓解现状交通压力，同时又能在一定时期内回避泉水保护的社会敏感性问题。

2.3.2 近期建设规划方案

2015年1月，国务院正式批复了《济南市轨道交通近期建设规划（2015—2019年）》，至2019年，建成市域快线1号线、2号线一期工程和3号线一期工程，长约80.6km，总投资约437亿元，形成"一横两纵、贯穿东西、连接南北"支撑带状城市空间骨架的快线网。这充分肯定了济南轨道交通建设时序选择的科学合理性，宣告济南轨道交通建设破除"坚冰"，开创了历史新纪元[1]。

---

[1] 本文涉及的泉水探索是基于2013年线网规划编制前期的勘探成果基础上得出的结论，随着科学技术的进步和勘探手段的提升，人类对地下构造的认识会越来越深刻、越来越清晰、越来越科学，尤其是地下水文地质，随季节、天气、城市建设等会呈现较大的变化，如遇相悖的数据或结论，应动态、科学、客观地进行分析和研判。

近几年以来，济南正实施北跨即携河发展空间战略，城市的空间格局正发生变化，"带状城市"的格局会有所改善，城市的远景轨道交通线网也进行了相应的优化调整。

本轮建设规划批复的2号线一期工程在规划阶段沿胶济铁路以地面线为主进行敷设，在工程实施过程中因征地、拆迁、协调、环评等因素进行了适量的调整。

叁

工程概述及泉城地铁建设理念

▶ 济南即将开启地铁建设的征程,我们需要什么样的地铁?建设什么样的地铁?怎么样建设地铁?以什么样的标准建设地铁?

在前期大量调研、分析、论证的基础上,济南地铁1号线工程正式启动。作为泉城的首条轨道交通线路,如何解决泉水保护问题?如何化解客流难题与城市发展问题?如何体现齐鲁文化和人文关怀?如何基于众多城市的经验教训更加高水平、高质量、高标准的设计地铁?当代的建造技术如何更好地为时代服务?处于瞬息万变的信息时代,未来地铁是什么样的?轨道交通如何可持续发展?这些都是我们在规划设计中认真思考的问题。

本章首先简要介绍了济南地铁1号线工程概况、主要技术标准、主要设计方案和经济技术指标,使读者对该工程有一个轮廓性的认知。接着阐述了济南轨道交通集团随着工程推进提出的"四个地铁"建设理念,并对济南地铁1号线建设过程中的实践情况进行了总结归纳分析。

3.1 工程概述

（1）功能定位

济南地铁1号线位于济南市西部新城区，是轨道交通线网中贯穿西部新城南北的一条主干线，途经长清区、市中区、槐荫区，沿线串联了创新谷、园博园、大学城、玉符河绿色生态区、腊山河片区、济南西站片区等重点区域，重点解决了济南市西部地区南北向的交通供需矛盾，有效加强了西部新城区与主城区之间的联系。

（2）敷设路由及方式

线路起点为长清区工研院，以高架形式沿丹桂路向东敷设，在海棠路口转向北，过芙蓉路、丁香路、大学路、紫薇路后跨济广高速公路，沿刘长山路延长线向东偏北方向敷设，过玉符河后线路进入地下，后转向东沿刘长山路延长线布置，下穿京沪铁路、京福高速公路、京沪高铁后转向北沿党杨路敷设，过经十西路后继续向北，进入预留的济南西站，线路转向齐鲁大道向北到达线路终点。在紫薇路站—赵营站区间设八字线接轨于范村车辆综合基地，在起终点预留延伸条件。

（3）工程规模

线路全长26.1km，其中高架线16.2km，过渡段0.2km，地下线9.7km；共设车站11座，其中高架站7座，地下站4座；平均站间距2574.5m，最大站间距3878.7m，为王府庄站至大杨站，最小站间距1544.9m，为济南西站至方特站；全线设置范村车辆综合基地1处，控制中心1座，主变电所2座，在车辆基地八字线与刘长山路围合的三角区设派出所和消防站。

（4）客流分析

根据客流预测，设计年限分别为：初期2022年、近期2029年、远期2044年；全日初期27.1万人、近期30.7万人、远期41.4万人；高峰小时断面初期1.19万人、近期1.58万人、远期2.15万人。

（5）车辆选型

采用B型车4-4-6编组，最高时速100km，初近期3动1拖，远期4动2拖，初期15对、近期20对、远期20对，运能标准5人/m^2。

（6）运营组织

初近期采用一个交路；在工研院站设站后折返线并预留延伸条件，方特站设站前交叉渡线并预留延伸条件，八字线接轨范村车辆基地，在大学城站设单停车线、大杨站设双停车线，在王府庄站设与2号线的联络线，在工研院站和王府庄站设单渡线。

（7）轨道

正线及配线采用60kg/m钢轨，车场线采用50kg/m钢轨；正线减振里程10720单线米，中等减振（压缩型减振扣件）5920单线米，特殊减振（重量级钢弹簧浮置板）4800单线米。

（8）车站

全线车站共11座，其中高架车站7座、地下车站4座，均为120m岛式车站。高架车站均为原汁原味清水混凝土车站，根据配线情况优先选择鱼腹岛式车站形式，其中工研院站为路侧三层车站，创新谷站、园博园站、大学城站、紫薇路站、赵营站、玉符河站均为路中三层车站；地下车站除方特站为地下二层11m单柱车站外，均为换乘站，其中王府庄站为与2号线站厅平行换乘地下二层12m单柱车站，大杨庄站为与规划4号线L形换乘地下二层14m双柱车站，济南西站随着西站交通枢纽的建设土建进行预埋，为与规划6号线换乘地下三层15.2m双柱车站。

（9）高架车站结构

车站主体结构设计使用年限100年，抗震设防烈度7度，采用"桥建合一"结构体系，外立面和内装修采用清水混凝土形式；工研院站主体结构为路侧三层框架结构，其余6座车站均为路中三层横向双柱结构形式，屋面采用钢结构形式；附属结构采用清水混凝土形式，天桥和无障碍电梯采用钢结构形式。

（10）地下结构

地下站均为明挖车站，王府庄站围护形式采用Φ1000套管咬合钻孔灌注桩+内支撑，大杨站除换乘节点采用1000地下连续墙+内支撑外其余均采用Φ1000套管咬合钻孔灌注桩+内支撑，方特站采用700×700@1500预制桩+Φ1100@750高压旋喷桩。附属结构除个别出入口通道采用顶管法外，均采用明挖法施工。

（11）区间结构

高架区间与31条道路、7处高压线相交，跨越河道8处，高速公路1处，采用简支U形梁、T形墩、宝石形盖梁，上跨济广高速采用80m+130m+80m预应力混凝土连续梁桥。地下区间Ⅰ级风险源4处，分别为区间下穿京沪铁路框架桥、规划环到环发线桥桩、京福高速公路桥、穿京沪高铁连续梁桥（斜穿高铁64m主跨，与高铁桥桩最近距离10.45m）；U形槽及明挖段667m以外均为盾构段，盾构内径5800mm，管片300mm，长度分别为1303m、3763m、1493m、1221m，区间设区间风井兼盾构井1处，联络通道12处。

（12）范村车辆基地和控制中心

总用地约50.34hm^2，总建筑面积166100m^2（含同步建设的2号线和预留一条线路的规模），车辆基地预留开发和全自动驾驶条件。车辆基地承担全线列车的日常维护保养、运用、双周检、三月检、定修、临修、事故救援和1、2、3号线列车的大、架修任务，以及本段的行政、技术管理、材料供应和后勤管理等；初期配属车21列位84辆，预留47列位282辆的系统规模。控制中心承担全线的列车运行、客运管理、电力供给、设备监控、防灾报警、票务、应急指挥、信息集散和交换处理、清分等，按照3条线规模进行设计。

（13）机电设备系统

全线设2座主变电所集中式供电，采用DC1500V架空接触网上部受流，通风空调采用可调通风型站台门系统，全线高架车站设光伏发电、雨水回收，设智能照明和智能疏散系统，高架车站采用半高站台门，根据环评要求设直立、半封闭、全封闭声屏障，电梯采用额定速度1.0m/s无机房电梯，自动扶梯选用0.65m/s倾角30°公共交通型，地下车站及区间隧道按六级设防，防化等级丁级。

（14）弱电设备系统

通信系统由专用通信系统、公安通信系统及民用通信系统组成，其中民用通信系统由中国铁塔公司承建；信号系统采用基于通信技术的移动闭塞信号系统（CBTC）；综合监控系统采用三级控制两级管理的结构体系，集成PSCADA、BAS系统的设计方案；自动售检票系统采用非接触式IC卡系统，增加了二维码及人脸识别过闸功能，票制采用计程、计时基本票价制，全封闭式的票务收费管理模式。

（15）工程筹划

全线设3处铺轨基地，1处梁场，6台盾构，3.5年工期。

（16）工程投资

概算总投资134.57亿元，竣工结算132.68亿元。

3.2 泉城地铁建设理念指导规划设计

济南轨道交通集团在建设之初，逐步确立了"安全地铁、绿色地铁、智慧地铁、品质地铁"的建设理念。作为济南市首条轨道交通线路，在规划设计中积极贯彻"四个地铁"理念，注重保泉研究，积极采用多项绿色建造技术，推动新技术的应用，以"儒风素语"为建筑设计理念，积极探索人文地铁、艺术地铁，具体体现在以下几个方面。

3.2.1 安全地铁

安全是第一位的，在确保泉水保护安全、规划设计安全、工程建设安全、运营管理安全的前提下修建地铁是泉城地铁人孜孜不倦的追求。本项目作为开篇之作，在泉水保护、规划设计、工程建设及重大风险源方面作出了积极的贡献。

（1）泉水是济南的根、是济南的城市名片、是济南的城市灵魂。自20世纪90年代济南市启动轨道交通规划研究工作近20年来，济南市对轨道交通工程泉水保护进行了多轮专项研究，本工程作为济南第一条轨道交通线路，肩负着泉城人民对轨道交通的期待，肩负着泉水保护的历史责任，肩负着探索泉水与地铁的共生的重担。本工程在前期科学研究的基础上，结合济南典型水文地质特点，选取了多种合理的施工方法，确保工程顺利实施；研发了深基坑降水回灌一体化装置及配套关键技术，并在地下段推广应用，实测回灌率高达80%以上，最大限度减少地下水资源耗费，且保障了回灌水质，有效控制了周边建筑物不均匀沉降，减少了工程实施对地下水的影响。本工程的顺利实施，验证了数十年泉水保护专题的研究成果，为后续济南市泉水敏感区内轨道交通工程的修建奠定了良好的基础。

（2）本工程位于济南市西部地区，素有"济西地下水库"之称，线路穿越地层主要为粉质黏土、砂卵石、奥陶系灰岩等，地层软硬不均，地下水丰富，承压水头高，施工难度及风险较大。针对高承压水头、强透水砂卵石等地质情况，经多方调研、缜密研究、慎重论证，地下两层车站围护结构采用了套管咬合桩方案；地下三层部分采用了地下连续墙方案；大杨站出入口穿越城市主干路经十路及大量重要市政管线，在济南首次应用大直径矩形顶管法技术，顶管断面6.9m×4.2m；区间遵循"能盾则盾"的原则，在第四系地层中选用土压平衡盾构，针对奥陶系灰岩岩溶发育、软硬不均、透水性强的特点，采用了复合式土压平衡盾构；区间联络通道则根据埋深、地质的情况，分别采用了地表旋喷、洞内注浆、洞内冻结等多种施工方法；合理的工法，为工程顺利实施奠定了良好的基础，多种工法的应用，为济南市后续轨道交通工程实施积累了宝贵的工程经验。

（3）在充分考虑隧道运营期病害治理及耐久性使用要求、隧道纵向疏散平台设置、车辆选型适应性等情况的基础上，结合工程地质、水文地质特点，经过慎重、严谨、科学的研究论证，采用了5.8m大内径盾构、0.3m厚度钢筋混凝土管片，是国内首批建成并投入使用的大直径盾构工程。

（4）本工程全线穿越一级风险源7处，其中王府庄—大杨站区间下穿京沪高铁及京福高速，施工风险高、社会影响大。经过缜密的研究论证，通过地表注浆、隔离桩等辅助工程措施，辅以严格的监控量测，科学的盾构推进控制，实现国内首次轨道交通盾构区间在大埋深、高富水、小半径、小净距叠落等多重复杂工况下对运营京沪高铁线路的下穿，沉降控制在0.3mm以内，实现了"零沉降"。

（5）80m+130m+80m大跨连续梁小角度斜跨济荷高速：济荷高速公路为双向六车道，远期需拓宽，其上方为110kV高压线。综合考虑后整体提升高压塔，将主跨由90m增加到130m，采用挂篮悬臂现浇法施工，在保证高速运营的状态下，一次跨越障碍。

3.2.2 绿色地铁

绿色地铁在地铁规划设计及全寿命运营周期内，节约资源、保护环境、减少污染、为乘客和运营管理人员提供健康、适用、高效的使用空间，最大限度地实现人与自然和谐共生的高质量地铁。将绿色地铁理念融入工程规划、设计、生产、运输、施工、交付等建造全过程，助力城市实现"碳达峰、碳中和"目标，推动城市建设绿色高质量发展。本项目积极推广清水混凝土、光伏发电、雨水回收、中水处理、列车制动能源回收系统等先进技术，突出节地、节材、减振降噪、环境友好、产业化等建设理念，加强新一代信息技术的研究和实践，建设绿色地铁。

（1）全线高架车站采用雨水回收系统：为有效节约水资源，缓解水资源紧张，建设海绵城市和绿色地铁，限制雨水排放和流失，控制雨水径流污染，减少城市洪涝和排水系统压力，高架车站屋面雨水采用虹吸雨水系统进行集中收集，经过一体化埋地PP模块处理设施统一处理达标后回用于周边道路和绿地浇洒。

赵营站采用成套地埋式污水处理设备，核心工艺为A/O生物接触氧化法和MBR法，可因地制宜，灵活布局，本站有效利用了区间景观墙内空闲的覆土空间进行布置设备，有效减少了占地面积；设备系统采用集中控制、自动化运行，操作简单、管理方便、系统可靠稳定。可满足车站污水排放和处理需求，具有良好的环境效益。

（2）可调通风型站台门系统：本工程全部地下车站的公共区通风空调系统均采用了可调通风型站台门系统。即在全封闭站台门的上部增加电动风量调节阀，通过其开启和关闭，将车站公共区和区间隧道连通或隔离。在空调季节，上部的电动风阀关闭，将公共区和隧道隔离，形成屏蔽门系统，从而降低车站公共区的冷量，节约冷水系统的能耗。在过渡季节，上部的电动风阀开启，将公共区和隧道连通，转变为闭式系统，通过活塞风将车站公共区的热量带到站外，从而降低车站大系统的运行能耗。

可调通风型站台门系统不仅可以降低公共区的冷量，节约冷水系统能耗，同时可以在过渡季节降低通风系统的运行能耗。整个系统的初投资和屏蔽门系统相比是基本一样的。

（3）蒸发冷凝系统：本工程的地下车站采用蒸发冷凝系统，三个地下车站的冷水机组采用蒸发冷凝冷水机组，设置在室外地面上。具有节能、节地、节水的优势。节能：取消了冷却泵和冷却塔，从而节约冷却水系统的能耗，节约冷水系统的运行费用。蒸发冷凝冷水机组的制冷效率远高于普通的水冷系统，从而节约冷水系统的运行能耗。节地：蒸发冷凝机组设置在室外，占地面积小于冷却塔占地面积，节约规划用地面积。节水：蒸发冷凝冷水机组在运行过程中的耗水量大概是冷却塔耗水量的一半左右，能够节约水资源。

（4）正线9座牵引降压混合变电所均设置再生能量回馈装置（2MW容量），对列车再生制动时回馈至牵引网上的多余能量进行吸收再利用，实现节能目的并减少列车电阻耗能所带来的隧道温升问题。同时中压能馈型再生装置开启感性无功补偿功能，对系统容性无功进行补偿，减轻上级SVG负载，有效地降低了房间温度和设备运营噪声。本工程也是全国首条全线采用能效分享合同的合同模式，为其他线路提供可贵的管理及检修维护经验。

（5）全线采用35kV电压等级SCBH15型非晶合金变压器：非晶合金变压器是具有较高饱和磁感应强度、低矫顽力、超低损耗、低激磁电流和具有良好温度稳定性的新型节能环保配电变压器，其空载损耗可比同容量的硅钢变压器降低75%～80%，适用于轻载或空载运行时间较长和平均负载率较低的线路，本工程全线一年配电变压器空载损耗可节省电费约19.8万元，全寿命周期（30年）内能节省电费约594万元。

（6）全线高架车站采用分布式光伏发电系统：正线7座高架车站和车辆基地部分单体楼座设置分布式光伏组件，将太阳能直接转换为电能，光伏组件接入组串式逆变器，逆变为380V交流电后接入交流并网柜，最终接入至各站低压柜，"自发自用、余电上网"。全线共安装多晶硅光伏组件3800块，总装机容量约1MW，年发电量约91.27万kWh，年减少二氧化碳排放量约298.72t，年减少碳粉尘排放量约225.78t，实现了建筑光电一体化系统、环境效益、节能效益及经济效益的和谐统一。

（7）集中式高架车站建筑布局：全部采用岛式车站应对远期潮汐客流影响，建筑布局利用道路绿化带条件采用集中式布局减少占地面积24000m^2，车站距离路口约60m，便于交通衔接并减少道路景观对路口交通的影响，变电所布置于首层便于设备运输及安装，站厅层设备及管理用房区集中布置便于运营管理，站厅公共区采用2组倒八字楼扶梯并预留与周边地块连接条件，站台层两端取消设备用房和管道井增加站台层通透性。

（8）车辆基地预留上盖开发条件，充分发挥轨道交通的服务与带动作用，使城市与车辆段开发获得双赢；促使车辆段一体化开发项目与片区充分融合，放大土地价值；扩大车辆段一体化开发项目的土地控制范围，放大开发收益，降低场区的负面影响；预留开发条件，带动完善区域环境及公共服务设施。

（9）高架段采用国内先进的预制U形梁，高架区段主要采用预制U形梁总计966片，具有建筑高度低、降噪效果好、城市景观佳、经济性能优、环境适应性强、施工方法多周期快等特点，与宝石形盖梁、圆形桥墩有机结合，造型独特，巧妙利用上翼缘作为疏散平台，优化接触网立柱置于桥梁中间，削弱接触网对城市景观的影响，全寿命周期内比箱梁综合费用节约1200万元/正线公里，综合造价节省20%。跨越主要河道处采用35m预制U形梁，使标准U形梁的最大跨度突破30m。跨越主要路口处采用连续山形梁与单线连续U形梁，有效跨越40m宽道路。采用工厂预制，现场拼装，符合现阶段装配式工程的绿色节约理念，大大提高了施工速度。

3.2.3 智慧地铁

利用新一代信息技术，依托地铁资源，整合基于线网的公共交通信息、公共服务信息与商业资源信息，为市民提供便捷、时尚、活力的公共服务和商业服务，建设智慧地铁。

（1）二维码、人脸识别系统的应用：二维码支付、人脸识别系统是近几年发展最迅速的移动支付方式，已经成为一种潮流。二维码支付用户通过手机等设备客户端扫二维码方式读取用户信息、商品信息等，通过支付宝、微信、轨道交通APP等第三方支付方式；人脸识别技术已经超越肉眼识人，广泛运用于金融、保险、公安的身份核验，安防监控、门禁的人脸身份识别等场景。本工程设置一套人脸识别系统会员身份验证方式，用于济南轨道交通线网人脸识别支付功能的实现。系统处理能力不低于300万会员，并预留新线扩展能力。

（2）范村车辆综合基地预留全自动驾驶条件：顺应科学技术的迅速发展，随着上海地铁10号线、北京地铁燕房线全自动驾驶线路投入运营实践，全自动驾驶技术在提高运能、减少人为误操作、降低运营人员疲劳程度、提升乘客服务质量、提高运营组织灵活性等方面具有绝对的优势；车辆基地总平面图布置考虑全自动驾驶区域、人工驾驶区域、驾驶模式转换区域，为后期线路升级改造至全自动驾驶线路预留充分的土建条件。

（3）控制中心大厅电控液晶玻璃应用：控制中心大厅二层参观指挥平台采用电控液晶玻璃，将液晶膜通过高温高压的方式，夹层封装在透明玻璃之间，借由电流的通电与否来控制液晶分子的排列，从而达到控制玻璃透明与不透明状态，满足了参观人员的可视性，又确保行车调度人员日常的隐蔽性。

（4）符合客流预测特征的可变编组和灵活运营组织：针对首条线线路特征且位于济南西部新城，综合考虑客流预测数据及客流培育增长过程，初近远期采用4-4-6编组方案，满足客流及发车密度要求；全线11座车站共有7座车站设置不同的辅助线满足灵活运营及远期全自动驾驶的需要，两端预留线路延伸条件。

3.2.4　品质地铁

地铁承载着泉城人民对美好生活的向往，以轨道交通建设为抓手，"通济惠民、赋能美好，让泉城处处是中心"是泉城地铁人的精神寄托。本项目在地域性文化挖掘、城市环境空间塑造、建筑装修景观风貌、人文关怀及细节设计等方面，都渗透着规划设计者和工程建设者的情怀与责任，让泉城在新时代建造技术下散发非凡魅力。

（1）"儒风素语"建筑设计理念：高架车站外立面设计和内装修统一采用具有力量感的清水混凝土形式，鱼腹式造型符合交通建筑流线特征，地面层与上部脱开后的两段式布局弱化了建筑体量，根据车站周边的不同环境特点，"基座"采用不同质感的建筑材料来体现建筑的特性，覆铜倒角金属窗排列组合塑造地铁车站的速度感与高效特质，倾斜柱与竖直墙体使建筑光影变化更为丰富，借助传统建筑屋顶飞檐建筑语汇的覆铜格栅给车站增添了色彩。

室内装修设计与建筑外表皮呼应，并注重细节处理，结构梁柱倒角体现清水混凝土的精致感和品质感，7个车站楼梯三角房通过挖掘和提取不同的文化符号，营造舒适、自然、富有文化内涵的空间氛围，各车站天窗采用不同的传统纹案，并与柱头灯、站前广场铺装呼应，管线集中在边跨布置，留出中部空间作为清水的重点展示面，结合倾斜立柱定制广告灯箱，实施前对管线进行了充分的预留预埋。

地下车站装修与高架车站积极呼应，裸露结构柱和预制叠合顶板，换乘车站方案充分考虑后期线路装修风格的协调统一，并在王府庄站和大杨站设置文化墙，济南西站开设天窗，改善换乘大厅的乘车体验。

地下车站出入口寓意济南市市鸟白鹭在济南城的西部翩翩起舞，轻点碧塘；采用钢结构与高架车站保持统一，钢梁的曲线增加了建筑的柔和感；颜色选用铜色与高架车站覆铜窗统一，增加了建筑的亲和力；台阶处融合济南地铁Logo设计的类篆体"礼"字体现了济南儒者风范，设备设施采用标准模式化提高了施工效率，减少后期维护成本。

（2）全线采用原汁原味的清水混凝土高架车站：秉承"儒风素语"的设计理念，

"清水出芙蓉，天然去雕饰"，全线7座高架车站融建筑美学与结构力学于一体，塑造朴实无华、自然沉稳的建筑形象，形成别具一格的建筑风格，体现泉城人民内敛、儒雅、尊礼、重道的性格特征。

（3）结合清水混凝土施工工艺，设计将建筑景观、室内装修、结构受力等融为一体，完成预留预埋手册，完善解决混凝土墙体抗震和构造措施，设备管理用房区采用内保温，虹吸雨水减少管线对外立面景观影响，巧妙利用对拉螺栓孔布置照明管线，巧妙设置柱头灯解决转换梁预应力封锚问题，借助BIM技术解决鱼腹倾斜10°施工模板和管线安装问题，7座车站全寿命周期内装修节省造价3000余万元。

（4）智能照明、高架空调候车室的人性化设施：全部高架站采用智能照明控制系统，针对地铁车站人流量大而且人流不定时的特点，在保证地铁各种照明设备安全、连续正常使用的前提下，实现灯具的照明控制和亮度调节，达到节约能源的目的；针对济南当地冬冷夏热气候特点，在高架站站台层设置了空调候车室，提高候车乘客的舒适度。

（5）车辆基地和控制中心建筑景观设计：追求建筑空间场所精神的认同感和归属感，比例尺度协调统一，外立面采用学院派红砖风格提高亲和感，营造积极向上的工作氛围，结合采光遮阳增加细节变化，围合的院落形成良好的场前区空间划分，提升场段工作和运营办公的良好人居环境。

（6）济南西站天窗改造：对预埋济南西站东广场换乘大厅进行升级改造，提升济南城市名片形象，改善换乘大厅室内空间，打破预留换乘大厅略显压抑的状况，提高换乘大厅舒适性和趣味性，地面景观充分结合广场中央荷花水景雕塑，统一考虑材质和光影效果，营造浑然一体的广场景观。

肆

"儒风素语"
建筑设计理念

▶ 济南轨道交通1号线作为泉城首条线路，担负泉城地铁开篇之作的重任。本线以高架敷设方式为主，设计之初即确定了城市景观线的格调；本线不是城市核心区最重要的线路，线路主题色也未像其他城市第一条线选择中国红而选择了丁香紫。在轨道交通发展相对充分的当代，如何体现品质地铁？如何将地域文化与轨道交通建设充分结合起来？设计师提出了以清水混凝土为主基调的"儒风素语"建筑景观设计理念，利用清水混凝土建造技术很好地将地上车站建筑装修、地下车站装修、地面附属建筑、区间桥梁、设备区装修等串联起来，同时将远景规划、周边环境、站点文化、车站站名结合起来，在总体"儒风素语"风格的条件下，追求"和而不同"。

4.1 高架车站建筑的基本属性

4.1.1 高架车站建筑基本形式

（1）高架车站建筑基本功能布局

从总图布局方面。车站为减少对路口景观的影响，一般会选择偏于路口一侧进行布置，且考虑与公交的换乘便捷性、区间桥梁结构跨度的合理性，并规避桥梁结构柱对道路行车视线的干扰。考虑6B车辆编组的长度，一般设置2个出入口，并兼顾城市过街功能。结合本项目的道路条件，车站选择路中高架三层岛式鱼腹车站，主体部分距离道路路口约60m，并考虑交通建筑的特点，突出其速度感，站台形式采用了鱼腹式造型，减少区间喇叭口的长度和双柱对景观的影响。如图4-1所示。

从地面层布局方面。地面路中主要为车行道，本线路中绿化带50m，双向六车道，中间设8m绿化带，具有很好的墩柱设置条件，并可适当布置设备用房。本项目地面层采用双柱形式，布置变电所设备用房，侧面设置检修通道，并利用地下空间设置消防水池和消防泵房，区间桥下绿化带内设空调机组，并利用景观墙进行适当遮挡。道路红线外两侧设出入口，结合路口条件，双扶梯一侧朝向十字路口方向，方便乘客使用。同时，在出入口天桥下设置非机动车停车场和共享单车停车点，解决居民最后一公里的出行难题。如图4-2所示。

从站厅层布局方面。该层为主要使用层，集中了乘客进出站、安检、便民服务、设备管理等主要功能。公共空间与设备用房分别集中布局，互相独立，减少相互干扰，并有利于空间的组织，因本线客流量不大，楼扶梯标准采用了"倒八字"布局形式，中间设无障碍电梯，合理布置了安检、售票、补票等空间，变形缝设置在公共区与设备区交界处，减少双柱对公共空间的影响，公共卫生间和设备人员卫生间紧邻布

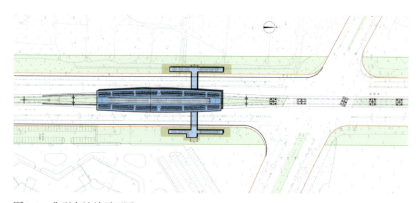

图4-1　典型车站总平面图

置，设备管理人员用房尽可能布置在东侧或南侧以增加人员的舒适度。如图4-3所示。

从站台层布局方面。结合车站整体造型，选用了鱼腹岛式站台形式，宽度满足预测客流的使用需求和疏散要求，中部设置空调候车室提高舒适度，站台层两端不再设置任何设备用房和管道井，加强乘客视觉的纵深感和，提升列车进出站观感趣味度，站台门采用1.55m半高形式，降低站台门对乘客视线的干扰。如图4-4所示。

（2）高架车站建筑剖面设计

从纵剖面设计方面。为减少路中车站对道路的阻隔感，以及对路口的压迫感，剖面上采用了层层退让的形式，有效削弱了压迫感，形成部分灰空间，增加了亲切性，强调车站与区间的贯通和形体穿插。首层建筑高度7.4m，二层建筑高度6.75m。如图4-5所示。

图4-2 典型车站地面层平面图

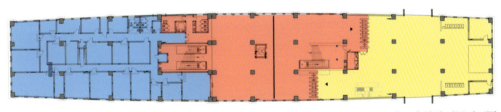

图4-3 典型车站站厅层平面图

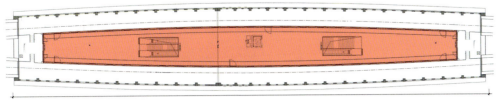

图4-4 典型车站站台层平面图

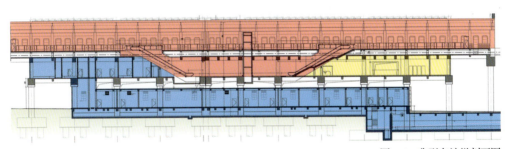

图4-5 典型车站纵剖面图

从横剖面设计方面。钢结构天桥连接了出入口与车站主体，为削弱路中车站的建筑体量，巧妙利用建筑高度地上二层与首层进行分离，形成上面两层与首层脱开的形体对比，化整为零。二层以上部分采用了外倾10°的形式，有效削弱建筑对道路的压迫感。车站主体结构柱、检修通道、出入口等均充分考虑了机动车的行车安全，满足行车限界要求。如图4-6所示。

（3）高架车站建筑造型设计

建筑应考虑其地域性，本项目作为泉城首条地铁线路、省市重点项目和重大基础设施建设项目，也应充分考虑地域文化，项目选取了清水混凝土这种素雅的建筑材料，具有很强的力量感；强调形体的穿插与脱离，吸取传统建筑屋顶飞檐的建筑语汇，在屋顶下方点缀覆铜格栅；提炼了列车排窗的语言符号，用规格统一的倒角覆铜金属窗排列组合；塑造地铁车站的速度感与高效特质，从而建立格构化的立面秩序。如图4-7～图4-11所示。

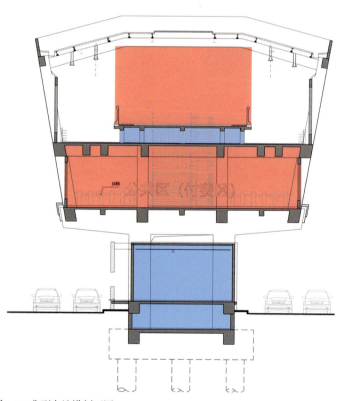

图4-6 典型车站横剖面图

图4-7 造型设计立意

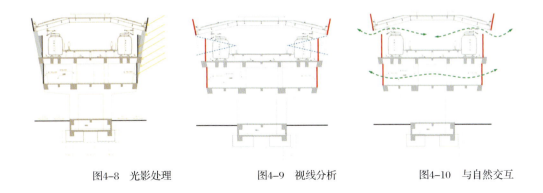

图4-8 光影处理　　　　图4-9 视线分析　　　　图4-10 与自然交互

4.1.2 高架车站建筑技术特点

车站建筑从类型划分属于交通建筑，作为重要的市政基础设施纳入了市政公用工程，区别于一般民用建筑工程，其具有一定特殊性。

（1）安全性高。作为市政工程，属于政府投资项目，涉及国计民生，安全性永远是第一位的，例如结构的抗震等级，济南市为六度抗震区，但车站结构设计按照提高一度进行设计，加速度也由0.10g提高到0.15g；作为路中车站，处于地面车辆的行驶区域，结构柱、检修通道等都需要充分考虑防撞的技术要求和行车的安全距离；从建筑材料的选择来讲，也应具有更强的技术措施和安全保障，避免脱落对行车造成安全事

图4-11 站台层实景

故进而引发次生灾害等。

（2）耐久性长。作为重大基础设施，车站主体结构使用年限不低于100年，而一般建筑为40~50年的使用年限，纵观国外地铁发展规律，由于车站是线性工程，具有不可取代性，诸多地铁线路已超过100年却仍在为城市服务。

（3）振动影响大。区别于一般建筑，车站长期受到列车振动影响，对车站围护结构、噪声影响、建筑构造技术措施、建筑材料选择等提出了更高的技术要求。

（4）建设周期长。政府投资项目，建设流程繁琐，决策程序复杂，尤其是涉及建筑外立面设计，尤为重要，往往还会随着政府领导的换届，审美取向发生变化，导致方案变动大。在实际项目中，经常出现建筑外立面和建筑功能布局分期实施，一方面着急开工建设，一方面外立面方案迟迟无法确定，导致建筑围护结构和外立面存在时间上的错位，出现建筑两张皮的现象。

4.1.3 高架车站建筑表皮材料

高架车站建筑表皮除少数个性车站，如北京西二旗站和上海8号线二期采用膜结构等较为特殊外，大部分的建筑表皮主要采用以下几类材料。

金属材料如铝板、蜂窝铝板、不锈钢板、穿孔铝板等，是目前最主要的材料，其特点是可塑性强，耐候性、耐久性、自洁性好，色彩丰富多彩，质量轻便，加工灵活，视觉效果好。因其众多的优点，金属材料成为车站建筑最重要的表皮材料。但该产品价格较为昂贵，一般采用干挂工艺，构件间连接件防腐如处理不好，容易出现锈迹。

涂料类如乳胶漆、真石漆、硅藻泥等，该材料容易形成整体的效果，色彩丰富，施工简便，价格较为便宜。但该产品耐候性一般，自洁性差，耐久性差，维护周期较短，且在轨道交通长期振动下，容易造成表皮脱落，适应性较差。

板材类材料如石材、陶土板、空心面砖等，该材料变化丰富，具有丰富的表面肌理，视觉效果较好，耐久性、耐候性、墙体热工性能好，施工方便，无湿作业。因其性能优良，成为车站建筑常用的建筑表皮材料。

湿贴类如面砖等，因为环境的温度、湿度的变化，太阳辐射、酸碱作用，饰面与墙面黏贴易发生脱落，尤其是在列车长期的振动作用下，会对行人及停靠车辆产生严重的伤害。

清水混凝土是一种特殊的材料，具有很好的适应性，对设计、施工要求非常高，能够有很好的时空效应。混凝土材料本身富有美感，朴实无华、自然沉稳，低调、厚重、清雅、具有很强的力量感和可塑性，需要做保护层提高其耐候性、耐久性和自洁性。采用清水混凝土技术，优则简约大方，劣则简陋昏暗，对设计、施工提出更高的要求。

虽然清水混凝土对设计和施工要求高，但其特殊的艺术气息无可替代，尤其是在地铁全寿命周期内时间会留下痕迹，可以让车站建筑的历史感更值得品鉴，经多方比选和考虑，全线7座高架车站均采用原汁原味的清水混凝土作为主要建筑表皮材料。如图4-12所示。

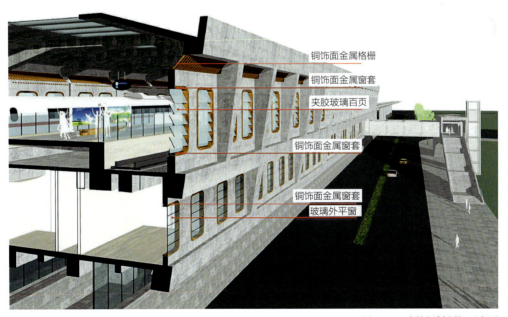

图4-12　建筑材料剖切示意图

除主要材料采用清水混凝土技术外，为很好的契合地区环境，各站地面层采用了不同的处理手法，如园博园站结合园博园特有的景观特性，地面层辅助以干挂铝板，并进行颜色的排列组合；大学城站结合大学城的文化特性，地面层辅助以干挂学院红陶板的表皮，以增加各站间不同的建筑表情。如图4-13、图4-14所示。

图4-13　园博园站实景

图4-14　大学城站实景

4.2　清水混凝土高架车站关键技术

4.2.1　清水混凝土国内外调研情况

清水混凝土，一次浇筑成型，不做任何外装饰。它绿色、环保、低碳、耐久，朴实无华，自然沉稳。随着人们环保意识的不断增强，绿色建筑的呼声越来越高，技术发展的现实意义是社会发展的大势所趋，清水混凝土技术将迎来更大的发展空间。清水混凝土建筑也受到越来越多设计师、业主的喜爱。

很多建筑师正是利用清水混凝土技术成功建造了很多建筑。如建筑大师贝聿铭、安藤忠雄等人，他们把清水混凝土的这一特点发挥得淋漓尽致。著名的巴黎史前博物馆、悉尼歌剧院、日本国家大剧院等建筑大量地采用了清水混凝土技术，这是其他一些现代建筑材料无法效仿和媲美的佳作。

清水混凝土在民用建筑设计中，国内外不乏大量经典案例。如路易·康设计的耶鲁大学英国艺术馆，埃罗·沙里宁设计的纽约肯尼迪国际机场环球航空大楼、华盛顿达拉斯国际机场候机大楼等，安藤忠雄被称为"清水混凝土诗人"，其设计的光之教堂、沃夫兹堡现代美术馆、水的教堂等。在国内的清水混凝土建筑案例中，如2000年建成的中国第一个现浇清水混凝土办公大厦联想电脑大厦、2003年中国首例大面积现浇清水混凝土工程联想集团（北京）研发基地、2004年中国第一个现场浇注清水混凝土公寓北京宝源商务公寓、2004年中国第一个清水混凝土预制挂板幕墙工程大连软件园9号楼、2005年中国第一个现浇清水混凝土风格美术馆辽河美术馆、2006年中国首例大面积采用清水混凝土预制挂板的剧院工程武汉琴台大剧院、2007年中国西北地区第一个现浇清水混凝土工程西安浐灞生态区行政中心等。如图4-15～图4-17所示。

清水混凝土建筑在轨道交通建设中，国内外也不乏应用的案例。如加拿大蒙特利尔车站、日本东京地下车站等均有采用清水混凝土的案例。国内的轨道交通设计中近年也出现多处工程实例且已通车运营。如上海8号线二期高架车站、重庆3号线铜元局

图4-15　联想研发中心

图4-16　上海虹桥枢纽停车楼

图4-17　郑州会展中心

站、北京14号线张郭庄站等。上海8号线二期共含4座高架车站，采用桥建分离的结构形式，空间跨度大，室内效果高大、通透，建筑表皮材料采用了清水混凝土形式。重庆铜元路站位于过江高架桥下方，高架桥路基即车站站厅顶棚，因此车站站厅采用无装饰清水混凝土，与高架桥浑然一体。张郭庄站为北京14号线为数不多的高架车站，该站积极采用清水混凝土、太阳能集热板、中水等多项绿色建造技术。如图4-18～图4-22所示。

图4-18 英国千禧线

图4-19 加拿大蒙特利尔绿线

图4-20 上海8号线二期

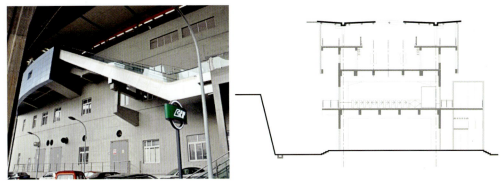

图4-21 重庆铜元局站

图4-22 北京张郭庄站

因清水混凝土建造工艺较为特殊，国内的应用项目相对较少，相应的规范和依据较少，除了项目中的经验和探讨外，仅有的规范为行业标准《清水混凝土应用技术规程》JGJ 169—2009。

清水混凝土技术符合东方哲学思想，秉承"绿色、节能、环保"的理念，经前期多轮论证分析，本项目景观设计追求"原汁原味"的清水混凝土效果，高架车站外立面和公共区装修均采用清水混凝土形式，屋面结构因跨度达24m，选用钢结构屋面形式。

4.2.2 清水混凝土高架车站基本设计原则

为打造独具特色、富含文化味道、风格统一、简约大气、体现当代建造工艺、可维护性强、符合绿色低碳需求的清水混凝土建筑，在规划设计过程中制定以下设计原则：

（1）车站建筑内、外部公共空间可见范围内均采用清水混凝土技术，强化清水混凝土自身的雕塑感、力量感和结构美，并与区间桥梁过渡有序，追求交通建筑的速度感和整体性。

（2）加强车站建筑自身建筑空间的塑造、功能的完善，优化空间布局，整合设备设施，提高利用效率。

（3）利用总体单位优势，同步开展建筑设计、结构设计、装修设计、灯光设计、导向设计、管线综合设计，以确保建筑设计风格的纯粹。

（4）与施工单位和建造技术密切配合，对模板、明缝、原材料等进行设计把控，样板先行。

（5）采用统一的模数，提高线性工程的标准化程度，降低工程投资，提高工程效率。

（6）涉及结构梁板柱上的孔洞应同步完成预留预埋，严控后期开槽、开洞，设计中积极采用新技术减少明装管线的外露。

4.2.3 高架车站清水混凝土应用范围

根据设计要求，本项目室外公共空间、室内公共空间的混凝土结构体系均采用了清水混凝土技术，具体包括：

（1）车站主体部分：首层的结构柱、主次梁、楼板，二层内外部的结构柱、主次梁、墙、楼板，三层内外部混凝土的柱、梁、墙等。

（2）车站附属部分：混凝土柱、主次梁、部分围护结构，并结合梯道进行了混凝土形体塑造。

以下部分因为特殊需要未采用清水形式，主要有：跨路口天桥采用单跨钢结构，主体屋面采用钢结构，建筑外围护中采光部分采用了玻璃幕墙，二层设备区内部采用了内保温技术，首层设备用房因形体需求，采用了干挂面板（石材、陶板、铝板等）的形式。如图4-23所示。

图4-23 清水混凝土应用范围剖面示意图

4.2.4 清水混凝土高架车站应用技术

（1）标准化、模数化设计

本工程共7个高架车站，除起点站工研院站为路侧三层岛式车站外，其他6个车站均是路中三层岛式车站，从建筑的造型、建筑高度、规模等具有相似性，为提高工程建设效率，降低建造成本，本项目高架车站采用标准化、模数化进行设计。

针对清水混凝土技术，为统一模板，结合车站的层高、开窗、施工工艺，均采用1200mm×2400mm的模板模数（该模数确定后，全线装修基本模数均采用了1∶2的比例，如车站地面采用600×1200灰麻、墙面采用1200×2400铝板、站前广场采用了150×300透水砖等很好的形成了线路的统一性）；外墙均采用外倾10°形式，公共区结构柱采用倒角100mm增加圆润感，室内公共区结构梁采用纵横梁平齐增加统一性，并采用了300mm倒角形成梁窝，站厅和站台开窗也统一采用300mm的倒角，采用35mm杯型堵头减少单调和冷漠感。如图4-24所示。

（2）与施工技术结合的再设计

清水混凝土三分靠设计、七分靠施工，设计师和施工技术人员就工程的细节需开展详细的配合设计。

首先是明缝、禅缝、诱导缝、后浇带等的设计：水平明缝要与楼层的施工缝结合，禅缝根据墙面尺寸大小及装饰设计的要求进行设计，为解决墙面开裂，在禅缝中

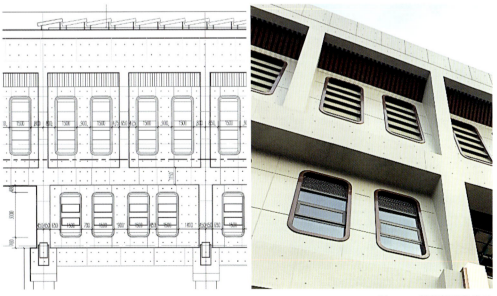

图4-24 模板标准化设计

图4-25 WISA模板

间增加诱导缝，窗户四角设置禅缝确保美观。其次模板技术，采用不同的模板对整体效果会产生较大的影响，如WISA板、钢模板、竹模板、木模板、装饰模板等从材料模数、观感、纹理、色彩等会产生不同的视觉感受和情感表达，本项目采用WISA板+普通覆膜板，追求清水混凝土更符合东方哲学文化的细腻感。最后是施工工艺，从混凝土凝固、振捣技术、浇筑步序、后期养护、观感验收、蜂窝麻面处理、管线路由、拆模等对整体质量也是起到较为重要的影响，这就要求设计人员对现场有更深入的理解。如图4-25、图4-26所示。

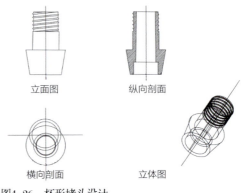

图4-26 杯形堵头设计

（3）样板先行

由于混凝土的施工难度和现场的不确定性，为确保完成效果达到预期效果，项目采用了样板先行的策略。首先针对混凝土原材料选材从设计上要求同一产地、同一批次，对混凝土配合比开展百余次试验；其次，针对完成后的表观效果，现场进行4处小样浇筑，粘贴配合比、原材料标识标牌，由建设单位、设计单位、施工单位和监理单位现场确认完成后实体效果，并进行封样；其次，针对梁柱板模板工程、外倾10°复杂曲面结构，开展试样测试，并锻炼了施工及管理队伍；最后，全线选用创新谷站作为样板站，精细化设计，精细化施工，精细化项目管理，完成后针对建设过程中发现的不足不断进行优化、完善，总结教训，为后续其他车站奠定了良好的基础。如图4-27、图4-28所示。

图4-27 原材料配比及模板工程

图4-28 实样模型

（4）设计流程再造

轨道交通设计中，一般设计周期比较长，时间跨度大，设计接口多，界面划分细。从规划设计到建筑设计、结构设计、装修设计、管线综合设计、导向设计，通常是分期、分步进行的。清水混凝土工程结构材料即是建筑表皮，装修和建筑融为一体，同时要对管线综合、导向标识等进行同步设计。为更好完成本项目，项目组织中由总建筑师牵头，提前完成装修、导向、广告、灯光等的设计招标，同步开展相关设计工作，协调相互接口，确保了项目的完成效果。

（5）结构设计

从车站结构体系而言，受道路空间的限制，高架岛式车站一般采用双柱转四柱结构体系，结构按照建筑和铁路规范进行包络验算。结构的梁、柱、板采用混凝土材料，传统的围护外墙一般采用砌体墙或者其他轻质墙面。本次设计中需采用清水混凝土现浇外墙，主要存在以下三个问题：一是混凝土墙体自重较大，增加了结构受力，对结构承载要求变高；二是墙体若与结构梁、板、柱的连接采用刚性连接整体浇筑，结构站厅层由于剪力墙的存在刚度过大，而底部仅双柱支撑刚度较小，使得抗震结构设计极不合理；三是温度变形能力变弱，容易导致裂缝的产生。在本次设计中，考虑到以上问题，在清水混凝土围护结构与梁板柱的连接不采用全部刚接的形式，底部与结构梁（楼板）采用刚接形式同时浇筑，侧面与结构柱之间以及顶板与结构梁之间采用明缝铰接的形式，减少了温度变形对墙体的影响，并一定程度削弱了站厅层纵向墙体刚度，使抗震设计更为合理。如图4-29、图4-30所示。

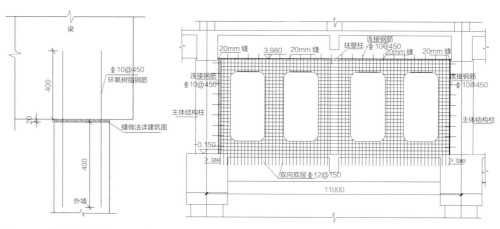

图4-29　柱顶铰接详图

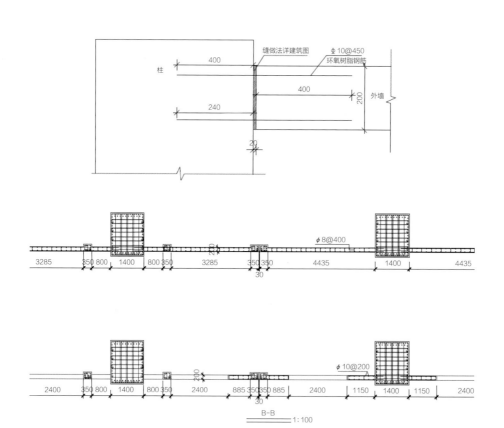

图4-30　墙柱节点处理详图

（6）预留预埋及管线综合设计

为追求建筑整体表面观感，外立面和内装修要求后期不允许再开洞，全部的建筑洞口、设备专业的洞口都需一次性预留预埋到位，并对管线进行综合设计，整合后提高室内装修的整体性。建筑预留预埋包括门窗洞口、檐口溢流口、玻璃幕墙、扶梯吊钩、电扶梯洞口等，设备系统预留预埋包括给水、排水、送风、排风、室内外照明、烟感、温感、摄像头、乘客信息牌、电话、广播、导向标识牌等。

在外墙立面设计中尽可能减少洞口设计，仅设计了门、窗、幕墙、溢流口等必要的洞口，为减少雨水管对外立面影响，屋面采用了虹吸雨水系统，采用内排水形式，以变形缝为界向四个角部沿结构柱进行排水，室外照明沿结构梁设计，室内管线利用地面面层暗埋敷设并进行了预留；站厅公共区为三跨结构，为提升空间效果，设备管线沿外围环绕布置并整合设计，采用了综合支吊架形式，底部装修采用了黑色金属网；站厅层中跨烟感巧妙利用了地铁特有的站台板下夹层，并进行了精准定位和预留，中跨的照明等进行了定制化设计，管线巧妙利用了模板工程预留的对拉螺栓孔，减少了预留预埋。如图4-31～图4-33所示。

（7）装修色彩设计

混凝土在环境色的衬托下可以呈现出很好的金属感和夕阳下的温馨感，但其本身较为素雅，尤其是在室内空间，近距离时容易产生冷漠感和距离感。为克服混凝土粗犷、单调乏味、冷漠丑陋的缺点，装饰装修宜适当增加更加明快的色彩。

外立面设计中，结合车站区位环境，地面层外挂材料选用了不同的处理手法减少外立面的单调感，例如大学城站采用了学院红干挂陶板，园博园站采用了绿色的4∶2∶1色度拼搭的铝板。室内设计中，把楼扶梯侧面进行重点打造，通过色彩、图案等打造不同的车站风格，例如园博园站采用传统屏风样式，紫薇路站采用了色彩斑斓的紫薇花形式，赵营站选用了当地非物质遗产艳丽的"绣球"等，色彩占用的比例不大，又位于交通核心位置，不仅活跃了气氛，减少了沉闷感，还很好地展现了区域的

图4-31　站厅层管线综合设计

图4-32 利用螺栓孔减少预留孔洞

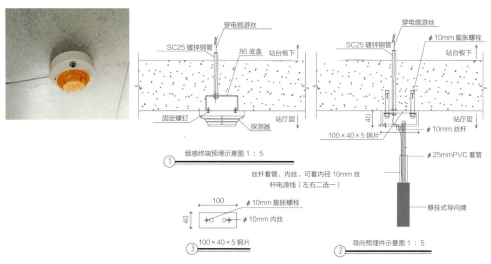

图4-33 烟感预留大样图

站点传统文化。如图4-34~图4-36所示。

（8）保护剂技术

混凝土表面平整光滑，色泽均匀，无碰损和污染，为避免酸雨、灰尘、油污、钢筋头腐蚀等对混凝土感观质量的影响，在混凝土表层应涂刷保护剂对清水混凝土进行保护，保护剂应具有很好的粘结强度、抗裂性、耐水性和耐候性，透明型保护剂不改变原有基层的颜色，能保持原汁原味的清水混凝土风格。

本工程按照清水混凝土设计施工的范围均采用了透明保护剂技术。

（9）保温节能技术措施

建筑低碳节能是实现"双碳"目标重要的一环，混凝土结构导热性强，易形成冷桥，用于建筑表皮时其保温隔热通常采用内保温或者夹心层保温的技术措施。

高架车站公共空间采用自然通风、自然采光，变电所用房和弱电设备用房因其自身设备散热，不需要进行保温隔热，车站仅设备管理用房区需考虑保温隔热措施。区

图4-34 外立面色彩运用

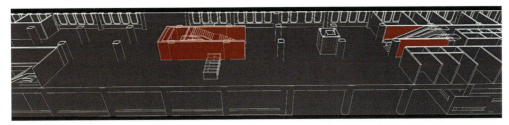

图4-35 室内公共空间色彩应用范围示意

图4-36 不同站点的楼扶梯空间色彩及艺术处理

别于一般落地建筑，高架车站设备管理用房位于地上二层，且为了建筑效果地面层采用了层层退台的处理手法，需保温节能的房间处于四处透风的尴尬位置，这就要求建筑的地面、侧墙（含清水混凝土侧墙）、顶板下部均需采用保温措施，且要考虑地铁长期振动的影响。各部位保温措施的构造处理如下：

地面构造层次依次为：钢筋混凝土楼板、60mm厚挤塑聚苯板、75mm厚C20细石混凝土内配双向 ϕ8中距150mm、6~10mm厚铺地砖5mm厚DTA砂浆铺贴。

清水混凝土墙体构造层次依次为：混凝土墙面（界面处理）、30mm厚膨胀玻化微珠、4~5mm厚粉刷石膏、2mm厚耐水腻子、无机内墙薄涂涂料。

顶棚构造层次依次为：板底（原浆抹平）、高聚物改性沥青涂膜、C型轻钢主龙骨、C型轻钢横撑龙骨、玻璃棉毡（外包铝箔）粘贴于轻钢龙骨档内、玻璃丝布绑紧钉牢轻钢龙骨表面、铝板网面层、铝压条。如图4-37所示。

图4-37 内保温做法实景

4.2.5 清水混凝土高架车站应用效果

1号线高架车站全部采用清水混凝土技术，样板先行，借助信息化模型，突破鱼腹岛式外倾10°大跨异形构件技术难题，全线减少装修面积3万m^2，全寿命周期节省工程投资约8700万元。工程建设过程中，结合近年地区气候特征和原材料情况，通过112次样板实验，对不同配合比进行分析，选定颜色和制作工艺，对可能存在的质量缺陷进行预判，从设计过程、施工控制、天气影响、成品保护、修补修复等全方位进行了把控。

通过整条线路工程建设的实践验证，真正实现了高架车站与环境、功能与形式、景观与工艺的协调统一。

（1）实现了车站与环境的协调统一

作为交通建筑，为强调建筑的流线感，车站采用了富有动感的鱼腹岛式形式，区间采用预制U形梁降低梁高，削弱高架线对城市形象的影响；车站纵向立面由上而下逐层退台，站厅和站台外倾10°，降低车站对道路的压迫感；外窗采用覆铜倒角金属窗，呼应列车车窗，塑造高架车站的简洁明快与高效特质；路中三层车站地面层与厅台层脱离，局部用干挂幕墙缓慢延伸至地面连成"基座"形态，削弱了三层车站的建筑体量，提升高架车站景观效果。如图4-38所示。

（2）实现了功能与形式的协调统一

公共空间和设备管理空间分区明确，交通流线合理。公共空间采用浑然一体的清水混凝土形式，利用对拉螺栓孔、明缝、禅缝等作为装饰元素，达到清水芙蓉、天然雕饰的装修效果；倾斜柱与竖直墙体结合的造型设计使建筑光影变化更为丰富；站台层两端取消设备管线井和照明配电室，规划设计的吊顶管线过轨路径，使得站台空间更为清爽和通透，提升车站简约素雅的景观品质。如图4-39～图4-41所示。

（3）实现了景观与工艺的协调统一

将传统设计流程再造，实现工程设计与施工模板、对拉螺栓孔及施工工艺的二

图4-38 鱼腹岛式车站鸟瞰及人视图

图4-39 高架车站鱼腹式清水混凝土

图4-40 高架车站细部装饰

图4-41　出入口天桥趣味空间

次设计；由于清水混凝土后期无法开孔，建筑设计前期统筹全专业，按照敷设管线，形成预留预埋手册；设备安装、管线综合、导向标识等设计前置，巧妙利用对拉螺栓孔敷设管线，减少预留预埋；合理运用站台板下夹层空间及站厅层地面层布置管线；精心设计柱头灯，对预应力结构梁封锚位置进行装饰，同时又提升夜景照明效果；控制围护墙体厚度，减少荷载，外墙设置通缝，利用构造连接解决混凝土温度变形难题；设备管理用房区采用内保温既达到节能要求，又维持了混凝土效果；采用透明保护剂对钢筋混凝土进行保护；屋面采用虹吸雨水减少垂直管线的数量。如图4-42所示。

图4-42　预应力盖梁封锚梁头灯

4.2.6 清水混凝土高架车站经验教训

作为全国首次全线高架车站采用清水混凝土技术的线路，经过建设单位、设计单位、施工单位、监理单位的不懈努力，取得了一定的成绩，也获得了省部级优秀设计奖、泰山杯奖、国家优质工程奖、詹天佑奖等，但也有不少的经验教训需要进一步的总结。

首先，设计流程的改变拉长了设计周期，导致现场存在施工等设计图纸，方案的变化过程中，甚至出现了现场暂停施工；建设工程的后期，存在赶工的情况，导致混凝土浇筑出现蜂窝麻面。其次，尽管设计了预留预埋专项手册，施工单位也进行了精准的预留预埋，但由于设计精度达不到现场安装的精细化程度，例如综合支吊架的角码、斜撑等的现场安装，对整体效果还是有一些影响，预埋的扶梯吊钩出现长短不一、形式多样、浇筑及振捣过程中出现错位等情况。再次，对已完成的混凝土表面的保护措施处理不够及时，混凝土浇筑完成后未及时施工金属屋面导致混凝土楼板积水影响了后期的观感，拆模或者脚手架运输过程中出现磕碰或混凝土成块脱落，对雨期施工的处理措施和保护措施处理不当导致同一批次、同一施工队伍、同一施工工艺情况下混凝土质感出现偏差较大；施工期间为便于标记采用了透明胶带进行标记增加了后期处理难度。还有，对细节的设计和处理还需进一步提高，例如混凝土室内结构柱护角，仅考虑了卫生清洁对柱面的影响，在实际运营过程中，乘客经过时难免会抚摸或剐蹭混凝土柱面，导致出现污渍难以打理；设计未结合施工后浇带考虑明缝的设计，因混凝土无法同期浇筑导致两次浇筑的混凝土色泽存在较大的差别，后期采用了局部修复保护剂等补救技术措施，以保证整体感观效果。如图4-43～图4-45所示。

图4-43 蜂窝麻面和混凝土后浇带色差

图4-44 雨期施工保护不当

图4-45 混凝土保护措施不当

4.3 "儒风素语"总体建筑景观设计理念

齐鲁大地为儒家文化之源。省会济南的首条地铁线路,承载着传承地域文化的使命,设计提出以儒家文化为引领,以清水混凝土装饰天然雕饰为核心的"儒风素语"建筑景观设计理念,贯穿全线高架及地下的车站建筑、装修、桥梁和地面附属等设计。

"儒风",儒学德风,彰显儒家文化内敛、儒雅、尊礼、重道的德行气质;"素语",素心隽语,传达建筑设计平实、素雅、内涵、谦让的人文情怀。"儒风素语"彰显着1号线作为首条线路的文化引领,又隐含了以清水混凝土为核心技术的现代建造工艺,低调而有内涵地展现了其文化、艺术与技术的高度融合,贯穿了全线7座高架车站建筑装修、16km桥梁、4座地下车站装修及地面景观设计。如图4-46所示。

4.3.1 饰面清水天然雕饰,高架车站浑然天成

高架车站均采用一次浇筑成型的清水混凝土形式,表面喷涂透明保护剂,"清水出芙蓉,天然去雕饰",塑造素雅朴实、自然稳重、现代简约的建筑韵味,彰显泉城济南的历史积淀与文化底蕴,实现建筑美学、结构力学、室内装修、管线综合、预留预埋

的完美统一。高架车站外立面设计和内装修统一采用具有力量感的清水混凝土形式，表面颜色基本一致，由有规律排列的对拉螺栓孔眼、明缝、禅缝等形成自然质感饰面效果；鱼腹式造型符合交通建筑流线特征，地面层脱开后两段式布局弱化了建筑体量，根据不同车站的地域特征，"基座"采用不同质感的建筑材料来体现建筑的特性，倒角覆铜金属窗排列组合塑造地铁车站的速度感与高效特质，倾斜柱与竖直墙体使建筑光影变化更为丰富，传统飞檐建筑语汇的覆铜格栅为车站增添了色彩。高架车站出入口下部沿用清水混凝土，与主体呼应统一。如图4-47～图4-49所示。

图4-46 儒风素语·清水建造

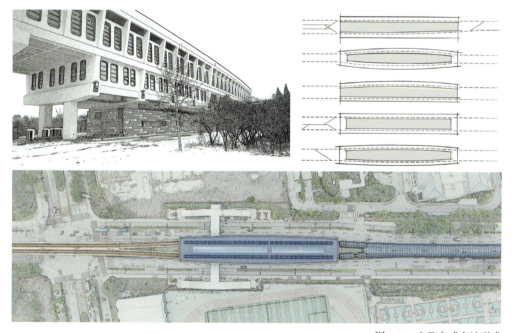

图4-47 鱼腹岛式车站形式

图4-48　以清水混凝土为核心的"儒风素语"城市景观线

图4-49　高架车站一次浇筑成型清水混凝土室内实景

4.3.2　素雅装饰融会贯通，地下车站遥相呼应

本工程包含4座地下车站，其中3座换乘车站，且车站形式和换乘形式多样。站点数量少，但重要性非常高，与规划中2号线、4号线、6号线换乘，唯一的非换乘站为终点站。如何将设计理念贯穿高架和地下，并形成整体风格，是设计过程中非常关键的问题。

设计采用清水混凝土为主线，贯穿地上、地下形成统一的建筑风格。泉城济南地下水丰富，考虑到百年建筑的持久性和外墙的视觉效果，外墙设置了离壁墙，结构柱采用原汁原味的清水混凝土。王府庄站采用了院落形式，与同期2号线平行换乘车站站厅形成王府院落，设计沿用高架车站清水混凝土和倒角灯，风格统一；大杨站与近期4号线采用L形换乘，提取市花荷花为主要元素，以强烈的工业风展现"荷塘月色"；济南西站作为预理工程及枢纽站进行了"泉涌荷韵"增设天窗的重点塑造；方特站独具特色，车站结构采用了准装配式建造技术，叠合顶板工艺实现了永久结构和临时结构结合，装修设计采用了与高架车站一致的手法，裸露的预制楼板形成天然的肌理，管线综合至两端，展现独特的结构顶板和花篮式结构梁，形成独一无二的室内空间效果。如图4-50～图4-52所示。

图4-50　王府庄站风格衔接高架与地下车站

图4-51　大杨站"荷塘月色"及地域特色文化墙

图4-52　方特站预制叠合结构展现简洁明快风格

4.3.3 普通清水珠联璧合，区间结构一脉相承

普通清水混凝土要求颜色无明显色差，对饰面效果无特殊要求。地下区间采用盾构法施工，盾构管片和高架桥梁均属于普通清水混凝土的范畴。而作为高架景观线，将区间桥梁和车站建筑作为一个总体进行打造，可提高建筑物与构筑物之间的连贯性，强调交通建筑的速度感和流线性。

全线高架区间桥梁均采用普通清水混凝土结构与高架车站清水混凝土景观融合呼应。在区间结构选型上，设计采用圆柱+宝石形盖梁+预制U形梁结构造型，宝石形盖梁富有力量感，丰富了阴影变化，预制U形梁采用黄金分割比例设计弧线和线条，与圆柱结合融为一体；桥面系接触网立柱优化至中间减少对城市景观影响，区间疏散平台栏杆居中布置削弱桥面系的凌乱感。如图4-53所示。

图4-53　高架区间U形桥梁造型优美流畅

4.3.4 文化点缀环境融合，附属工程相得益彰

除了正线的车站公共空间和区间桥梁等主体工程外，在整个系统上，也深入贯彻"儒风素语"建筑景观设计理念。

车站设备区装修设计中，为体现素雅简洁效果，取消了全线车站设备区走廊的吊顶，除车控室、信号房间和有人房间外，其他均取消了吊顶，串联了本线的设备区装修设计。取消走廊吊顶采用裸装后，利用BIM技术严格控制施工安装秩序，对管线的平整度、标识、检修空间等进行了严格的要求和管理，提升了空间高度并有利于后期的

检修，节省了工程造价。

地下车站地面附属建筑包括出入口、安全出口、风亭、冷却塔、无障碍电梯等，景观设计还涉及地面铺装、设备设施、景观绿化等，设计过程中提出：一是和高架车站风格的衔接，二是重点融合周边环境，并具有地域文化性，三是避免和其他城市的出入口具有相似性，适量展现泉城文化特色。

地下车站出入口主要材料采用钢结构和超白玻璃，建筑形体简洁、明快，寓意市鸟白鹭振臂腾飞的钢结构造型丰富，识别性强；风亭及安全出口作为附属建筑，采用灰色劈开砖，低调而又不失文化韵味，消隐于城市；广场铺装与自行车停车等充分与环境结合，形成舒适的城市公共空间。如图4-54所示。

图4-54 地面附属建筑融入环境

4.4 "和而不同"融合地域文化

作为当代公共建筑，除满足其基本的功能性外，越来越注重其地域性和文化性。如何把地域文化与自然环境融合、作为线性工程如何体现其统一性又有差别性、如何挖掘文化元素、挖掘什么样的文化、是不是展现全部的文化、如何展现现代建造技术利用好现代材料、如何提高空间的艺术性，这些一直是笔者设计过程中思考的问题。

泉城济南地处齐鲁大地，自古以来深受孔孟之道的影响与熏陶。作为首条线路，具有很强的时代意义和代表性，在清水混凝土"一线一景"总体贯穿的前提下，首先应体现建筑与传统文化的呼应性，又要区别不同的站点文化，和而不同，通过某种设计元素与色彩的变异，使各个站点既能相互和谐、全线统一，又具有自身的标志性，与周边的城市环境相互融合。

4.4.1 标准高架车站与东方哲学统一性

高架车站建筑外立面、内装修、地下车站结构柱及部分顶板均采用清水混凝土形式。清水混凝土素颜之美，在大自然的光影变化中每时每刻呈现不同的韵味，使建筑空间趣味性增大，该材料随时光的流动会展现更加自然、更加细腻的特性，如一杯老酒愈久弥香。如图4-55所示。

高架车站运用具有传统建筑屋顶飞檐风格的覆铜格栅给车站增添文化色彩；站台门开启位置地面铺装增加篆刻繁体"上下"将功能与装饰融合；采光天窗借鉴传统建筑窗花形式进行现代展现，丰富第五立面及室内效果并在站台中间形成不同的纹理；外墙柱头灯和出入口广场铺装采用了与天窗同样的窗花，使地面、墙面和顶面进行呼应。地下车站出入口台阶垂带篆刻繁体"礼"，并融合济南地铁Logo图形和文字，增添建筑的美感和丰富程度，形成泉城地铁文化特色。如图4-56所示。

图4-55 清水混凝土的光影变化

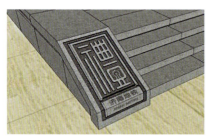

图4-56 地下车站出入口垂带"礼"标及广场铺装纹样

4.4.2 车站融合本土文化展现站点识别性

为避免建筑千篇一律，高架车站深度挖掘站点文化和站名文化，在地面层装饰材料、室内楼梯三角房及屋顶天窗和梁头灯纹样等设计中实现和而不同。

从建筑外立面的区别来看，各站采用了不同的材料和手法进行处理。工研院站为路侧车站，具有很强的识别性，因其距离长清具有汉代建筑之风的中国最早单层亭阁式四门塔较近，借鉴传统建筑的符号，在建筑局部采用"叠涩"处理手法，增加其识别性；创新谷站位于山区，现场地面南北高差达2m，地面层干挂材料采用了叠拼石材，并致力于实现与山体的衔接和过渡；大学城站位于大学城片区，富有青春活力，地面层选用了富有朝气砖红色陶板；园博园站邻近济南国际园博园，地面层采用了不同饱和度的绿色铝板错拼排布。如图4-57、图4-58所示。

从室内空间而言，选取了三角房位置进行重点空间处理。工研院站为济南首座地铁车站，三角房采用了石材，寓意奠基基石；园博园站选用中式屏风纹样，新工艺再造；紫薇路站采用紫薇花意向；赵营站则挖掘站点周边山东非物质文化遗产——绣球文化进行艺术再现；地下车站王府庄站传承传统四合院文化，与平行换乘车站形成合院建制形式。如图4-59所示。

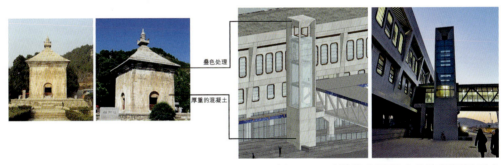

图4-57 工研院站"叠涩"与传统建筑风格呼应

图4-58 高架车站景观墙融入地域文化，和而不同

图4-59　高架车站三角房景观墙挖掘本土文化，和而不同

4.4.3　枢纽门户济南西站改造提升标志性

济南西站作为全线最重要的换乘车站和门户车站，土建工程在2011年随着高铁的建成通车就已完成了土建工程的预留预埋。作为最主要的乘车空间，原预留空间高度偏低，较为昏暗。为提高门户形象，设计提议对大厅进行改造。

"泺水发源天下无，平地涌出白玉壶"，将济南西站预留换乘大厅顶板进行改造，增设天窗，融入泉水元素，引入自然光线，增加换乘大厅视觉通透性、改善空间压抑感，光线直达站台层，提升空间亲切感；地面泉涌莲花景观呼应广场既有荷花雕塑，打造涟漪式的灯光水景，"泉涌荷韵"主题景观提升了地上、地下空间的渗透性和趣味性，彰显了泉城独特的泉水文化特色。如图4-60、图4-61所示。

图4-60　济南西站"泉涌荷韵"景观

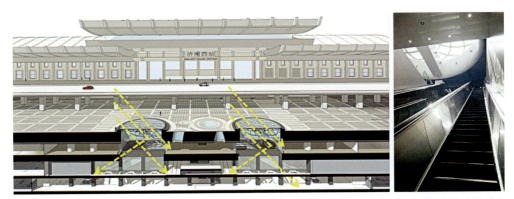

图4-61 济南西站"泉涌荷韵"自然采光

伍

泉水保护及降水回灌研究及应用

▶ 泉水是济南的"魂",是摆在政府决策者、工程技术人员、泉水保护者等人面前最大的一道"障碍"。泉城地铁因泉水的原因在建设过程中选择了"先外后内、先快后慢、先易后难"的建设时序,济南轨道交通1号线作为首条建设的地铁线路,距离"泉水敏感区"最近点9.6km,沿线涉及多个水文地质单元,紧邻济西水源地,面临高承压高富水性灰岩裂隙岩溶水、厚层砂卵石承压水、透水黏性土孔隙水等多种水文地质条件,地下水位埋深非常浅,工程建设首先要解决地下水问题。通过研究本工程揭露了承压岩溶水对上部第四系孔隙水的顶托补给关系及黏性土透水这一典型泉域水文特征。岩溶水为济南泉水的本质,虽然地下结构处于第四系地层,但第四系孔隙水又与岩溶水联系紧密,保护第四系孔隙水即是在保护泉水。从保泉出发,本工程首创了带压一体化降水回灌技术,既解决了工程施工问题,又保护了泉水。

5.1 研究背景

济南泉水甲天下，"四面荷花三面柳，一城山色半城湖"的特色泉水文化已成为泉城最靓丽的名片。保护独特的地下水环境关乎济南经济、社会、文化的繁荣，乃至影响山东半岛城市群的可持续发展。

早在18世纪末，欧美等国家陆续开始进行地下水回灌，主要采用地表河流渗灌的方法，解决区域性水位下降问题。我国于20世纪90年代末，在杭州市四堡污水处理厂扩建基坑工程项目中，首次采用基坑回灌的方法，消除基坑降水对周围环境的影响，俞建霖等学者据此初步提炼出回灌系统的设计与应用技术。随后，上海等地开展基坑回灌设计施工与理论研究，但相关研究明显滞后于工程实践，主要表现为：回灌理论研究不足、大型室内模型装置匮乏、回灌设计及施工工艺标准欠缺、回灌井易堵塞、抽灌设备集成程度低、回灌与基坑周围环境控制无法协同。因此，需要深入开展基坑降水回灌的理论和实践研究，发展新技术，研发新设备，全面提高降水回灌技术水平。尤其是在泉城济南修建地铁，如何减少对地下水的影响显得更加重要。

5.2 主要研究内容

1. 研发了抽灌一体化设备及其智能控制系统，突破了传统工程降水系统与回灌系统分离的技术难题

研制了单井单控抽灌一体化系统，形成了抽灌水量动态精细化控制、信息实时传输、回灌压力按需调节、水质全过程监测等关键技术；开发了深基坑原位回灌一体化全过程智能控制系统V1.0软件，建立了抽灌一体化系统智能控制平台，实现了抽灌一体化设备和智能控制平台的软硬件无缝衔接。

（1）研发了基坑降水抽灌一体化系统（图5-1）

针对传统基坑降水系统与回灌系统分离、回灌易产生二次污染等问题，该系统设置回灌水质处理系统一端与降水井连接、另一端依次串接水质监测仪器、加压集水设备、井口装置以及回灌井，进而实现抽水系统与回灌系统一体化；抽出的地下水通过回灌水质处理设备以及水质监测仪器进行水质分析。若符合回灌水质要求，则进入加压集水系统，以定流量、定压力等形式进入回灌井；否则，返回到回灌水质处理设备重新对水质进行分析、处理。

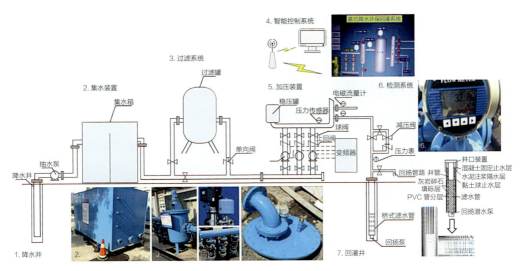

图5-1 抽灌一体化系统概念与实物对比图

本系统确保了回灌水水质满足地表水三级标准要求（即生活饮用水二级），避免了地下水环境的二次污染问题。该系统仅需通过设置一套加压设备，并在各个回灌井与压力管路之间设置减压装置，即可单独控制每个回灌井的回灌压力，有效减少了回灌井数量、降低了施工运维成本、节省了占地空间，实现了降水回灌运行的简便化、高效化、节约化。济南轨道交通1号线王府庄站、大杨庄站等降水回灌工程，采用该抽灌一体化系统设备，回灌率高达85%以上，水质指标优良，施工运行安全可靠。

（2）开发了深基坑原位回灌一体化全过程智能控制系统平台

传统基坑回灌工程，存在回灌井数量多、布置范围广、操控集成化低、设备检修困难、故障率高等特点。针对上述问题，开发了深基坑原位回灌一体化全过程智能控制系统V1.0平台，并且平台将操控指令集成于一块触摸屏，通过该软件系统实现集成控制，完成了自动控制回灌水泵送系统、自动清洗过滤器等智能控制，确保了软硬件无缝衔接、各项数据实时显示；通过设置电流、电压和温度监控设备，实现了对电机欠电压、再生过压、过流、过载、短路、过热等问题实时监控；通过设置监护报警装置，保障了系统设备长期稳定运行。济南轨道交通1号线大杨站地铁基坑（长516m、宽20m、深26m），在降水回灌中采用该控制系统仅需两人操控，大幅提高了运转效率。

2. 研制了国内外最大尺寸的室内回灌模型试验设备，揭示了不同边界条件下潜水和承压水的回灌机理

开发了回灌保压试验装置、变形三维光纤监测分析系统及孔隙水压立体实时监测系统；解决了传统模型装置尺寸效应强、模拟工况单一、回灌压力不易控制的难题；

结合现场测试实验结果,首次提出了回灌影响半径、回灌量的计算公式并编入了山东省级专业规范《工程建设地下水控制技术规范》。

由于理论研究的滞后,基坑回灌设计和施工过程存在经验性强、随意性大的特点,预期效果与工程实际相差较大,因此,研究回灌理论是实施回灌设计需要解决的首要问题,而大型的试验系统平台和现场回灌试验是研究回灌理论的最有效途径。

(1)研制了一种模拟变水头透水土层潜水地层室内回灌系统(图5-2、图5-3)

该回灌系统通过控制模型槽两侧水槽的水位,模拟变水头条件下潜水层回灌试验,揭示变水头条件下的回灌机理。该装置尺寸大、边界效应小,依据相似原理模拟实际工程地层,研究回灌各影响参数之间的相互关系,不仅为回灌理论公式提供验证条件,而且对地质情况相似的实际工程具有指导意义。

(2)研发了模拟承压水地层的室内回灌模型试验系统控制方法及仪器设备(图5-4)

根据模拟工程地质情况,在本系统模型箱内敷设承压水层土层;通过联通器原理在模型箱侧壁上设置连接承压水层的联通管,实现了对承压水压力的模拟;通过设置

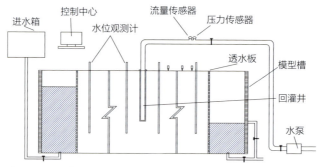

图5-2 变水头室内回灌系统二维示意图

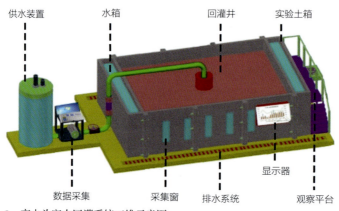

图5-3 变水头室内回灌系统三维示意图

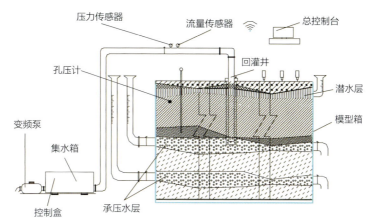

图5-4 承压水室内回灌二维示意图

变频控制系统,具备了定压回灌和定流量回灌双重模式;通过埋设光纤传感器和孔压计,实现了对地层变形和孔隙水压力的实时监测。

研发了目前国内最大尺寸室内回灌模型试验系统(图5-5),最大限度减小尺寸效应对试验结果的影响。该系统通过调节两侧水箱的水位高度来控制地下

图5-5 室内回灌模型试验系统实物图

水的承压类型及模型的水力边界条件,通过数据采集系统将光纤及孔压计监测的沉降及孔隙水压力数据进行三维立体集成,进而反映回灌过程不同地层水土耦合作用下的时空演化规律。

3. 建立了基坑降水回灌一体化系统的设计方法,实现了降水回灌的标准化设计

首次提出基坑降水回灌适宜性分级三维评价方法,开发了地下水抽取引起地面沉降三维分析软件,提出了基坑回灌影响半径、回灌量计算公式,建立了基坑工程降水回灌的标准化设计原则和流程。

(1)提出了基坑降水回灌的适宜性分级方法

根据基坑回灌的效率与效果,综合地质、环境及水质三项评价指标,以含水层透水性、基坑降水量与含水层贮水量之比、建筑物与基坑距离、风险损失等级及回灌水质等作为参数指标,构建了回灌适宜性分析的三维评价矩阵,实现了对基坑工程回灌适宜性的定量化分析,提出了针对性强的工程措施(图5-6~图5-8)。基坑回灌适宜性分级体系共分为五级,济南轨道交通1号线、3号线共20余个大型深基坑,利用该三维

评价矩阵进行分析，有针对性地采取回灌措施，结合以下两种特殊类型的回灌井结构进行精细化布设，减少了回灌井数量、提高了回灌效率、节约了工程投资。

（2）建立了基坑降水回灌工程的标准化设计方法

通过大量试验及现场实测，建立了降水回灌一体化系统设计流程（图5-9），开发了地下水抽取引起地面沉降三维分析软件（图5-10），促进了基坑降水地面沉降评价的便利性、实用性，实现了考虑降水-沉降预分析下基坑回灌动态设计，提出了回灌井影响半径和回灌量计算公式，完善了回灌井参数设计方法。该公式写入山东省工程建设标准《工程建设地下水控制技术规范》DB37/T 5059—2016，改变了回灌计算长期缺乏

远近等级		损失等级				
		A	B	C	D	E
		灾难性的	非常严重的	严重的	需考虑的	可忽略的
A	< 1H	一级	一级	一级	二级	三级
B	1~2H	一级	一级	二级	三级	三级
C	2~3H	一级	二级	三级	三级	四级
D	3~4H	二级	三级	三级	四级	四级
E	> 4H	三级	三级	四级	四级	四级

图5-6 环境风险分级

降储比等级		透水性等级				
		A	B	C	D	E
		特强透水	强透水	中等透水	弱透水	微或不透水
A	< 0.2	一级	一级	一级	二级	三级
B	0.2~0.5	一级	一级	二级	三级	三级
C	0.5~2	一级	二级	三级	三级	四级
D	2~5	二级	三级	三级	四级	四级
E	> 5	三级	三级	四级	四级	四级

图5-7 地质适应性分级

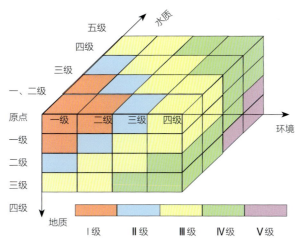

图5-8 回灌适宜性评价体系

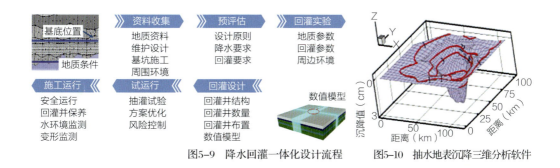

图5-9 降水回灌一体化设计流程　　图5-10 抽水地表沉降三维分析软件

设计依据的现状。济南轨道交通1号线4个基坑降水回灌工程运用标准化设计方法，实现了基坑降水回灌动态化设计，回灌率达85%以上，地面沉降控制在15mm以内。

4. 建立了基坑降水回灌施工控制技术体系，实现了降水回灌的精细化管理

发明了第四系微承压水保泉回灌井、大直径变径加压回灌井等成井工艺及方法，完善了加压保泉回灌井结构设计，突破了现场传统回灌井易堵塞、加压系统复杂、易产生溢水的技术难题；编制了基坑降水回灌施工全过程精细化管理技术指南，促进了降水回灌施工的规范化，提升了降水回灌行业施工技术水平。

（1）发明了一种加压保泉回灌井及方法

通过集成化设计以及保压系统的引入，该装置解决了传统回灌井占地面积大、无法加压或加压漏气、压力不稳的问题，实现了回灌压力保持在1MPa以内时稳定运行的效果，提高了回灌效率，降低了回灌成本。

（2）研发了一种第四系微承压水保泉回灌井

该系统解决了加压回灌下水和气体泄漏而引起跑压的问题；过滤层采用双层缠丝过滤层，避免了传统过单层滤管易损坏和堵塞的问题。该装置突破了有压回灌下井壁易破坏冒水的技术难题，确保了有压回灌的稳定性。

5.3 应用效果

济南轨道交通1号线在总结分析工程实践经验的基础上，通过大尺寸室内模型试验和现场试验深入研究回灌作用机理及相关回灌参数，形成了较成熟的降水回灌理论，研发了抽灌一体化设备及其智能控制系统，建立了基坑降水回灌设计优化方法和施工控制技术体系，实现了降水回灌的标准化设计和精细化管控，有效减小了轨道交通建设对地下水环境的影响，也为后续轨道交通工程建设中对泉水的保护奠定了良好的基础。

在济南轨道交通1号线地下段3座地下车站基坑工程中，回灌率从原来的15%提高到85%以上，部分工程可达到100%，达到了抽灌平衡标准，最大限度地减少地下水资源耗费，同时有效保证了回灌水的水质。

陆

车辆编组研究

▶ 泉城地铁因泉水的原因在建设过程中选择了"先外后内、先快后慢、先易后难"的建设时序,济南轨道交通1号线作为首条建设的线路未选择在客流核心集散区有其历史原因,存在了太多的纠结与不甘,但历史选择了这条客流量并不大、工程建设相对容易的市域快线,车辆选型作为最重要的系统制式之一,如何妥善处理客流少与选型的矛盾,既充分结合初近期客流预测情况,又考虑远期客流预测及城市发展和线网规划的不确定性,是车辆编组研究的重点。

6.1 背景情况

列车编组是系统设计中的重大技术方案,对运营方案、土建规模、系统设备等有决定性作用,考虑到1号线在济南市线网中的特殊地位和客流情况,在规划设计阶段就在建设规划的前提下对列车编组进行了专项研究。

6.1.1 建设规划阶段车辆编组

根据《济南市城市轨道交通线网建设规划》,济南市线网分两个层次实施,1号线属于先期实施的3条市域快线之一;预测客流情况,初期(2020年)全日客运量为27万人次、高峰小时最大断面客流量1.09万人次;远期(2050年)全日客运量为49万人次(含支线)、高峰小时最大断面客流量2.11万人次。建设规划中,系统各线列车编组方案按包容性原则进行规划,济南轨道交通1号线与全线网保持一致,推荐采用6B方案。

6.1.2 工程可行性研究阶段车辆编组

工程可行性研究阶段,1号线列车推荐采用6B编组,其主要理据如下:

(1)站立密度标准:5人/m^2。

(2)高峰小时断面客流量:初期1.30万人次、近期1.70万人次、远期2.52万人次。

(3)平均运距:初期11.75km、近期11.04km、远期12.24km。

工程可行性研究报告中对4B、5B、6B编组方案对各年限的客流需求、服务水平、运营管理等方面进行了分析,从重点满足"初期必要的开通间隔、近期充足的抗客流风险、远期充足的发展余地"要求的角度,认为6B编组方案的适应性最好。

6.1.3 总体设计阶段车辆编组

(1)总体设计关于列车编组方案

济南轨道交通1号线列车推荐采用4B-4B-6B编组,其主要理据如下:

1)站立密度标准:6人/m^2(基于对平均运距及大客流点间运行时间的分析)。

2)高峰小时断面:初期1.19万人次、近期1.41万人次、远期2.38万人次。

3)平均运距:初期9.88km、近期9.46km、远期11.38km。

总体设计报告重点对4B、6B两个编组方案进行了研究;基于最大断面数据下调、平均运距缩短的客流预测变化,从满足客流运输需求、兼顾初期近期运营成本的考虑,建议列车编组方案调整为初期、近期4辆编组,远期6辆编组。

（2）总体设计关于列车编组的专家评审意见

1）经比选研究推荐车辆编组初、近、远期分别为4、4、6辆编组满足运营要求。但存在建设规模偏大，初、近期行车间隔小，对后续新线压力大。

2）根据济南市近期线网建设规划中9条线的远景年客流预测高峰断面值，3万人/h以上的线路仅2条；2.8万人/h以下线路5条，若5条线均选用5B编组列车，按30对/h运能较2.8万人/h的运能要求还有24%的运能裕量，且行车间隔服务水平较高，建设规模、能耗、资源共享及降低运营成本上均更合理，故仍建议进一步研究比选5-5-5编组。

6.2　影响列车编组方案的关键因素

影响列车编组方案选择的关键因素有如下几点：

（1）城市发展规划：对城市发展规划的理解，体现了对客流发展及预测风险的基本认识，既是从宏观层面对项目需求的把握，也是对系统能力需求的侧面定位，对列车编组方案的选择有重要影响。

（2）项目功能需求：项目的功能需求特征是研究系统主要技术标准的基础，应体现在整个设计流程之中；作为主要标准指标的列车编组方案，也应该体现对项目功能需求的认识。

（3）预测客流量：预测客流量是研究列车编组方案的基本数据资料，列车编组方案必须满足预测客流的运输需求，并保证足够的运能裕量。

（4）站立密度标准：站立密度标准直接决定着列车的设计载客量，对编组方案有直接影响。

（5）列车动拖比：列车动拖比对远期扩编的难度及经济性有较大的影响，也是研究编组方案需要考虑的因素之一。

（6）配属车数：配属车数体现的是工程投资，在满足运营需求的前提下配属车数越少，方案越有利。

（7）运营成本：运营成本包括系统运营期间的职工薪酬、维修费、电力费用、营运费、折旧费、摊销费、财务费用等；不同的列车编组方案下的车走行公里有所差异，直接对系统运营的电力费、车辆维修费产生影响。

（8）扩编工程：列车扩编是一项重大的技术装备改造工程，其可实施性、经济性以及对运营的综合影响，对项目能否采用扩编方案影响重大。

6.3 站立密度标准研究

站立密度标准是指车厢有效空余单位面积内可以站立的乘客数量指标，该指标是确定车辆设计载客量的前提条件，对列车编组方案的影响重大。

6.3.1 相关规范及标准的规定

在国家通用的设计规范中，关于站立密度标准有如下说明：

《城市轨道交通工程项目建设标准》建标104—2008对每辆车的定员有如下定义："定员由座席位和站席位的总和确定，为正常情况下载客能力的计算依据；其中站席是指车内面积扣除座席区及相关设设施的面积后，按6人/m^2计。"同时指出"当全程线路大于35km，平均运距大于12km时，根据客流性质，宜适当降低车辆定员"。

《城市轨道交通技术规范》GB 50490—2009中站立密度标准，是沿用的《城市轨道交通工程项目建设标准》建标104—2008的指标，采用6人/m^2。

《地铁设计规范》GB 50157—2013中规定：在确定地铁系统运能时，车厢有效空余地板面积上站立乘客密度标准宜按每平方米5~6名乘客计算；并在该条文解释中指出："对于车厢内除座位及前缘250mm以外有效空余地板面积上站立乘客的标准，上一版规范定为6人/m^2，本次修编结合国内各城市的实际情况，对此标准的要求有所放宽。设计可采用5~6人/m^2的标准，具体应结合城市经济水平、线路客运规模、客流风险及舒适度要求等综合权衡后确定。"

随着我国各地城市轨道交通线路的不断增多，部分城市如北京、上海等根据其线网需求的特点及原有线路暴露出的一些问题，相应地出台了地方标准，对站立密度这一指标也有相应的说明。如北京市地方标准《城市轨道交通工程设计规范》DB 11/995—2013明确规定，北京轨道交通新线站立密度标准采用4.5~5人/m^2。

6.3.2 各城市站立密度标准调研情况

除机场、旅游线路等专线外，各城市通勤线路的站立密度，都在6人/m^2、5人/m^2两个标准中取舍。从时间节点上看，2012年之前绝大多数线路均采用6人/m^2的标准进行设计，近几年部分城市开始采用5人/m^2的标准，主要有以下几个城市：

北京市2014年出台了地方标准，站立密度明确按4.5~5人/m^2的标准设计，目前进行的新一轮建设项目，如3号线、12号线、17号线等新线均按5人/m^2的标准执行；本轮之前已完成的设计项目，均按6人/m^2标准执行。

上海市与北京市类似，也出台了地方设计标准，站立密度采用5人/m^2，新线设计大部分按此标准执行。

重庆地方标准于2016年实施，立席按5人/m^2考虑。

广州市暂未出台地方标准，新建线路一般按6人/m^2的标准设计，个别线路为储备运能经过研究也可采用5人/m^2的标准。

杭州市暂未出台地方标准，新线项目原则上采用5人/m^2，但受线网制约部分线路编组已定，为满足裕量标准也沿用了以往6人/m^2的标准，如3号线、4号线。

石家庄市从政策层面宏观上选定了A车线网，为统筹预测客流、能力配置与运营方案的匹配性，石家庄市采用了5人/m^2的标准，但专家评审时出现了一定争议。

其他城市如南京、成都、武汉、沈阳、哈尔滨、青岛、西安、兰州、深圳、长春、郑州、长沙等均按6人/m^2进行设计。

可见，采用5人/m^2标准的城市都是比较有代表性一线或大二线城市，且大部分有自己的地方标准作为依据，降低密度指标的主要目的是为了储备运能，对抗客流风险。尽管如此，从采用比例来看，仍以6人/m^2为主流。

6.3.3　对站立密度标准的理解

结合对城市轨道交通工程的设计经验，就站立密度标准这一指标，总结几点认识如下：

（1）站立密度标准是计算设计载客量的基础指标，与列车定员不是一个概念

设计载客量是针对该项目采用的单列车计算载客容量，并以此作为系统运能设计及运营组织方案的前提；列车定员则是固定的（6人/m^2），系统设备的标准如列车加速度、通风等均依此进行设计。如6B列车定员是固定的1460人/列（6人/m^2），但为了提高舒适度、储备运能，项目设计时列车设计载客量可以按1260人/列（5人/m^2），并以此确定行车间隔、配属车数量，但列车的各项性能必须满足1460人/列的定员指标要求，因此降低站立密度实际上是提高了系统的设计标准及装备数量。

（2）站立密度标准应根据项目特点确定，不应一概而论

站立密度标准的选择，本质上是对系统运能储备需求的认识，应当结合项目的客流发展规律及运营风险确定，在同一城市线网中也应区别对待，不应一概而论，重点体现对项目客流预测风险的考量；针对特定的项目，不同地理区位、不同功能定位的线路其客流风险的表现也不尽相同；一般而言，位于主城核心廊道，或者衔接中心城近郊待开发区域的线路，其客流突破预测上限的风险较高，对这类的项目宜降低站立密度、储备运能；而对规划条件比较稳定，沿线区域与中心城联系不太紧密的线路，客流风险一般较低，降低站立密度的设计理念应当慎重取舍。

（3）降低站立密度标准的设计思路在业内仍存在争议

针对部分城市出台地方标准规定站立密度标准采用5人/m^2的情况，业内专家也有不同的意见。一方面，不少专家认为系统运能配置在设计上已经为客流风险预留了10%~20%的裕量，以6人/m^2的标准，在15%裕量的情况下车厢实际拥挤度在5人/m^2左右，一般拥挤区间也不会太长，可以接受；另一方面，降低站立密度标准意味着提高土建设计及系统设备的总规模，增加了未来运营期间的成本支出，对促进多元化融资、建立现代企业管理制度有不利影响。

6.3.4 本线站立密度标准的选择

从客流预测情况来看，初设阶段1号线预测平均运距在10km左右，长途旅客占比较低，以本线45~48km/h的旅行速度，乘客在本线的乘车时间大部分在15min以内，相对于长大线路，乘客对高舒适度的需求并不突出。

从车厢实际拥挤度分析，本线各设计年限最高断面的运能裕量均在15%以上，所有区间拥挤度均控制在5人/m^2以下，已经实现了较高的乘车舒适性。

从客流发展风险上看，1号线远期行车间隔为3min；若以6人/m^2的定员标准，系统设计能力与预测客流断面相比，具备50%的裕量，基本不需要再从站立密度的角度进一步储备能力。

综合上述因素，建议1号线站立密度标准采用6人/m^2。

6.4 列车编组对预测客流的适应性分析

根据初步设计阶段的《客流预测报告》，1号线初期高峰小时最大客流断面1.18万人次，近期为1.58万人次，远期为2.15万人次，结合该客流量级，重点研究了4-4-6、6-6-6及5-5-5三个列车编组方案。

6.4.1 初期列车编组方案

初期高峰小时最大客流断面达到11823人次，列车分别按照4辆、5辆、6辆编组的系统适应性分析见表6-1。

初期列车编组系统适应性分析表　　　　　　表 6-1

运能配置标准	6人/m²		
高峰小时最大客流断面（人次）	11823		
列车编组方案	4B	5B	6B
列车设计载客量（人/列）	960	1210	1460
适宜行车量（对/h）	15	12	12
行车间隔（min）	4	5	6
系统运输能力（人次）	14400	14520	17520
能力裕量（%）	17.9	18.6	32.5
运用车数（列/车）	19/76	16/80	15/90

初期列车编组适应性分析：列车4辆编组高峰小时行车间隔4min，能力裕量17.9%，运用车数76辆；5辆编组高峰小时行车间隔5min，能力裕量18.6%，运用车数80辆；6辆编组高峰小时行车间隔5min，能力裕量32.5%，运用车数90辆；4辆编组和5辆编组方案运用车数相当，能力裕量适宜，6辆编组为满足《城市轨道交通工程建设标准》建标104—2008建议的5min标准要求，运能裕量超过30%，满载率低；因此，初期推荐4辆、5辆编组方案。

6.4.2 近期列车编组方案

近期高峰小时断面客流量达到15846人次，列车分别按照4辆、5辆、6辆编组的系统适应性分析见表6-2。

近期列车编组系统适应性分析表　　　　　　表 6-2

运能配置标准	6人/m²		
高峰小时客流（人次）	15846		
列车编组方案	4B	5B	6B
列车设计载客量（人/列）	960	1210	1460
适宜行车量（对/h）	20	16	13
行车间隔（min）	3	3.8	4.6
系统运输能力（人次）	19200	19360	18980
能力裕量（%）	17.5	18.2	16.5
运用车数（列/车）	26/104	21/105	17/102

近期列车编组适应性分析：列车4辆编组高峰小时行车间隔3min，能力裕量

17.5%，运用车数104辆；5辆编组高峰小时行车间隔3.8min，能力裕量18.2%，运用车数105辆；6辆编组高峰小时行车间隔4.6min，能力裕量16.5%，运用车数102辆；三个方案运用车数相当，能力裕量均较适宜。

6.4.3 远期列车编组方案

远期高峰小时断面客流量达到21518人次，列车分别按照4辆、5辆、6辆编组的系统适应性分析见表6-3。

远期列车编组系统适应性分析表　　表6-3

运能配置标准	6人/m²		
高峰小时客流（人次）	21518		
列车编组方案	4B	5B	6B
列车设计载客量（人/列）	960	1210	1460
适宜行车量（对/h）	27	22	18
行车间隔（min）	2.2	2.7	3.3
系统运输能力（人次）	25920	26620	26280
能力裕量（%）	17.0	19.2	18.1
运用车数（列/车）	41/164	34/165	28/168

远期列车编组适应性分析：列车4辆编组高峰小时行车间隔2.2min，能力裕量17.0%，运用车数164辆；5辆编组高峰小时行车间隔2.7min，能力裕量19.2%，运用车数165辆；单从运输能力上考虑，远期6辆编组高峰小时行车间隔3.3min，能力裕量18.1%，运用车数168辆，但远期相邻线网规划均已接近30对/h、2min的系统能力，本线行车间隔高于3min，匹配性较差，若将行车间隔缩小到3min，能力裕量为26.3%，运用车数186辆。

6.4.4 研究小结

通过上述比较分析，以客流预测数据分析，1号线采用4B编组方案已满足运输需求；按系统设计规模的2min行车间隔，远期运能裕量可以达到25.3%，从比例上看已处于较高的水平。但若以绝对数值来看，运能裕量为7282人次/h，基本为一个3万~4万人口规模小区通勤量的规模。因此从客流防范风险的角度，还应进一步研究远期扩大列车编组的必要性。

6.5 列车编组对城市规划发展的适应性分析

6.5.1 对济南市城市规划发展的理解

客流预测是依据现状的客流水平，并基于城市规划的阶段性成果，经过模型分析和数值计算而得出的，因此研究客流预测的风险，重在体现对城市规划发展的理解。

（1）对国家城镇化发展政策的认识

城镇化程度是衡量一个国家和地区经济、社会、文化、科技水平的重要标志，也是衡量国家和地区社会组织程度和管理水平的重要标志。我国城镇化起步较晚，当前正处于城镇化快速发展的时期，在未来相当长的时期内，城镇化依然是国家发展的主题之一。

但从我国近二十年的城市化发展的历程来看，过去的模式仍存在不少问题，其中最具代表性的就是大城市的快速扩张，形成"大城市病"，引发资源、生态、交通等一系列难题，造成城市运行效率低下、社会资源浪费严重；同时土地城镇化速度与城市职能化速度不协调，形成大量的空城，短时期内难以消化。

目前国家已经明确要求合理控制特大城市建设规模的发展方向，转向推进城市群建设、推动中小城市建设的合理化轨道，未来国家对城镇化的政策引导将逐步由"大而全"转变为"职能分散、功能互补"，模糊城乡建设的边界，提高城市的运作效率。

（2）对济南市城镇化发展趋势的认识

济南市作为山东省的省会、鲁中省会城市圈最重要的载体，未来将是国家城镇化发展的重点。济南市2020年城市总体规划明确提出了"东拓、西进、南控、北跨"的发展方向，逐步疏散城市中心职能，引导空间地域的有机协调发展。

因此济南市城市总规模还将不断扩大，并以外围组团发展为主要方向。

（3）对长清区城镇化发展趋势的认识

根据现状城市运行特点及未来规划目标，对长清区的城镇化发展趋势有如下几点认识。

1）长清区是济南市规划中心城的重要组成部分，位于主城西侧，是济南市"西拓"发展战略的重要载体，未来发展潜力巨大。

2）从目前济南市的城市建设水平、人口分布及商业发展上看，整体上东部要快于西部，西部组团现状仍有较多的建筑存量需要消化。

3）长清区功能相对比较独立，现状公共交通高峰小时出行量在3000人次/h以下，对主城区的依赖性不强，城镇化需要一段较长的发展期。

综合上述判断，从长远看长清组团发展潜力巨大，但应有一个较长的发展过程，短时期内快速形成大体量交通走廊的可能性较小。

6.5.2 列车编组方案抗风险研究

列车编组方案关乎系统的运能需求及配置，应体现对城市发展的理解。

一方面，长远来看长清组团未来发展潜力巨大，城市轨道交通作为百年工程，应为远景城市发展提供支撑，系统能力应保证裕量；从济南市城市规划体量上看，选择永久性的4B编组方案规模偏低，参照同等已有轨道交通项目城市的建设经验，列车编组应合理预留至5B或6B标准。另一方面，基于现状的发展实际，长清区的发展有一个较长的过程，短时期内客流爆发式增长可能性较小。

基于上述分析，1号线土建规模应在客流预测的基础上进行合理预留，鉴于5B方案在国内较少采用，且参照国内城市普遍采用的标准，对济南市而言，6B编组的建设规模并不过大，因此建议远期1号线宜实现6B编组。

6.6 列车编组对网络资源共享的适应性分析

根据《济南市轨道交通线网规划（2015年）》研究成果，济南轨道交通远期线网由9条线路构成。各线场段规划情况如表6-4所示。

济南市远景线网场段设置情况表　　表6-4

层次	线路	线网功能	线路长度（km）	列车编组	车辆段	停车场	
快线	1号线	外围快线	26.4	6B	范村	池东	
	2号线	外围快线	42.6	6B	王府庄	历城	五里堂
	3号线	外围快线	34.1	6B	刘川	龙洞	
普线	6号线	城区干线	35.5	6B	位里庄	梁王	
	5号线	城区干线	17.6	6B	南康	泺口西	
	4号线	城区干线	42.6	6B	美丽庄	彭家庄	
	9号线	城区干线	23.8	6B	大庙屯	姬家	
	M5	城区加密线	20.3	6B	罗而	泺口西	
	M6	城区加密线	41.0	6B	东枣园	于家庄	西周家庄

远景线网规划的9条线路，除2号线、原M6线设置1段2场外，其余各线均为1段1场的格局。

线网厂架修基地选择情况。市区网6号线西端设置位里庄综合基地，承担市区常规轨道网普线的厂架修作业；市域网1号线中部设置范村车辆基地，承担市域快线网1号线、2号线、3号线的厂架修作业；厂架修基地在济南市线网中的位置见图6-1。

本线的范村车辆基地承担济南轨道交通1号线、2号线、3号线三条线路的大架修，而2号线、3号线均为6B线路，故范村车辆基地需按满足6B列车检修要求的规模考虑，从优化网络资源共享方案的角度，本线土建规模宜按6B系统实施。

图6-1　济南市线网厂架修基地位置示意图

6.7　列车远期扩编可行性研究

根据上述分析，济南轨道交通1号线采用4-4-6的编组形式对客流特征的适应性较好，本节对列车动拖比方案及远期扩编的可行性进行研究。

6.7.1　列车动拖比研究

列车动拖比设置应考虑列车各项技术参数满足线路正常运能需求，并保持一定裕量；列车各项技术参数应符合本线时域快线的特点；考虑列车故障通行能力及事故救援能力；考虑列车投资的经济性；并考虑列车远期改编的可行性。

（1）列车动拖比设置方案（表6-5）

方案一：全动车*Mc+Mp－Mp+Mc*

该方案考虑了列车运行性能、运营安全并兼顾改编合理性，在香港地铁、新加坡均有使用。全动车编组方案的特点是车辆重量、动力分布均匀，粘着利用好，但车辆驱动设备相对数量多，维修工作量略高，车辆购置费较高。该方案列车启动性能好，故障运行能力强。编组灵活性较好，远期改编较为简单。

方案二：三动一拖*MTc+Mp－Mp+MTc*

该方案为4辆编组列车近年来应用较多方案，青岛蓝色硅谷、南京宁天城际采用本方案。三动一拖单元编组车头车一个转向架为动力转向架，从而在一定程度上减轻了动车重量，使列车重量分配比较均匀，粘着利用较好，并减少了设备数量和维修工作量、降低了制造成本，但编组灵活性稍差，远期改编难度较大。

方案三：两动两拖*Tc+Mp－Mp+Tc*

该方案早期城市轨道交通应用较多。两动两拖编组也具有一定的编组灵活性，在车辆设备数量、能耗、维修工作量、车辆购置费等与全动车编组相比均有所减少。该方案列车动拖比低，列车启动性能较差，故障运行能力较差，救援能力较差。编组灵活性较好，远期改编需增加动车，编组较全动车方案难度较大。

注：Mc代表带司机室动车，Mp代表带受电弓的动车，MTc代表带司机室的半动半拖车，Tc代表带司机室的拖车，*代表全自动车钩，-代表半自动车钩，+代表半永久车钩。

动拖比方案比较表　　　　　　　　　　　表6-5

比较标准	全动车	三动一拖	两动两拖
列车性能	列车启动、加速等各项性能最优；启动加速度标准：1.0；平均加速度标准：0.6	列车启动、加速等各项性能良；启动加速度标准：1.0；平均加速度标准：0.6	列车启动、加速等各项性能一般；启动加速度标准：0.83；平均加速度标准：0.5
故障运行能力	最优，若一辆车故障降级为三动一拖	良，若一辆车故障降级为两动两拖；	差，若一辆车故障降级为一动三拖
车辆投资	初期投资较大；远期改编费用最省；全周期车辆投资最少	初期投资适中；远期改编费用较高；全周期车辆投资最高	初期投资最少；远期改编费用最高；全周期车辆投资适中
远期改编分析	增加两辆拖车，改编简单	增加两辆动车，改编为五动一拖较为可行	增加两辆动车，改编相对复杂

（2）基于远期扩编的列车动拖比方案研究（表6-6）

国内北京、上海、深圳、天津等一线城市有过列车扩编经验。列车扩编是项复杂的系统工程，涉及既有列车设计、改造、调试等多方面工作。国内部分线路由于线路设计较早，设计初期并未考虑列车改编扩容的相关接口及条件，给后续列车改编工程造成极大不便。

借鉴国内轨道交通扩编经验，在确定未来需要进行改编的前提下，需在首批列车招标初期对扩编方案提出要求，并考虑后续扩编列车的接入接口条件。经国内有过扩编经验列车制造商初步测算，在列车扩编接口条件明确的情况下，4辆编组扩编为6辆编组扩编费用约1180万/列（含新增车辆580万/车，以及20万/列的改造费用）。

结合本线特点，针对不同动拖比分析本线编组方案。

1）全动车。远期增加两辆拖车，可以方便地实现4M2T的编组形式（图6-2）。

2）三动一拖。远期增加两辆动车，实现5M1T的编组形式较为可行（图6-3）。

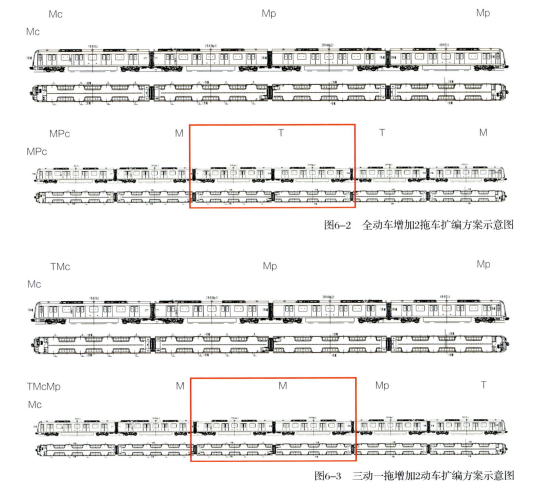

图6-2　全动车增加2拖车扩编方案示意图

图6-3　三动一拖增加2动车扩编方案示意图

3）两动两拖。扩编时增加两辆动车，可以方便地实现4M2T的编组形式（图6-4）。

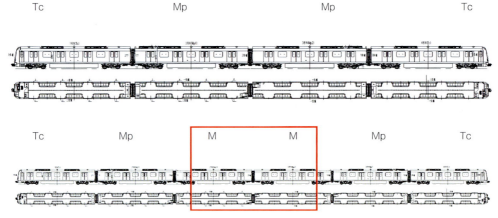

图6-4　两动两拖增加2动车扩编方案示意图

动拖比方案适应情况比较分析表　　　　　表6-6

比较标准	全动车	三动一拖	两动两拖
编组方案	增加两辆拖车，改编为四动两拖	增加两辆动车，改编为五动一拖	增加两辆动车，改编为四动两拖
编组可行性	增加两列拖车，编组方案简单可行，原列车系统改动较少	增加两列动车，编组方案较为复杂，列车牵引、网络等系统改动量较大	增加两列动车，编组方案较为复杂，列车牵引、网络等系统改动量较大
改编周期	最短	较长	较长
编组费用	较为经济，约20万元	约30万元	约30万元

综上所述，综合考虑本线线路特点、列车运行速度、故障救援能力及列车编组实施方案，建议本线初期采用三动一拖编组方案。

6.7.2　远期列车扩编方案

根据国内列车改编经验，列车改编期多为沿线客流飞速发展的时期，线路已开通运营多年，既有客流已经形成。考虑减少对于既有线路运营的影响，列车改编期以线路新编组列车增购投入运营为起点，既有列车改编完成为终点。

由于本线初期列车招标时，已明确远期列车的改编方案，首批列车各系统已考虑远期改编接入条件，列车改编工程相对简单，主要包括新购车辆的接入、既有车辆布线、各系统参数调试、列车运行调试等工作。

结合国内改编经验，为减少改编期间对于正线运营的影响，建议按照新编组列车调试数量同时进行既有列车的下线改编。按照国内新车调试1月1～2列的周期，同时考虑车辆基地的规模配置，建议按照每月1～2列车进行改编，整个改编期约1.5～2年。结合新车到场时间，列车改编周期进行合理的运营组织匹配，可以实现正线运用车不受列车改编影响。

本线范村车辆基地已按照6辆编组规模配置，试车线、静调、架车等辅助设施按照线网大架修基地配置，车辆基地基础设施完全满足列车改编扩容要求。

6.7.3　列车扩编应用情况案例

上海轨道交通1号线是上海的第一条地铁，也是上海轨道交通最为繁忙、最重要的大动脉。1993年5月28日开始试运营；此后先后开通南段线路、南延伸段、北延伸段、北北延伸段。由于客流变化的需求，开通13年后，从2006年开始进行6辆编组改8辆的扩编工作，历时两年时间完成列车改编扩容，改编期间采取6辆、8辆列车混跑的运营方案。

天津地铁1号线，线路全长26km，于2006年6月12日正式开通载客试运营。该线为原1976年通车线路基础上改造的地铁新线。线路开通初期考虑线路运营的经济性采用4、6辆混跑的行车运营方案。鉴于1号线客流增长的需求，2009年开始改编既有4辆编组列车，扩容为6辆编组。2011年全部完成列车改编扩容。

深圳龙华线原名深圳地铁4号线。2007年首期线路开通运营，2011年6月全线开通运营，该线为港铁TOD模式国内应用的典型线路。由于地铁沿线客流的飞速发展，2012年底港铁开始改编既有4辆编组列车，扩容为6辆编组。2015年初完成所有列车的改编扩容。

综上分析，列车改编扩容工程在国内有较多工程实例，且多为国内人口极度膨胀、经济发达的一线城市。线路开通初期考虑运营的经济合理性，采用较小的编组方式与城市规模与发展相匹配，同时考虑城市发展的多样性与不确定性预留增加编组的可行性。线路未来改编扩容的实施，需根据城市发展的要求在合适的时间进行实施。

6.7.4　列车扩编期间的运营组织

列车扩编期间，存在1.5～2年的4辆、6辆列车混跑情况，对车站客运组织有一定影响，尤其在高峰期间比较突出。

列车扩编对客运组织的压力主要体现在对站内候车乘客的指挥引导上，乘务员需要根据预告到站列车的编组情况，提示乘客在相应的位置等候上车；尤其是小编组列车到来时，需要确认第5、6位车厢处无人等待，做好必要的防护，以免乘客发现无车后慌张，造成危险或引发投诉。

为解决上述问题，建议运营公司在临近扩编以及扩编运营期间，采取以下的措施：

（1）扩编前通过网络、车站及车内媒体，向社会公布列车扩编的信息、时限，扩编期间的乘客注意事项。

（2）扩编期间，在屏蔽门处用不同颜色及形状进行标识，突出该位置在不同编组列车到来后的开关情况，提示乘客有针对性地候车。

（3）安排站务人员在第5位车厢处做好防护，手中举牌示意，4编车到达前可以拉警戒线防止乘客进入第5、6位车厢候车区。

（4）PIS系统随时预告下列车及下下列车的编组情况，提前告知乘客及站务员。

（5）加强宣传，使乘客尽快适应并自觉留意信息。

通过采取恰当的措施，改编期间的客运组织可以保证有序进行，在国内一些大体量线路列车扩编期间，也没有发生典型的安全事件。

6.7.5 远期直接购置B6列车方案分析

鉴于前述列车扩编带来的技术问题，本报告针对4-4-6编组方案，对B4列车不扩编、远期逐步采购B6列车，通过增加B6列车数量提高系统运输能力的方案，进行简要分析（下文统称"混跑方案"）。

初期列车按B4编组列车采购（24列，与扩编方案相同，动拖比选择三动一拖），后续列车按B6列车采购，通过增加B6列车的数量，提高系统的运输能力；B4列车动拖比按三动一拖，B6列车按四动二拖。B4、B6列车长期混跑，直至B4列车寿命到期，进行报废处理。

混跑方案的优势在于：一方面实现了初期近期小车、远期大车的运营思路，与客流发展的特点相适应；另一方面也解决了扩编工程带来的车辆单价上升、新旧车混编、增加车辆提前报废等问题。但该方案的缺点在于长期的长短列车混跑，第6.6节提到的运营问题持续存在，要求增加车站工作人员，对车站客运组织的影响较大，车站站务工作有一定压力。

一般而言，运营公司本着便于管理、方便乘客的考虑，往往选择混跑时间尽量短的方案，已有扩能案例也都采用的扩编方案，大、中运量的城市轨道交通项目采用长期混跑方式的案例较少。

随着济南轨道交通1号线沿线建设强度的逐渐提高、人口的不断聚集，当远期客流量上升到6B系统的合理服务范围时，应实现技术标准的统一，提高系统整体服务水平。

6.8 列车编组综合经济性比选

本节对4-4-6及6-6-6两个编组方案的运营经济性进行分析，其中4-4-6方案又包括列车远期扩编及混跑两种实现方式。考虑到不同编组方案主要影响到车辆购置数量、列车检修、列车能耗、司机薪酬，列车扩编期间的车辆改造、信号改造、屏蔽门改造等方面，因此本节经济性比较采用差值比较法，仅对上述因素进行量化分析，按运营期30年折现的方式进行研究。

6.8.1 基本参数

（1）车辆配属数量及购置费用

4-4-6方案（扩编）：配属车数量初期24列/96辆（B4）、近期32列/128辆（B4）、远期38列/228辆（B6）；

4-4-6方案（混跑）：配属车数量初期24列/96辆（B4）、近期32列/128辆（B4）、远期32列/128辆（B4）、13列/78辆（B6），总计44列/206辆；

6-6-6方案：配属车数量初期19列/114辆、近期22列/132辆、远期38列/228辆；

B4编组列车：2880万/列（全动车），2800万/列（三动一拖）；

B6编组列车：3780万/列（四动两拖）；

工程建设期间按初期配车数量购置列车，4-4-6扩编方案需6.91亿元，4-4-6混跑方案需6.72亿元；6-6-6方案需7.18亿元。

（2）列车扩编费用

4-4-6扩编方案在近期末分两年（2028年、2029年）扩编，扩编费用按1180万/列考虑，包括新增车辆580万/辆以及20万元的改编费用，改编列车数量32列，共计3.78亿元。

（3）列车扩编信号系统改造费用

为适应列车扩编运营条件，信号系统需要相应的改造，包括车载设备升级、轨旁设备改造、线缆更新等，费用估算按30万元/列、10万元/站考虑；改造期间需扩编列车32列，信号系统改造车站11个，共需费用1070万元。

（4）屏蔽门改造费用

列车扩编，屏蔽门系统需要增加相应的设备购置及相应的安装调试费用，费用估算如下：车门设备每门增加4万元，每站增加64万元，全线增加704万元；PSL、IBP和电源及控制系统增加部分设备按5万元/站考虑，共计55万元；运营期间的安装联调等人工费，按照15%计算。

综合分析，全线屏蔽门系统改造按增加900万元考虑。

（5）车载通信信号设备费用

车载通信、信号设备费用与列车配属数量有关，信号系统按300万元/列计算；通信系统按70万/列计算；车载通信信号系统费用总计370万元/列。

（6）列车检修费用

列车检修费用与车走行公里密切相关，本报告采用差值比较法，涉及人工成本的费用暂按各方案相当考虑，重点对有关材料的费用进行核算。

根据地铁设计规范对列车修程的规定，结合国内地铁线路列车检修费用的统计，各修程列车检修费用情况见表6-7。

大修周期内列车检修费用统计表（材料费） 表6-7

修程	大修	架修	定修	三月检	合计
走行里程（万公里）	120	60	15	3	—
检修费用（万元）	160	40	6	0.2	—
检修次数（次/大修周期）	1	1	10	36	—
检修费用（万元/大修周期）	160	40	60	7.2	267.2

由表6-7可以看出，在一个大修周期内，每辆车检修材料费用合计约267.2万元，按厂修里程120万车公里计算，则上述检修费用约2.23元/车公里；另考虑列检费用0.2元/车公里，则列车单位检修总费用约2.43元/车公里。

（7）列车能耗

1号线采用100km/h B型车，单位能耗约0.06kWh/吨公里（列车总耗电量）；全日列车平均满载率取40%，车辆平均自重33t，乘客重量5.8t，则列车单位耗电量为2.33kWh/车公里；电费单价取值0.818元/kWh，则列车能耗费用为1.90元/车公里。

（8）车走行公里

4-4-6方案与6-6-6方案，各设计年线走行公里对比情况见表6-8。

车走行公里计算表 表6-8

运营时段	4-4-6扩编方案行车量			4-4-6混跑方案行车量				6-6-6方案行车量		
	初期	近期	远期	初期	近期	远期		初期	近期	远期
						B4列车	B6列车			
5:00~6:00	6	6	6	6	6	4	2	6	6	6
6:00~7:00	10	10	10	10	10	7	3	8	8	10

续表

运营时段	4-4-6 扩编方案行车量			4-4-6 混跑方案行车量				6-6-6 方案行车量		
	初期	近期	远期	初期	近期	远期		初期	近期	远期
						B4 列车	B6 列车			
7：00~8：00	15	20	20	15	20	17	7	12	13	20
8：00~9：00	15	20	20	15	20	17	7	12	13	20
9：00~10：00	10	10	10	10	10	7	3	8	8	10
10：00~11：00	8	10	10	8	10	7	3	8	8	10
11：00~12：00	8	10	10	8	10	7	3	8	8	10
12：00~13：00	8	10	10	8	10	7	3	8	8	10
13：00~14：00	8	10	10	8	10	7	3	8	8	10
14：00~15：00	8	10	10	8	10	7	3	8	8	10
15：00~16：00	8	10	10	8	10	7	3	8	8	10
16：00~17：00	10	10	10	10	10	7	3	10	10	10
17：00~18：00	15	20	20	15	20	17	7	12	13	20
18：00~19：00	15	20	20	15	20	17	7	12	13	20
19：00~20：00	10	10	10	10	10	7	3	10	10	10
20：00~21：00	8	10	8	8	10	7	3	8	8	8
21：00~22：00	8	8	8	8	8	6	2	8	8	8
22：00~23：00	6	6	6	6	6	4	2	6	6	6
合计（对/日）	176	210	208	176	210	163	63	160	164	208
走行里程（万车公里）	1452	1733	3146	1452	1733	1604	1014	1981	2030	3146
						2618				

在满足系统运输能力的前提下，4-4-6扩编方案较6-6-6编组方案，初期节省走行公里529万车公里、近期节省297万车公里，远期相同；若采用混跑方案，远期仍可节省548万车公里。

（9）司机薪酬及福利

司机数量根据配属车数配置，按每列车4人考虑；司机薪酬及福利按8万元/年计算。

（10）其他参数

基本折现率按3%。列车购置、扩编及相应的设备费用暂按自有资金考虑，不利用银行贷款。

扩编年限：考虑在近期末分两年完成，即2027年购入扩编所需拖车，于2028年、2029年两年内完成；为减少扩编对运营的干扰，尽快实现系统标准的统一，列车扩编按一次性32列全部扩编考虑。

6.8.2 建设期投资差值

分析列车购置、车载信号设备、屏蔽门系统投资差别，建设期内列车购置费用：4-4-6扩编方案为6.91亿元，4-4-6混跑方案为6.72亿元，6-6-6方案为7.18亿元。

车载信号系统：4-4-6扩编方案为7200万元，4-4-6混跑方案为7200万元，6-6-6方案为5700万元。

屏蔽门系统：若一次性选择6辆编组方案，屏蔽门系统还需在现有方案的基础上增加门控单元、门机系统投资（704万元），以及PSL、IBP和电源及控制系统部分设备（44万元），建设期安装调试费用按7%考虑。即采用一次性6B方案，屏蔽门系统需要在4B方案的基础上增加800万元。

6.8.3 列车扩编费用总计

列车扩编费用包括车辆改造费用3.78亿元，信号系统改造费用1070亿元，屏蔽门系统改造费用900万元，总计3.97亿元，分2028年、2029年两年追加投资。

6.8.4 经济性分析

4-4-6扩编方案：初期购车费用6.91亿元，车载通信信号设备0.89亿元，运营期30年内增购车、扩编、检修、能耗、司机薪酬福利总费用现值为26.4亿元；

4-4-6混跑方案：初期购车费用6.72亿元，车载通信信号设备0.89亿元，运营期30年内增购车、检修、能耗、司机薪酬福利总费用现值为24.2亿元；

6-6-6方案：初期购车费用7.18亿元，车载通信信号设备0.70亿元，屏蔽门系统增加800万元，运营期30年内增购车、司机薪酬福利、检修、能耗总费用现值为27.2亿元；

以2018年为基准年限，4-4-6扩编方案较6-6-6方案总节省费用0.96亿元；4-4-6混跑方案较6-6-6方案总节省费用3.35亿元。仅从经济效益分析，4-4-6混跑方案最经济，6-6-6方案总支出最高。

6.9 研究结论

通过对1号线列车编组方案过往研究成果进行梳理，从站立密度标准、客流适应性、应对客流风险、列车扩编可行性、运营经济性等角度再次进行了深入分析，形成如下主要结论：

（1）1号线列车编组方案推荐采用初期、近期4辆编组，远期6辆编组方案，客流适应性好、与城市规划发展吻合性好，兼顾了初期控制投资与远期预留发展余地的双重需求。

（2）4-4-6方案中以混跑方案运营最为经济；从便于运营、方便车站管理的角度，4-4-6方案编组建议采用扩编方案。

（3）1号线线路长度较短，平均运距为10km/h，综合客流流向特征及客流风险，本线站立密度标准采用6人/m^2，在运能配置时按5人/m^2控制车厢拥挤度。

（4）长清区未来是济南市城镇化发展的主要方向之一，但需要一个较长的发展过程，本线的客流也有一个较长的培育期。综合分析，本线初期、近期客流激增的风险不高。

（5）列车采用4-4-6的编组形式，从列车加减速性能、扩编实施难度等方面分析，4辆编组列车宜采用全动车方案。

（6）列车远期扩编，在预留扩编条件的前提下，扩编方案可实施性强，国内成功案例较多，对运营的干扰风险可控。

（7）通过运营期间的经济性分析，4-4-6扩编方案较6-6-6方案，综合费用节省0.96亿元。

柒

盾构选型研究

▶ 盾构工法是解决地下区间施工问题最有效的方法，济南轨道交通1号线作为泉城首条线路，地下区间9.7km，包含4个区间。盾构的选型在一定程度上会影响后续线路的工程建设成本、装备制造、总体工筹，如何在众多城市地铁建设经验积累的基础上，既考虑济南特殊的工程水文地质条件，又考虑近期建设的施工误差、沉降变形、调线调坡、管线敷设、施作效率、成本控制，还要考虑远期的运营维护及加固改造，本线肩负了合理选择盾构形式的重任。

7.1 盾构机选型

7.1.1 盾构选型原则

盾构选型首先要满足施工安全的要求,对工程地质、水文地质有较强的适应性,在安全可靠的情况下考虑技术先进性与经济合理性,确保安全适应性、技术先进性与经济性相统一;其次应满足隧道外径、长度、埋深、施工场地、周围环境等要求,且应满足安全、质量、工期、造价及环保要求;再次其后配套设备的能力与主机配套,满足生产能力与主机掘进速度相匹配的要求,同时具有施工安全、结构简单、布置合理和易于维护保养的特点。

7.1.2 盾构选型方法

目前,敞开式盾构和压缩空气盾构已基本被淘汰,应用最广的是土压平衡盾构和泥水盾构两种机型。以下针对土压平衡盾构和泥水盾构,介绍二者选型方法。

1. 根据地层的渗透系数进行选型

地层渗透系数(透水系数)对于盾构的选型是一个很重要的因素。通常,当地层的渗透系数小于10^{-7}m/s时,可以选用土压平衡盾构;当地层的渗透系数在$10^{-7} \sim 10^{-4}$m/s之间时,既可以选用土压平衡盾构,也可以选用泥水盾构;当地层的渗透系数大于10^{-4}m/s时,宜选用泥水盾构。根据地层渗透系数与盾构类型的关系,若地层以各种级配富水的砂层、砂砾层为主时,宜选用泥水盾构;其他地层宜选用土压平衡盾构,如图7-1所示。

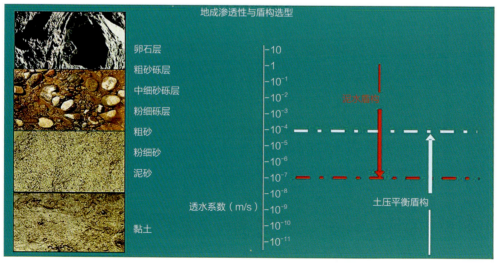

图7-1 地层渗透性与盾构选型关系图

2. 根据地层的颗粒级配进行选型

土压平衡盾构主要适用于粉土、粉质黏土、淤泥质粉土、粉砂层等土壤的施工，在黏性土层中掘进时，由刀盘切削下来的土体进入土仓后由螺旋输送机运出，在螺旋机内形成压力梯降，保持土仓压力稳定，使开挖面土层处于稳定状态。一般来说，细颗粒含量多，渣土易形成不透水的流塑体，容易充满土仓的每个部位，在土仓中可以建立压力来平衡开挖面的土体。盾构类型与颗粒级配的关系详见图7-2，图中黏土、淤泥质土区为土压平衡盾构适用的颗粒级配范围；砾石粗砂区为泥水盾构适用的颗粒级配范围；粗砂、细砂区可使用泥水盾构，也可经土质改良后使用土压平衡盾构。

一般来说，当岩土中粉粒和黏粒的总量达到40%以上时，通常选用土压平衡盾构，相反的情况选择泥水盾构比较合适。粉粒的绝对大小通常以0.075mm为界。

3. 根据地下水压进行选型

当水压大于0.3MPa时，适宜采用泥水盾构。如果采用土压平衡盾构，螺旋输送机难以形成有效的土塞效应，在螺旋输送机排土闸门处易发生渣土喷涌现象，引起土仓中土压力下降，导致开挖面坍塌。

当水压大于0.3MPa时，如因地质原因需采用土压平衡盾构，则需增大螺旋输送机的长度、二级螺旋输送机或采取保压泵等防喷涌措施。

4. 盾构选型时必须考虑的特殊因素

在实际施工时，盾构选型必须考虑环保、地质和安全因素，除此之外，还需解决理论的合理性与实际的可能性之间的矛盾。

（1）环保因素

对泥水盾构而言，虽然经过过筛、旋流、沉淀等程序，可以将弃土浆液中的一些粗颗粒分离出来，并通过汽车、船等工具运输弃渣，但泥浆中的悬浮或半悬浮状态的

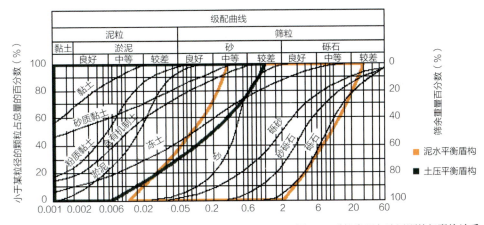

图7-2 盾构类型与地层颗粒级配的关系

细土颗粒仍不能完全分离出来，而这些物质又不能随意处理，就形成了使用泥水盾构的一大困难。降低污染保护环境是选择泥水盾构面临的十分重要的课题，需要解决的是如何防止将这些泥浆弃置江河湖海等水体中造成范围更大、更严重的污染。

要将弃土泥浆彻底处理至可以作为固体物料运输的程度是可以做到的，国内外都有许多成功的案例，但处理设备费会增加工程投资、安装处理设备需要的场地较大、处理时间较长，做到这点并不容易。

（2）工程地质因素

盾构施工段工程地质的复杂性主要反映在基础地质（主要是围岩岩性）和工程地质特性的多变方面。在一个盾构施工段或盾构合同标段中，某些部分的施工环境适合选用土压平衡盾构，但某些部分又很适合选用泥水盾构。盾构选型时应综合考虑并对不同选择进行风险分析后择其优者。

（3）安全因素

从保持工作面的稳定、控制地面沉降的角度来看，当隧道断面较大时，使用泥水盾构要比使用土压平衡盾构的效果好一些，特别是在河湖等水体下或在密集的建筑物或构筑物下及上软下硬的地层中施工时。在这些特殊的施工环境中，施工过程的安全性将是盾构选型时的一项极其重要的选择。

7.1.3 盾构机调查分析

各类盾构机适用地质调查结果显示，土压平衡盾构机应用台数最多，工程项目应用数量最大，适用不同地质条件（黏性土、砂性土、砂砾石甚至软岩）的能力最强。

根据国内各类盾构机适用地质调查结果显示，土压平衡盾构机应用台数最多，工程项目应用数量最大，适用不同地质条件（黏性土、砂性土、砂砾石甚至软岩）的能力最强。表7-1为泥水盾构机与土压平衡盾构机的技术特性比较。

泥水盾构机与土压平衡盾构机技术特性比较表 表7-1

技术特征	泥水盾构机	土压平衡盾构机
工法原理	通过向密封舱内加入经过加压的泥水来平衡开挖面水、土压力，保持开挖面稳定	通过向密封舱内加入塑流化改性材料，与切削土搅拌成塑流体来传递平衡压力，保证盾构机在动态平衡下连续推进
开挖面稳定性	稳定	比较稳定
排土方式	流体泵送	螺旋输送机；当黏土含量不能保证足够的塑性或地下水压较高时，需增加闸阀或其他类似系统来防止泥土输出时的压力损失，维持土仓压力

续表

技术特征	泥水盾构机	土压平衡盾构机
地层变化的适应性	适用范围广，尤其适用于地层含水量大、上方有大水体的越江隧道施工；粒径较大时需增加碎石机，将大石块粉碎	通过调配适应地层的改性剂，拓宽施工领域
控制沉降难易	容易	较容易
耐高水压性	耐高水压	耐高水压，比前者低
排泥处理	需要（泥浆处理后可循环使用）	不需要
适应隧道直径	适应范围广	稍差，不宜用于直径10m以上
障碍物处理	看不到开挖面，处理困难	同前
配套设施	庞大复杂	简单紧凑
施工占用场地	大	较小
设备综合造价	高	较低

在国内，北京、南京、深圳、广州均采用了土压平衡盾构机（含复合式）。实践证明，该类机型能较好地适应各类地层和顺利完成地铁隧道的施工，所以选择盾构机时应优先考虑土压平衡盾构机。

7.1.4 盾构机形式的确定

结合济南1号线线路平纵断面及初勘地质情况，在4个拟采用盾构法施工的区间中，在首先满足施工安全的前提下，考虑技术先进行和经济合理性，同时综合考虑隧道外径、长度、埋深、施工场地、周围环境、工期、环保要求等因素，推荐选型如下：

入地段—王府庄站、大杨站—济南西站、济南西站—方特站3个区间穿越的地层全部为土层，其地层主要为粉质黏土层和黏土层，局部穿越卵石层、粉土层、细砂层，故此3个区间推荐采用土压平衡盾构机。

而王府庄站—大杨站区间穿越地层为土岩复合地层，局部穿越突起的灰岩地层，考虑到复合式土压平衡盾构机目前在国内已有大量应用实例，在广州、深圳、青岛均有应用，技术较成熟，故此区间采用了复合式土压平衡盾构机进行施工。

7.2 隧道衬砌内径确定

隧道内径的确定主要取决于限界（包括车辆限界、设备限界、建筑限界等），同时还要考虑施工误差、测量误差、设计拟合误差、不均匀沉降等因素。

7.2.1 隧道衬砌情况调研

目前国内地铁单线盾构隧道断面不统一，如北京、广州、深圳、成都的地铁盾构隧道为净空直径5400mm、壁厚为300mm的管片衬砌圆形隧道，而上海、南京、杭州、苏州的地铁盾构隧道为净空直径5500mm、壁厚为350mm的管片衬砌圆形隧道，上海、重庆新线内径已经增大到5900mm，北京新线内径已经增大到5800mm（表7-2）。基本规律是软弱土地层隧道内径取大值，地层较好城市隧道内径取小值。

中国大陆部分城市地铁的地质和管片尺寸　　　　表7-2

地点	地层	机器类型	管片外径（mm）	管片内径（mm）
北京	黏土、粉土、砂土、砂卵	土压平衡式	6400/6000	5800/5400
上海	淤泥质黏土	土压平衡式、泥水式	6600/6200	5900/5500
南京	黏土、粉土、砂土、强风化岩、风化岩	土压平衡式、泥水式	6200	5500
深圳	黏土、粉土、砂土、花岗岩、漂石、上软下硬	土压平衡式	6700/6000	6000/5400
东莞	软土、片麻岩、漂石、上软下硬	土压平衡式	6700	6000
大连	漂石、板岩、辉绿岩	土压平衡式	6000	5400
成都	软土、砂卵、漂石、泥岩	土压平衡式（也曾使用过一台泥水式）	6000	5400
福州	软土、中风化花岗岩	土压平衡式	6200	5500
广州	软土、砂土、砂卵、风化岩石、漂石、上软下硬	土压平衡式、泥水式	6000	5400
杭州	黏土、砂土	土压平衡式	6200	5500
昆明	软土、砂卵、泥岩、砂岩	土压平衡式	6200	5500
武汉	软土、风化岩石	土压平衡式、泥水式	6200/6000	5500/5400
无锡	黏土、粉土	土压平衡式	6200	5500
郑州	粉质黏土、砂土、砂卵	土压平衡式	6000	5400
天津	黏土、粉土、砂土	土压平衡式	6200	5500
沈阳	黏土、砂土、砂卵	土压平衡式	6000	5400
苏州	粉质黏土、砂土	土压平衡式	6200	5500

续表

地点	地层	机器类型	管片外径（mm）	管片内径（mm）
西安	黄土、粉土、砂土	土压平衡式	6000	5400
长沙	粉质黏土、砂卵、泥岩、砂岩	土压平衡式	6000	5400
南昌	粉质黏土、砂土、砂岩和砾岩	土压平衡式	6000	5400
南宁	黏土、粉土	土压平衡式、泥水式	6000	5400
青岛	黏土、砂土、花岗岩	土压平衡式、硬岩掘进机	6000	5400
合肥	黏土、粉土	土压平衡式	6000	5400
长春	黏土、砂土、泥岩	土压平衡式	6000	5400
重庆	泥岩、花岗岩	土压平衡式、硬岩掘进机	6600/6000	5900/5400
宁波	黏土、粉土、砂土	土压平衡式	6200	5500

其中，除武汉外，国内有15个城市选用了6000mm外径（内径5400mm，管片厚300mm）的盾构，9个城市选用了6200mm外径（内径5500mm，管片厚350mm）的盾构，2个城市选用了6700mm外径（针对速度120km/h）的盾构。

盾构管片内径5400mm、外径6000mm，厚度300mm的方案，国内已有成功实例，但根据对已完工盾构区间的调查显示，受盾构施工完成后误差影响导致调线、调坡问题较多（特殊减震及高等级减震地段限界局促问题较为突出）、限界较紧张、后期长期运营出现加固等问题的出现，一些城市已开始研究解决盾构内净空加大的问题。

目前，国内主要城市新线盾构管片设计调查情况：

北京新建盾构区间（3号线、12号线、17号线）内径5800mm，外径6400mm，管片厚度为300mm。

上海组织了相关设计、施工等研究单位开展研究工作，在充分考虑隧道运营期病害治理及耐久性使用要求、隧道纵向疏散平台设置、车辆选型适应性以及既有盾构设备改造工艺分析等综合分析基础上认为，新一轮建设采用A型车的盾构隧道衬砌外径由6200mm调整为6600mm较为经济合理。新建盾构隧道衬砌内径由5500mm调整为5900mm、外径由6200mm调整为6600mm，管片厚度仍为350mm。

广州盾构隧道衬砌内径5400mm，外径6000mm，管片厚度为300mm。据资料显示，广州建议将盾构隧道衬砌内径增大至5800mm以上；在列车最高速度为120km/h时，盾构隧道衬砌内径为6000mm时，阻塞比较合适；但广州地区主要为复合地层，盾构隧道衬砌内径增大至5800mm，盾构机的动力性能不足，需要更换现有盾构机的主轴承、动力系统，其工作量相当于新造盾构机，影响较大，因此目前2020年线网内的盾构区间结构不进行调整。

重庆盾构隧道衬砌内径采用5900mm、外径6600mm、管片厚度350mm。

盾构隧道衬砌内径加大，能缓解限界紧张的矛盾，具备较大的灵活空间，且能为管片后期修补提供条件。

7.2.2 盾构区间内径加大的必要性

随着现有的地铁区间使用的时间越来越长，既有盾构区间的安全性问题越来越多地暴露出来，当隧道收敛变形超过2‰时，应及时开展隧道结构加固，加固技术可采用内张钢圈、外粘纤维布、钢-混凝土复合结构或钢筋混凝土结构。同时，考虑隧道的耐久性使用要求，在隧道内现浇150~200mm厚的钢筋混凝土内衬，与外层衬砌形成叠合结构共同受力，可以适当延长隧道的使用寿命。据调查，目前上海对于隧道收敛变形超过100mm的隧道，只有采用内张钢圈的加固方式，以增强结构的承载及抗变形能力。加固一环管片的费用为30万元，加固费用昂贵。从轨道交通的发展来看，济南轨道交通后期线路将会应用越来越多的A型车，对于A型车，以上加固措施均需要对原有的盾构区间内径进行加大。此外，当使用原内径时，车辆限界和设备限界非常紧张，适当加大内径可解决此类问题，对于速度较高的线路的阻塞比问题也可得以解决。

济南作为新建轨道交通城市，济南轨道交通1号线作为济南市第一条轨道交通线路，设计时速100km/h，地质与北京、广州等城市较为接近，综合考虑国内盾构发展趋势，建议对盾构区间内径进行加大处理，同时考虑到盾构机械的通用性，研究盾构区间内径分别加大到5600mm和5800mm两种情况，并与常规内径5400mm进行对比。

7.2.3 盾构隧道衬砌内径限界分析

为满足特殊减振道床轨道结构高度需要，建筑限界直径5200mm有增大必要。为满足特殊减振道床轨道结构高度需要，理论上盾构隧道特殊减振道床地段，将建筑限界直径调整为5300mm更为合理（注：目前北京地区已经明确新建线路盾构隧道建筑限界为5300mm）。

济南1号线盾构隧道衬砌内径方案确定的限界建议：

（1）内径为5600mm方案（图7-3）

济南轨道交通1号线盾构隧道建筑限界直径建议为5300mm比较合适。如不考虑以后加固二衬因素，则盾构隧道衬砌内径确定为5300+150+150=5600mm比较合适（注：150mm为建筑限界外的施工、沉降、变形等累计误差）。

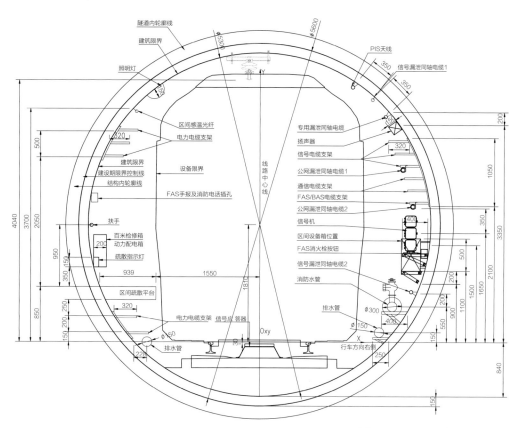

图7-3 5600mm盾构限界方案图

如内径为5600mm的盾构机管片厚度为300mm，外径为6200mm，与既有的盾构机一致（目前常用的盾构机有：管片内径5500mm，厚度350mm，外径6200mm），盾构机采购及选型也相对容易。

（2）内径为5800mm方案（图7-4）

北京地区新线盾构隧道衬砌内径为5800mm。盾构隧道衬砌内径建筑限界5300mm，考虑建设期的施工、沉降误差100mm，则建设期的限界控制线为5600mm。考虑盾构隧道后期以沉降变形为主，隧道顶部净空预留量应适当放大，以便预留将来结构二衬加固所需空间，为此，在建筑限界与建设期限界控制线间300mm空间分配上，顶部预留了250mm，底部预留了50mm。这样有利于将来盾构隧道进行二衬加固，也减小了道床的混凝土回填量，节约了工程造价。

（3）内径为5400mm方案（图7-5）

内径5400mm盾构，建筑限界为5200mm，建筑限界外施工和变形误差累计为100mm。

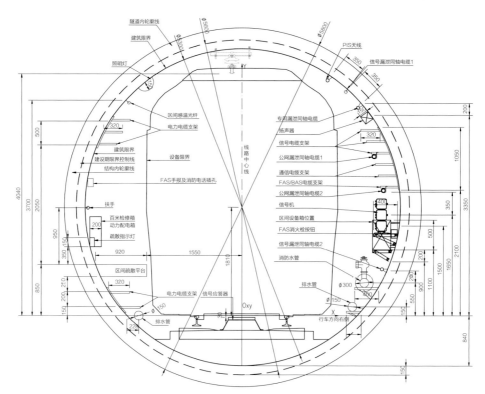

图7-4　5800mm盾构限界方案图

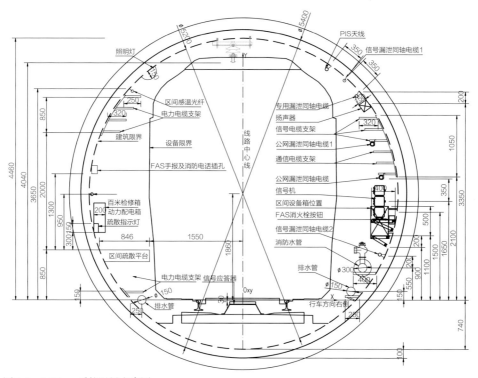

图7-5　5400mm盾构限界方案图

通过对以上三种类型内径限界优缺点对比分析（表7-3），考虑到济南地质条件和北京相似，济南轨道交通1号线采用了北京地区的盾构隧道内径5800mm方案。即盾构机管片内径为5800mm，厚度为300mm，外径为6400mm。

内径5400mm、5600mm、5800mm盾构限界的优缺点比较表 表7-3

比选方案	优点	缺点
内径5400mm盾构限界	（1）盾构选型比较容易； （2）隧道开挖断面小，对穿越桩基等建筑物紧凑地段，相对容易； （3）盾构施工造价相对低廉	（1）施工精度要求高； （2）如盾构施工误差控制不好，后期线路调线调坡概率大； （3）轨道道床在特殊减振段理论最多只能有800mm，如不占用建筑限界至隧道轮廓线间的施工和变形误差，两钢轨间的减振道床，为了保证减振效果，增大减振质量，两条钢轨间的特殊减振道床只能做成凸台设计，不利于钢轨的打磨养护； （4）区间疏散平台宽度较窄，在困难情况下，在建筑限界范围内，平台最小宽度也有650mm（满足规范困难下550mm）的要求。按照隧道轮廓线计算，实际安装后，平台宽度能达到800～950mm； （5）轨旁设备管线布置相对紧凑； （6）如出现盾构变形，做结构二衬加固非常困难
内径5600mm盾构限界	（1）因盾构外径未变，盾构选型比较容易，隧道开挖断面相对小； （2）对穿越桩基等建筑物紧凑地段，相对容易，施工造价相对低廉； （3）施工精度要求相对不是那么高，盾构掘进速度快； （4）后期线路调线调坡概率小些，对线路平顺性好； （5）轨道道床在特殊减振段理论有840～900mm，两条钢轨间的减振道床减振质量大，两条钢轨间的特殊减振道床可不做成凸台设计，利于钢轨的打磨养护。区间疏散平台宽度在困难情况下，在建筑限界范围内，平台最小宽度也有750mm（满足规范困难下550mm）的要求。按照隧道轮廓线计算，实际安装后，平台宽度能达到900～1000mm	（1）轨旁设备布置相对紧凑； （2）盾构内径小，结构加固二衬存在一定难度
内径5800mm盾构限界	（1）因结构空间富有，管线设备布置空间灵活； （2）区间疏散平台空间很宽，疏散行走方便； （3）盾构出现管片开裂等情况时，结构二衬加固空间充足； （4）施工单位施工精度要求不高，施工速度快； （5）轨道道床高度富余； （6）后期基本不需要调线调坡，线路平顺性好	（1）造价相对高。因是非标盾构，盾构选型相对不容易，盾构机需要定制，导致成本相对高； （2）对穿越桩基等建筑物紧凑地段，选线相对不容易，受周边建筑影响相对大； （3）由于盾构内径大，区间疏散平台宽度达到1149mm，疏散平台每延米造价比5.4m内径的要高35%左右

7.2.4 盾构直径对A型车与B型车的影响

从轨道交通的发展上来看，济南轨道交通后期线路将会应用越来越多的A型车，盾构直径加大需综合考虑对车辆的影响。表7-4为A、B型车的相关参数。

车辆参数表　　　　　　　　　　　　　　　表7-4

项目名称	A型车	B型车
车长（m）	22.1	19.0
车宽（m）	3.0	2.8
车高（m）	3.8	3.8
转向架中心距（m）	15.7	12.6
固定轴距（m）	2.5	2.3
车厢地板高度（m）	1.13	1.10

A型车与B型车在断面上的区别主要是在宽度方向，下面针对A、B型车疏散平台在小半径情况下进行如下分析。

（1）在5200mm限界圆的情况下，A型车在$R=350m$、$h=120mm$应急疏散平台（图7-6）。

A型车在$R=350m$、$h=120mm$应急疏散平台参数（曲线外侧）（2013版地铁设计规范），此时疏散平台最小为604mm，也满足新规范的550mm的疏散平台要求。

（2）在5200mm限界圆的情况下，B车在$R=300m$、$h=120mm$应急疏散平台（图7-7）。

B型车在$R=300m$、$h=120mm$应急疏散平台参数（曲线外侧），此时疏散平台最小为685mm（除去变形误差），满足新规范的550mm的疏散平台要求。

由此可知，对于盾构隧道圆形限界控制的为高度方向，非宽度方向，A型车与B型车在高度方向控制因素是一样的。

7.2.5 不同盾构直径对轨道的影响

（1）轨道结构对误差的容许程度

1）盾构直径为$D=5400mm$时，一般直线地段及钢弹簧浮置板直线地段轨道结构断面如图7-8、图7-9所示。

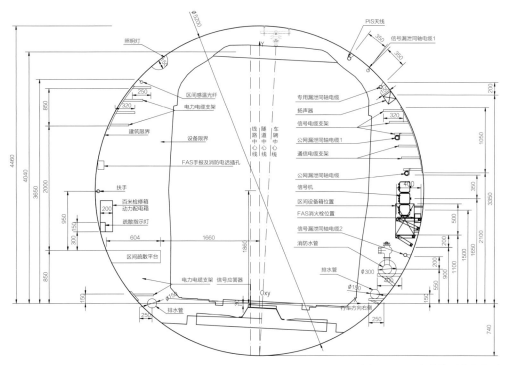

图7-6 A型车疏散平台方案图

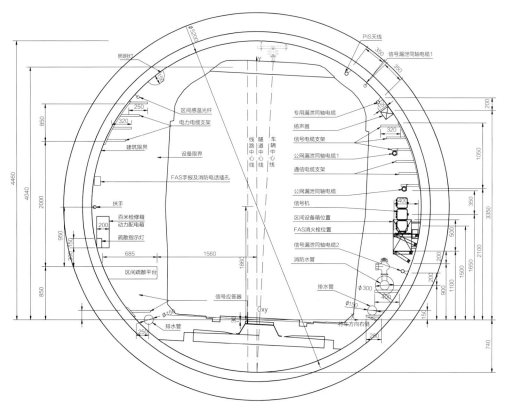

图7-7 B型车疏散平台方案图

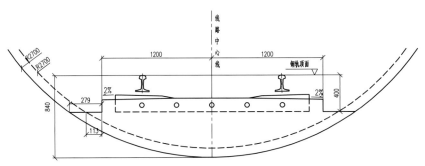

图7-8　一般地段道床断面（轨顶至盾构底距离840mm）

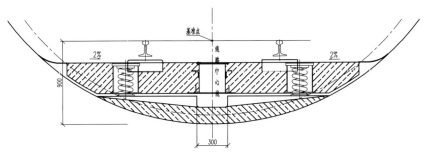

图7-9　钢弹簧浮置板地段道床断面（轨顶至盾构底距离900mm）

上图中的弧形虚线为盾构垂向施工误差达到100mm时的极限情况，从图中可以看出，当施工误差达到100mm时，一般地段的道床排水沟非常窄，只有113mm，若在曲线地段布置水沟更加困难；而在钢弹簧浮置板地段，施工误差达到100mm时，隔振器无法布置，因此浮置板道床方案无法实施，需要通过其他方式（如调线调坡）来解决。从上面的分析可以看出，钢弹簧浮置板地段对施工误差的容许程度更为严格。理论上，为保证钢弹簧浮置板的正常铺设，直线段钢弹簧浮置板道床容许的施工误差最大为30mm，如图7-10所示。

2）盾构直径为D=5600mm时，一般直线地段及钢弹簧浮置板直线地段轨道结构断面如图7-11、图7-12所示。

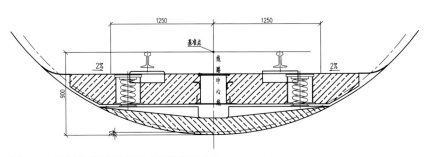

图7-10　钢弹簧浮置板地段最大容许误差（D=5400mm）

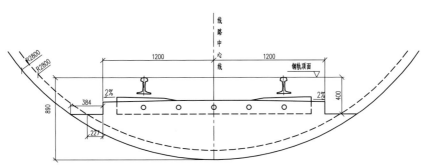

图7-11 一般地段道床断面（轨顶至盾构底距离890mm）

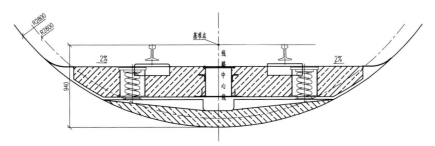

图7-12 钢弹簧浮置板地段道床断面（轨顶至盾构底距离940mm）

上图中的弧形虚线为盾构垂直方向施工误差达到100mm时的极限情况，可以看出，当施工误差达到100mm时，一般地段的道床不受影响；钢弹簧浮置板地段，隔振器套筒的布置仍然受影响，道床与衬砌结构冲突，无法实施。盾构直径$D=5600$mm时，钢弹簧浮置板地段能容许的最大施工误差为82mm，如图7-13所示。

3）盾构直径为$D=5800$mm时，一般地段道床不受影响，如图7-14所示。

一般地段道床断面（轨顶至盾构底距离990mm）钢弹簧浮置板地段，能够容许的最大施工误差如图7-15所示：

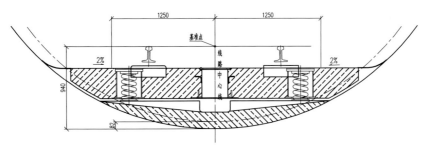

图7-13 钢弹簧浮置板地段最大容许误差（$D=5600$mm）

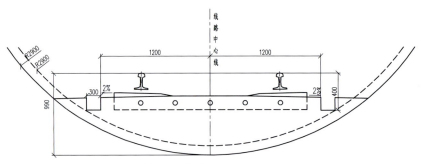

图7-14 一般地段道床断面（轨顶至盾构底距离990mm）

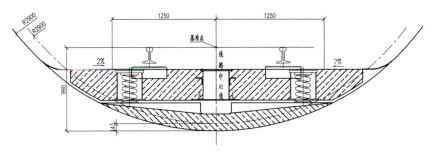

图7-15 钢弹簧浮置板地段道床断面（轨顶至盾构底距离990mm）

钢弹簧浮置板地段最大容许误差（$D=5800$mm）综上，不同盾构直径下轨道结构高度如表7-5所示。

轨道结构高度及施工容许误差（单位：mm） 表7-5

一般地段		钢弹簧浮置板地段	
轨道结构高度	容许施工误差	轨道结构高度	容许施工误差
840	100	900	30
890	100	940	82
940	100	940	143

从道床能够顺利铺设的角度来讲，盾构直径越大，道床能够容许的施工误差越大，考虑到实际盾构掘进过程中的施工误差以及基础沉降，选择$D=5800$mm的盾构直径对轨道结构更加有利。而当$D=5400$mm时，由于钢弹簧浮置板地段的特殊性及其对施工误差的敏感性，如果施工过程中出现问题，处理起来比较困难。

（2）不同盾构直径道床混凝土工程量

根据不同的盾构直径，道床混凝土（C35）的工程量如表7-6所示。

道床混凝土工程量　　　　　　　　　　　　表 7-6

结构直径（mm）	道床混凝土工程量（m³）	相比于 D=5400mm 时增加的量
5400	1.29	—
5600	1.48	14.7%
5800	1.75	35.7%

盾构直径越大，所需的道床混凝土量越多，D=5600mm相比于D=5400mm增加的量仅为14.7%，而当直径扩大至D=5800mm时，混凝土用量将增加35.7%。

7.2.6　既有盾构改造及后期新购置盾构分析

根据上海地区相关研究结果认为：盾构区间内径增大400mm以内，现有的6340mm土压平衡盾构掘进机的关键零部件可继续利用，仅需对其刀盘、盾壳、盾尾、同步注浆系统等装置进行改造即可；同时已有的ϕ6340土压平衡盾构直径扩大不宜超过ϕ7000，否则，将会对盾构总体配置要求有较大幅度的提高，盾构改造及购置成本也将大幅提高。因此，盾构区间内径确定为5800mm、外径增加到6400mm，对既有盾构改造及后期新购置盾构来讲性价比较高。

济南作为新建城市，不存在盾构机及管片厂改造等方面的问题，建议增大至5800mm，可预留250mm以上的二衬施做空间。

7.3　管片厚度选择

国内地铁管片厚度并不统一，如上海、南京、杭州、苏州的地铁盾构管片厚为350mm，北京、广州、深圳、石家庄、成都的地铁盾构管片厚为300mm。我国规范规定的最小管片厚度宜为0.05～0.06倍的隧道外径。

日本是目前世界上盾构隧道技术最发达的国家之一，据日本对近20年来修建的100多条地铁区间盾构隧道的设计资料进行的统计分析表明：统计的101种钢筋混凝土平板型管片中，衬砌的厚度大多为250mm～350mm；钢筋混凝土平板型管片厚度与隧道外径的关系如下：外径小于6000mm的衬砌厚多为250mm；外径6000mm～6500mm的衬砌厚度为300mm；外径8000mm左右的衬砌厚大多为350mm。日本规范规定最小管片厚度为0.04～0.05倍的隧道外径。

管片厚度与隧道断面大小的比值取决于地质条件和隧道埋深等，最主要是取决于荷载条件。我国的轨道交通单线圆形区间隧道多采用350mm和300mm两种管片厚度，根据1号线的特点，其区间长度较短，隧道顶部覆土相对较薄，地面荷载主要为车辆荷载，且周围土层为粉质黏土或卵石层，结构受力均匀，经结构计算，并对350mm和300mm管片厚度进行同等安全系数经济技术比较，其不同埋深情况下对比如表7-7所示。

对不同内径和管片厚度的四个方案（方案一：内径5400mm+管片300mm，方案二：内径5600mm+管片300mm，方案三：内径5800mm+管片300mm，方案四：内径5800mm+管片350mm）进行了对比分析。

选取王府庄站—大杨站典型盾构区间进行计算。盾构区间线路总长度为3687.53m，结构覆土厚度为9.9～20.0m，线路纵向坡度呈"W"字形坡。

根据《济南轨道交通1号线工程（地下段）岩土工程勘察报告》(初步勘察阶段)，场区按地层沉积年代、成因类型，将本工程沿线勘探范围内的土层划分为人工堆积层（Qml）、新近沉积层（Q4al）第四系全新统冲洪积层（Q4al+pl）、第四系上更新统冲洪积层（Q3al+pl）四大层。本区间所在地层主要有粉质黏土8层、卵石8-1层、黏土11-4层、中风化石灰岩15-2层、细砂8-2层。分别选取10m、12m、15m、20m覆土分别进行近期和远期使用阶段（抗浮水位）计算。

不同方案管片的经济技术对比表　　　　　　　表7-7

比较方案指标		方案一		方案二		方案三		方案四		备注
管片厚度（mm）		300		300		300		350		
管片内径外径（mm）		5400/6000		5600/6200		5800/6400		5800/6500		
内里计算结果（弯矩kN·m；轴力kN）	埋深	弯矩	轴力	弯矩	轴力	弯矩	轴力	弯矩	轴力	只列出了控制截面点，即最不利点的弯矩和轴力
	10m浅埋	207.93	679.9	208.83	714.59	209.47	749.16	257.89	726.59	
	12m浅埋	250.62	798.73	252.36	839.3	254.27	879.36	313.68	850.24	
	15m中埋	273.15	777.21	282.17	843.88	290.97	913.13	370.5	885.71	
	20m深埋	274.32	780.66	283.43	847.77	292.24	917.22	372.07	889.62	
混凝土用量（m³/环）		6.44		6.70		6.90		8.11		
土方开挖量（m³/环）		35.51		37.86		40.29		41.53		
道床回填量（m³/m）		1.29		1.48		1.96		1.96		按一般减震情况考虑，只考虑直线段
疏散平台宽度（m/m）		0.904		0.992		1.099		1.099		

续表

比较方案指标	方案一		方案二		方案三		方案四		备注
主筋截面配筋率（%）	10m浅埋	0.74	10m浅埋	0.74	10m浅埋	0.68	10m浅埋	0.58	
	12m浅埋	0.84	12m浅埋	0.84	12m浅埋	0.84	12m浅埋	0.72	
	15m中埋	0.84	15m中埋	0.84	15m中埋	1.31	15m中埋	1.12	
	20m深埋	1.31	20m深埋	1.31	20m深埋	1.31	20m深埋	1.12	
用钢量（kg/环）	10m浅埋	905.20	10m浅埋	937.17	10m浅埋	972.31	10m浅埋	1193.70	
	12m浅埋	1194.50	12m浅埋	1242.48	12m浅埋	1322.44	12m浅埋	1499.90	
	15m中埋	1194.50	15m中埋	1242.48	15m中埋	1687.43	15m中埋	1771.80	
	20m深埋	1448.15	20m深埋	1520.56	20m深埋	1687.43	20m深埋	1771.80	
螺栓数量/型号	环向螺栓12/M24 纵向螺栓16/M24		环向螺栓12/M24 纵向螺栓16/M24		环向螺栓12/M27 纵向螺栓16/M27		环向螺栓12/M27 纵向螺栓16/M27		
螺栓重量	51kg/环		51kg/环		75kg/环		75kg/环		
分块数量	6		6		6		6		

选取王府庄站—大杨站区间典型地层进行了计算分析，在管片厚度不变的条件下（300mm厚），盾构内径增大时（由5400mm增大至5800mm）、结构内力增加值并不大，而且弯矩和轴力均有所增加。因此，盾构内径从5400mm增大至5800mm，300mm厚管片可以满足受力要求，增大管片厚度会增大结构受力（弯矩增大、轴力减小），计算配筋是一致的，但是外轮廓增大，配筋量也会增大，进而增加工程造价。

从造价方面分析，用盾构内径5600mm+管片300mm方案比盾构内径5400mm+管片300mm方案造价每公里造价增加约310万元；全线7.854km，增加约2435万元；采用盾构内径5800mm+管片300mm方案比盾构内径5400mm+管片300mm方案造价每公里造价增加约630万元；全线7.854km，增加约4948万元；采用盾构内径5800mm+管片300mm方案比盾构内径5800mm+管片350mm方案造价每公里造价减少约720万元；全线7.854km，减少约5655万元。

相对而言，采用内径5800mm+管片300mm方案，300mm厚管片可以满足受力要求，较5400mm内径土建增加了一定费用，但是轨道道床高度余量较多，后期基本不需要调线调坡，线路平顺性好，管线设备布置空间灵活，疏散平台更宽，更有利于防灾救援疏散，可预留250mm以上的二衬施做空间，为盾构区间应对后期运营过程中的偶然事件以及周围条件改变的影响创造了条件。

7.4 衬砌环宽

根据目前钢筋混凝土管片应用的经验，衬砌宽度多在900～1500mm之间。

从便于管片制作、运输、拼装、适应小半径曲线施工以及较短的盾尾长度方面考虑，衬砌宽度应取较小值；从降低衬砌管片制作成本、减少连接件数量及渗漏环节、提高施工速度方面看，衬砌宽度应取较大值。但衬砌宽度也不是越大越好，环宽过大会使衬砌环纵向刚度太大，对纵向螺栓受力不利。根据日本的盾构法隧道应用经验，修建于中等硬度第四系土层中等埋深（$1.5D \sim 2D$，D为覆土厚度）的中小断面管片衬砌隧道，衬砌环宽度不宜大于1.3m。

在工程中，应综合考虑各方面因素，并根据工程的具体条件以及实际的施工经验，现有盾构机举重臂能力及千斤顶行程等客观条件，选择既经济又合理的环宽尺寸。衬砌环宽度的比较见表7-8。

衬砌环宽度比较表　　　　表7-8

环宽比较项目	≤1000mm	1200mm	≥1500mm
结构	随着环宽加大，纵向刚度逐渐增大		
	随着环宽加大，附加内力增大，结构配筋增加		
	管片加宽，纠偏时曲线施工的附加力增大		
	随着环宽的增加，抗变形能力通常增强		
防水	管片接缝多，不利于防水	接缝较少，较利于防水	接缝最少，最利于防水
盾构机的灵敏度	高	中	低
造价	随着环宽的增加，工程造价相应有所减少，但差别不大		
施工	施工速度越快，但盾构机千斤顶的行程要大，施工难度亦有一定提高		
应用情况	国外以前常用	国外较常用	国外近年来应用
	国内以往常用	国内目前应用最普遍	国内仅用于广州地铁局部几段盾构区间
推荐意见	不推荐	推荐	慎重推荐

上海地铁1号线、2号线的盾构管片环宽为1000mm，在后续的线路中，采用的管片环宽基本为1200mm；南京、杭州、苏州地铁盾构管片环宽均为1200mm；广州地铁除部分盾构区间（2号线广州新客站—石壁站区间、3号线沥滘站—大石北盾构区间工程）采用1500mm外，其余盾构区间均采用1200mm的环宽。从满足最小曲线半径的角度考

虑，当最小曲线半径＜350m时，采用1200mm环宽管片；当曲线半径≥350m时，采用1500mm环宽管片。

从以上分析来看，较大的环宽尺寸无论在施工进度方面还是在工程造价方面均具有较明显的优势，是今后的发展趋势，考虑到济南轨道交通1号线线路曲线半径最小为300m，半径较小，采用1500mm的盾构环宽将造成设计拟合误差过大。同时考虑本工程为济南轨道交通第一条线路，盾构施工仍属首次采用，尚缺乏针对济南市地区的成熟经验，且不同施工单位的施工质量也存在不确定因素，环宽1200mm管片环缝虽然较多，但经验最成熟，盾构施工纠偏灵活，目前国内应用也最为广泛。

经以上综合分析，济南轨道交通1号线盾构区间采用了环宽1200mm盾构管片。

7.5 衬砌环的拼装方式

常用的管片衬砌拼装方式主要有通缝拼装和错缝拼装两种，见图7-16。

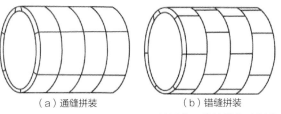

（a）通缝拼装　　　　（b）错缝拼装

图7-16　通缝拼装、错缝拼装示意图

从设计角度看，错缝拼装能使衬砌圆环接缝刚度分布趋于均匀，减少结构变形，可达到较好的空间刚度。采用通缝拼装其变形相对较大，环向螺栓受力大。从施工角度看，错缝拼装对管片制作精度及施工中管片拼装要求较高，但拼装质量好，相对来说，通缝拼装施工难度小。而目前深圳、广州、南京、杭州等地的施工经验表明，错缝拼装技术已日臻成熟，其管片制作精度及拼装是完全可以达到设计要求的。错缝拼装条件下，环、纵缝相交处呈丁字形，而通缝拼装时则为十字形，在接缝防水上丁字缝比十字缝更易处理。

综合以上因素，考虑当前国内的盾构施工技术水平，北京、深圳、广州、南京、杭州等地区已有的成熟的设计、施工经验，采用了整体刚度较大、变形较小、防水效果较好的错缝拼装方式。

7.6 衬砌环组合类型选择

轨道交通区间隧道的线路是由直线与曲线（圆曲线和缓和曲线）所组成，为了满足盾构隧道在曲线施工和行驶的需要，需设计楔形衬砌环。目前，国内通常采用的衬砌环类型有两种。

（1）通用环：实际上就是一种楔形环，采用通用环衬砌排版时，对于直线线路，采用两个拼装方位角相差180°的管片衬砌环组成的"互补衬砌对"来抵消通用环的楔形倾向；对于不同半径的曲线线路，均以通用环和互补对按一定的比例排版来拟合。

（2）普通环：为常用的标准环（整环环宽相同）+左、右楔形环方式。目前，国内大部分城市地铁的盾构区间隧道均采用了此种普通环拼装方式。以该方式拼装的隧道衬砌在直线段用标准环，在曲线段和纠偏施工时用楔形环（或楔形环与标准环按一定比例排版）。该拼装方式较灵活，管片排列较规整。

（3）方案比选：见表7-9。

衬砌拼装方案比较　　　　　　　　　　　　　表7-9

方案	方案一：通用环	方案二：普通环
拼装方式	错缝拼装	错缝拼装
衬砌环类型（特殊环除外）	只有一种通用的楔形环	有三种衬砌环，分别为标准等宽环、左楔形环和右楔形环
管片钢模板	只有一套规格，模板套数根据掘进需求量确定，数量较少，钢模利用率高，管片周转灵活	存在三种规格，模板套数根据线路参数及衬砌排版统计确定，数量较多，钢模利用不均衡，管片有积压或紧缺情况
对施工组织的要求	较低，管片整环生产、存放、运送、拼错率低，可根据盾构机当前状态灵活调整拼装方位角	较高，需根据管片类型的需求组织生产及运送，各类管片分别标记及存放，时有拼错发生，纠编及竖曲线拼装不便
对盾构机的要求	千斤顶行程全周相同，长度稍长，灵敏度稍差	只在K块可能的拼装位置加长千斤顶
是否推荐	否	是

根据以上比选，本工程采用了普通环，即标准环（整环环宽相同）+左、右楔形环型式。

7.7 管片楔形量

盾构在曲线段施工和蛇行修正时，需要使用楔形管片环，楔形管片环分为左转环及右转环。蛇行修正用楔形管片环的数量，会因工程区域内所包含的缓曲线和急曲线区段的比例、有无S形曲线等的隧道线路、影响盾构操作稳定性的周围围岩的情况而不同。通常，蛇行修正用楔形管片环数量大概是直线区间所需管片环数的3%~5%，可通过线形计算确定。

楔形量除了根据管片种类、管片宽度、管片环外径、曲线外径、曲线间楔形管片环使用比例、管片制作的方便性确定外，还应根据盾尾操作空隙确定。根据区间隧道线形，其最小半径为300m，建议曲线拟合采用楔形量48mm的楔形管片环，模拟线形采用标准环、左转环和右转环组合的方式。

7.8 管片分块

管片分块与管片的制作、运输能力、盾构机内起吊能力、拼装方式以及盾构千斤顶行程密切相关。

早期在上海地铁试验段曾进行过四分块的试验，但是，由于管片较大，运输、拼装作业相对不便。而盾构施工的一个发展趋势是快速拼装，因此四分块方案现在已经淘汰。现在在国内的隧道一般采用6分块方案：1块封顶块+2块邻接块+3块标准块。而且从有利于管片拼装考虑，一般皆采用小封顶块。这种分块方法也与国外经验相吻合，在国外中等直径的盾构隧道一般采用5~7分块方案，而且封顶块的设计以利于减小千斤顶的行程（减短盾构机长度，增加灵敏性）和管片运输、拼装为前提。

总结国内地铁盾构隧道实施经验，结合本线实际情况，衬砌环全环分为6块，由1块封顶块、2块邻接块及3块标准块构成。小封顶施工时可先搭接2/3环宽径向推上，再由纵向插入。由此可以减小千斤顶行程，缩短盾构机长度，降低设备费用。

管片衬砌沿半径方向可分为数块，分块的数量和大小应考虑管片预制、运输、拼装等施工因素，同时也要考虑管片衬砌结构受力情况和防水效果。随着分块数量的增加，衬砌环刚度降低，柔度增加。一方面，柔性的衬砌可使周围地层的荷载趋于均匀，充分利用地层自身的承载能力，使衬砌所承受的内力减小，便于设计出较经济的衬砌厚度。但同时由于接缝增多，拼装速度受到影响，也增加了防水工作量和难度。另一方面，隧道也应具有适当的刚度，以满足防水、抗震以及隧道功能的要求。

一般情况下，小断面隧道（如市政管道等）分4块，中至大断面隧道（如地铁、公路隧道等）分6~10块。国内地铁区间单线隧道大多采用6块模式，即3块标准块（B块）+2块邻接块（L块）+1块封顶块（K块）。

考虑管片拼装施工方便，封顶块一般采用较小的体量。封顶块常用的拼装方式有径向楔入和纵向插入两种。径向楔入式封顶块受力后有向内侧滑动的趋势，对结构受力不利，目前已很少采用。纵向插入封顶块受力条件较好，但需增加千斤顶行程（一般需加长1/3衬砌环宽）。封顶块为纵向楔形块，在其他管片拼装完成后，将封顶块与邻接块沿纵向搭接2/3环宽，并推入到最终拼装位置。

本工程采用了6块分块，K块纵向插入拼装方式。具体分块情况为3块标准块（中心角67.5°）、2块邻接块（中心角67.5°）和1块封顶块（中心角22.5°）。

7.9 管片接头

衬砌环内管片之间以及各衬砌环之间的连接方式，从其力学特性来看，可分为柔性连接和刚性连接。

刚性连接通过增加连接螺栓的排数，力图在构造上使接缝处的刚度与管片本身的刚度相同，使衬砌环整体刚度沿圆周分布较均匀，抵抗变形能力强。而柔性连接允许相邻管片间产生微小的转动和压缩，使衬砌环能按内力分布状态产生相应的变形，以缓解管片接头处应力集中现象，使荷载分布趋于均匀，并可充分利用地层以及衬砌的承载能力。柔性接头的衬砌结构计算时必须考虑接头的受力性能，结构计算模型应能真实反映由于接头的存在对衬砌整体受力造成的巨大影响。

大量工程实践证明，刚性连接不仅拼装麻烦、造价高，而且会在衬砌环中产生较大的次应力，造成不良的后果。目前，盾构隧道多采用柔性连接接头方式。衬砌接头连接方式可分为直螺栓连接、弯螺栓连接、斜螺栓连接、无螺栓连接（砌块）以及销钉连接等。

直螺栓构造较简单，施工方便，在隧道衬砌为箱形管片时适用性较好。但其用于平板形管片，在接头两侧需设置预埋钢连接盒或较大的手孔，对管片衬砌削弱较大，见图7-17。

斜螺栓连接方式就是在接头一侧管片中预埋钢或塑料的连接套筒（螺母），在接头另一侧设较小的手孔，拼装时用直螺栓从手孔中斜向插入，并与预埋连接套筒相连接。斜螺栓的缺点是管片间接缝刚度近似铰接，衬砌整体性差，结构抵抗不均匀沉降能力差，不利于结构抗震，见图7-18。

弯螺栓多用于平板形管片，其主要优点在于所需螺栓手孔小，对截面削弱小，在国内的盾构隧道中大量应用。弯螺栓在螺栓预紧力和地震作用下可能对端头混凝土

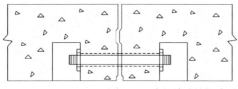
图7-17 直螺栓连接构造图

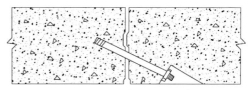
图7-18 斜螺栓连接构造图

将产生挤压作用，在构造上应作一定处理，如预埋垫圈等，见图7-19。

无螺栓连接（砌块）以及销钉连接的接头间没有连接螺栓，也不能施加预紧力，衬砌整体刚度小，隧道的抗震和

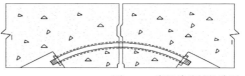
图7-19 弯螺栓连接构造图

防水性能均较差，不适合应用于地下水位较高地区及抗震设防地区的区间隧道。

综合考虑，本工程管片环缝和纵缝均采用弯螺栓连接，环向管片间设2个单排螺栓，纵向共设16个螺栓（即封顶块设1个螺栓，其他管片每块设3个螺栓）。管片重心处设一个吊装孔，兼作二次注浆孔。

7.10 榫槽设置

榫槽的设置与否在不同时期、不同区域的工程实践中有着不同的理解。凹凸榫的设置有助于提高接缝刚度、控制不均匀沉降、改善接缝防水性能，也有利于管片拼装就位，但与此同时增大了管片制作、拼装的难度，影响了拼装的速度，同时也是拼装和后期沉降过程中管片开裂的因素之一，客观上又削弱了管片防水性能。因此，中等直径的盾构隧道是否需要设计榫槽或榫槽如何设置，在工程实施中还应该根据实际情况进一步考虑。

目前国内地铁工程对榫槽的设置也不统一。一般来说，在地基承载力较高的地层中一般不设置榫槽，国内这方面的设计实例很多，例如广州地铁1号线、2号线、深圳地铁和北京地铁等。在富水的软流塑地层中一般要设置榫槽，但是环纵缝榫槽设置情况也不一致，例如上海地铁盾构区间隧道基本上是管片环、纵缝接触面皆设置榫槽，上海的黄浦江观光隧道（内径接近地铁区间隧道）和南京地铁区间盾构隧道管片只在纵缝接触面设置榫槽，而杭州地铁1号线盾构区间隧道只在环缝接触面设置榫槽，见图7-20。

考虑济南地区地质条件较好，土体强度较高，地基承载力较高，层面分布也较均

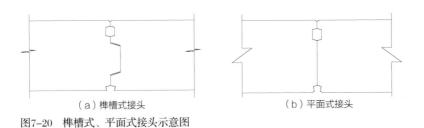

图7-20 榫槽式、平面式接头示意图

匀，管片厚度采用300mm，故环缝、纵缝均不设凹凸榫槽，推荐管片接头形式采用平面式。

7.11 工程验证

经过缜密的论证，济南轨道交通1号线选用了内径5800mm、壁厚300mm的盾构管片，在工程建设中及目前运营阶段均达到了较好的效果，奠定了济南后续线路的盾构技术标准。

捌

桥梁选型研究

▶ 作为泉城首条线路，济南轨道交通1号线以高架敷设方式为主，其位于济南西部新城，道路系统发达且均已建成，沿线路中均设有8m绿化带。本线设计之初即将本线定位为城市景观线，景观品质要求高，桥梁形式的选择决定了总体景观效果能否达到既定目标。如何既充分考虑城市景观性，又符合轨道交通的特点，并具有一定的技术创新，是桥梁选型研究的重点。

8.1 桥梁形式选择

随着2001年国内第一条高架轨道交通线路——上海明珠线建成通车，北京、大连、天津、南京、武汉、重庆、广州、深圳等众多城市也相继建成或新建多条高架线；伴随着高架轨道交通线路的迅速发展，轨道交通高架桥的结构形式及施工方法也日益丰富起来，国内主要城市轨道交通桥梁主要结构形式见表8-1。

国内已建、在建轨道交通桥梁一览表　　　　表 8-1

线路名称	高架长度（km）	标准梁形式	施工方法	建设年代（年）
上海轨道交通3号线	24.97	30m简支箱梁	现浇	1997
上海莘闵线	17.20	30m简支箱梁	现浇	1997
北京城铁13号线	12.30	3×25m连续箱梁	现浇	2000
南京地铁1号线	4.25	3×25m连续箱梁	现浇	2000
大连快轨3号线	14.21	3×25m连续箱梁	现浇	2000
上海轨道交通1号线北延	8.38	30m简支箱梁	现浇	2001
天津津滨轻轨	39.70	3×25m连续箱梁	现浇	2001
重庆轨道交通较新线	8.80	25m简支PC轨道梁	预制吊装	2001
北京轨道交通八通线	12.05	25m I形简支组合梁	预制吊装	2002
上海轨道交通9号线一期	15.55	30m简支组合小箱梁	预制吊装	2002
深圳地铁4号线	10.1	30m简支箱梁	现浇	2005
天津轨道交通1号线	8.74	3×25m连续箱梁	现浇	2003
北京轨道交通5号线	10.70	3×30m连续箱梁	现浇	2004
北京轨道交通机场线	23.0	30m简支组合小箱梁、30m简支箱梁、3×30m连续箱梁	整孔架设、整孔架设、现浇	2004
广州轨道交通4号线	30.14	30m简支箱梁	节段拼装、整孔架设	2005
杭州轨道交通1号线	6.6	30m简支箱梁	现浇	2005
深圳地铁3号线	21.727	3×30m连续箱梁	现浇	2005
上海轨道交通6号线	11.7	30m槽形梁、30m简支箱梁	现浇	2005
长春地铁4号线二期	12.561	3×25m连续箱梁	现浇	2006
深圳轨道交通5号线	4.04	3×30m连续箱梁	现浇	2006
南京地铁1号线南延线	11.3	3×25m连续箱梁、30m简支箱梁	现浇	2007
南京地铁2号线东延线	10.2	30m简支箱梁、25m简支U形梁	现浇、预制吊装	2007
上海轨道交通M8线南延	6.7	30支U形梁	预制吊装	2007
北京市轨道交通亦庄线	13.8	30m简支箱梁	整孔架设	2007

续表

线路名称	高架长度（km）	标准梁形式	施工方法	建设年代（年）
北京轨道交通大兴线	3.7	3×30m连续箱梁	现浇	2007
宁波地铁1号线一期	5.715	30m简支梁	现浇	2008
重庆轨道交通1号线	12.65	30m简支箱梁、30m简支U形梁	现浇、预制吊装	2008
北京轨道交通昌平线一期	15.535	30m简支组合小箱梁	整孔架设	2008
北京轨道交通房山线	21.4	30m简支组合小箱	整孔架设	2008
北京地铁15号线一期	10.1	30m简支组合小箱	整孔架设	2008
苏州轨道交通2号线	6.57	30m简支箱梁	现浇	2008
广州轨道交通6号线	16	40m连续刚构	节段拼装	2008
无锡轨道交通1号线	7.25	35m简支箱梁	现浇	2009
上海16号线南段	45.2	30m简支U形梁	整孔架设	2010
南京机场线	16.3	30m简支U形梁	预制吊装	2010
北京地铁14号线	28	30简支箱梁	现浇	2010
南京快速轨道机场线	34.9	30m简支U形梁	预制运架、吊装	2011
南京宁天城际轨道交通	44.5	30m小箱梁	预制吊装	2012
青岛蓝色硅谷线	48	30m简支U形梁	预制运架、吊装	2013
济南轨道交通1号线	12.2	30m简支U形梁	预制运架、吊装	2015

从表8-1可以看出，国内各城市已建成的城市轨道交通高架桥中，梁的截面形式有箱梁、I形组合梁、U形梁，其中以箱梁为主。受力体系以简支梁和三跨连续梁为主，桥梁跨度大多为30m或25m。施工方法早期以现浇为主，近期预制架设较多。I形组合梁仅在北京八通线使用，连续刚构仅在广州轨道交通6号线使用，U形梁在上海地铁8号线、上海11号线南段、重庆轨道交通1号线、南京地铁2号线东延线和延伸线、南京机场线、青岛蓝色硅谷线、济南轨道交通1号线使用。

纵观国内轨道高架桥的发展，从趋势来看，轨道交通的高架结构正在向简支梁体系及预制架设施工方向发展。

8.2 标准梁跨径选择

桥梁跨径的选择，应结合周围环境和工程地质条件，从景观、经济和施工技术等各方面综合考虑确定。

根据城市轨道交通桥梁建设经验，高架桥的经济跨度都在35m以下，尤其以30m、

25m为主型跨度。结合本线实际情况，分别就35m、30m和25m三种跨度进行比较，初步测算本工程上部结构与下部结构的工程数量，分析结果见表8-2。

主要材料平方米指标　　　　　　　表8-2

跨度	上部			下部			合计		
	混凝土（m³/m²）	钢绞线（kg/m²）	钢筋（kg/m²）	混凝土（m³/m²）	钢筋（kg/m²）		混凝土（m³/m²）	钢绞线（kg/m²）	钢筋（kg/m²）
25m	0.55	16.79	137.94	1.82	156.96		2.37	16.79	294.90
30m	0.54	22.66	132.36	1.51	130.80		2.05	22.66	263.16
35m	0.53	31.70	128.31	1.59	132.89		2.13	31.70	261.20

从表8-2可见，当桥梁跨度为30m和35m时，混凝土和钢筋材料平米指标大体相当，均小于25m跨度。30m和35m跨度在梁体主要材料指标上基本相当，钢绞线平米指标随跨度增大而增大。但30m跨度较25m跨度增幅远小于35m跨度较30m跨度增幅。从工程材料角度考虑，30m、35m跨度较好。从经济性角度考虑，30m和35m跨度优势相差不多。

从施工进度方面分析，当采用架桥机运架一体方案施工时，适当采用较大的跨度，可以减少桥跨数量，同时可以避免对道路运输条件的制约；当采用预制吊装施工方法时，为减少吊装梁重，方便运梁，增加施工灵活性，宜采用较小跨度；当采用节段预制拼装施工方法时，采用较大跨度可减少桥跨数量，节约工期。

本工程高架桥大部分位于既有路中，且曲线半径较大，线路条件较好，为减小施工对道路交通的影响，采用预制架设施工方案，可以灵活控制工期，多个工作面可同时展开工作，同时也方便梁场布置。

从景观方面分析，沿线主要为居住用地、绿地、商业用地等，对轨道交通高架结构的景观、噪音、生态等综合环境要求较高，因此对于其中的轨道交通的景观要求也颇高。根据桥梁跨径与墩高的和谐比例要求，高架区间平均墩高在10～12m左右，当城市桥梁的墩高与跨度比例在1:3～1:4之间时，给人的压抑感较小，桥梁景观较好，符合人们的视觉审美习惯。因此，桥梁跨径在30～35m是合理美学范围。选择较合理跨径可以增加高架区间下部结构的通透性，避免对自然景观的过分切割，有利于高架结构与周边环境的融合，30m、35m跨度与10～12m左右墩高搭配视觉上更为协调。

根据以上三个方面的比较，本工程标准梁采用30m跨径简支梁。

8.3 标准梁截面选择

轨道交通高架桥可采用的梁型有板梁、T形梁、箱梁、U形梁等多种形式（表8-3）。

其中箱梁是目前国内桥梁广泛采用的高架桥梁断面，其适应性强，在区间直线段、曲线段、折返线及渡线段等位置均可采用。箱梁可以选用的截面形式主要有单箱单室、双箱单室、鱼腹式箱梁等形式。

U形梁是近年来轨道交通发展的一种新型梁型，以其外形简洁、建筑高度低、降噪效果好、综合造价低等优点得到了业界越来越多的认可。

T形梁由于景观效果较差、结构整体性稍差，在轨道交通建设中很少采用，故此处不进行详细比较。

标准梁截面对比表 表 8-3

	大箱梁	小箱梁	U形梁
图片			
梁重	约395t	单片小箱梁202t，总重404t	单片U形梁192t，总重384t
施工方法	现浇、预制	预制	预制
景观	一般	一般	好
经济性	略高	中	土建造价略低、整个系统全寿命综合造价低，经济性明显
工期	技术成熟，若采用现浇方案，对环境影响较大；若采用预制架设方案，受节点控制，施工不可控	技术成熟、施工方法灵活、工期可控	技术成熟、施工方法灵活、工期可控
优点	（1）结构简单，受力明确； （2）跨度适应性强； （3）可现场浇筑，在小规模项目中经济性好，长大区间宜采用预制架设	（1）设计施工技术成熟； （2）吊装重量小，施工相对灵活	（1）建筑高度低； （2）建筑造型好； （3）吊装重量轻、施工灵活； （4）环境性好、降噪； （5）节省材料，土建造价略低，综合造价低
缺点	预制施工时吊重较大，架设施工方法不灵活；现浇施工时对周围环境影响较大	施工吊装完成后需现浇两片梁之间后浇段	技术相对复杂，需进行系统研究，需要与多专业协调深入配合，整合出合理的结构断面形式及系统布置形式，才能发挥U形梁的最大优势

与箱梁相比，U形梁具有以下优点：

建筑高度低，U形梁较箱梁建筑高度低1.5m，有利于上跨下穿立交，改善纵断面技术参数，优化车辆运行条件，节能同时降低运营成本。

降噪效果好，减小声屏障用量。对比其他箱形梁，U形梁腹板结构具有阻隔轮轨噪声的作用，相当于减小了声屏障的设置高度。U形梁没有列车震动引起的箱梁体内的混响噪声。

桥梁建筑造型效果佳，环境适应性好。U形梁梁体纤细挺拔，与盖梁、桥墩有机结合，造型独特。U形梁阻隔轮轨噪声，减少了声屏障高度和使用量，环境影响小。

经济性好，U形梁对比箱梁截面尺寸小，梁部一期恒载和二期恒载重量轻，可节约土建造价。U形梁腹板降噪作用基本可以达到1.5m高声屏障的效果，以结构100年使用寿命，声屏障25年的使用寿命计算，在100年寿命期内，声屏障需要更换4次，大幅度降低了高架线全寿命周期成本，经济效益明显。

综合功能性提高。主体结构本身具有栏杆、声屏障基础架和疏散平台功能（图8-1）。

济南轨道交通1号线沿线主要为居住用地、绿地、商业用地等。从景观、噪声、生态等综合环境因素考虑，以及考虑到提高沿线土地开发利用价值，本工程标准梁截面形式采用U形梁。

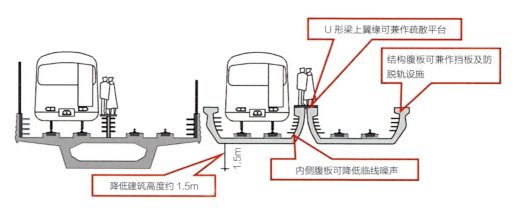

图8-1 U形梁和一般箱梁对比图

8.4 下部结构形式选择

下部结构除需具有足够的强度、刚度和稳定性，避免荷载作用产生过大的位移和转动外，尚需考虑与周围景观协调配合。下部结构的选型与城市建筑及环境密切相关，造型合理能使高架桥与城市环境和谐、匀称，给行人以美的享受。

对满足结构受力及刚度要求的几种桥墩造型进行了比较，着重细节处理，体现地方特色。本工程高架线路沿路中敷设，桥墩的形状要尽量少占地。结合U形梁底板较宽的特点，可采用矩形截面Y形墩、矩形截面T形墩及圆形截面T形墩等形式，见图8-2。

墩柱为圆形截面的T形墩，盖梁为底部带曲线的宝石形状，其墩柱与盖梁过渡平滑，墩与梁浑然一体，造型流畅美观，见图8-3。经过对以上几种墩型的比较，并结合本线上部结构U形梁方案特点，综合考虑结构受力、景观效果、与城市周围环境的协调及经济性能考虑，U形梁桥墩造型采用墩柱为圆形截面的T形墩。

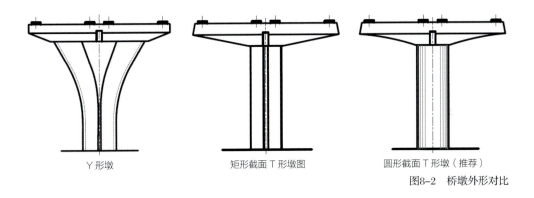

Y形墩　　　　矩形截面T形墩图　　　　圆形截面T形墩（推荐）

图8-2　桥墩外形对比

图8-3　区间桥梁实景图

8.5 桥梁景观设计

8.5.1 沿线环境景观特征及景观设计的必要性分析

济南轨道交通1号线高架区间途经长清区、市中区、槐荫区，衔接创新谷、园博园、大学城、济南西站等重点区域，沿线主要为教育科研用地、居住用地、商住用地、产业用地、商业用地等；途经幼儿师范学院、齐鲁工业大学、山东中医药大学、建邦原香溪谷小区，对轨道交通高架结构的景观、噪声、生态等综合环境要求较高；应选择适合的标准高架结构形式，满足景观、噪声、生态的要求。

8.5.2 梁体造型景观设计

U形梁因具有建筑高度低、降噪效果好、桥梁建筑造型效果佳、环境适应性好等优点，近年来逐渐被大家认可并在很多城市得到推广应用，效果较好，见图8-4。

方案1：采用斜腹板，外形较为简单，施工方便，但缺少变化，景观效果一般。

方案2：在方案1的基础上进行优化，内腹板做成直腹板，缩小了线间距，但结构受力不合理。

方案3：在方案2的基础上进行优化，对外腹板进行富有规律的变化，U形梁外侧突起升高，增加立面阴影面积，视觉上降低U形梁高度，层次分明，腹板厚度增大，受力更合理。

U形梁外形的优化主要体现在U形梁的外腹板及外侧翼缘上，因桥下行人与车辆的视角关系，上部结构的变化，对景观效果影响较小，据此应注重考虑结构受力合理及施工方便，对外形进行简单处理。

U形梁外侧面采用斜面和弧面相结合，远观外形简洁流畅，近观细节上层次感强烈，见图8-5。

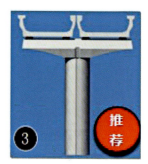

图8-4 U形梁造型优化设计

图8-5　U形梁效果图

8.5.3　跨路口节点桥景观设计

跨路口时采用连续U形梁结构，能和标准U形梁自然顺接，连续U形梁边支点与标准U形梁高度一致，中墩推荐采用与箱梁中墩一致的圆端截面花瓶形墩，景观效果较好，见图8-6。

图8-6　连续U形梁效果图

8.5.4 岔线区桥梁景观设计

岔线区采用箱梁结构，箱梁两侧后浇挡板，与标准U形梁外腹板一致，通过高低盖梁处理不同梁高的接口。箱梁中墩推荐采用圆端截面花瓶形柱墩，实现了自然过渡，见图8-7。

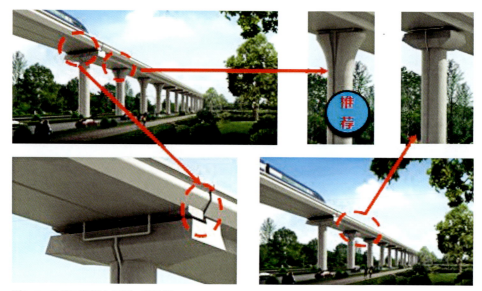

图8-7 岔线区箱梁与标准U形梁接口

8.5.5 接触网立柱设置方案

本线采用接触网供电方式，若接触网立柱设在桥梁两侧外缘，立柱林立，对桥梁的整体景观效果造成了很大的影响和破坏。本工程接触网立柱设在桥中间，通过预制U形梁端部翼缘局部处理，将接触网立柱直接放置于盖梁上，利用梁本身结构对接触网立柱进行遮挡，大大削弱了其对整体景观效果的影响，见图8-8、图8-9。

图8-8 接触网立柱中间设置

图8-9 接触网立柱两侧设置

玖

供电制式研究

▶ 作为泉城首条线路,济南轨道交通1号线以高架敷设方式为主,景观品质要求高,供电制式选择接触轨还是接触网存在很大的争议,是保功能还是保景观,如何站在全局、全网的角度综合分析供电制式,本章详细阐述了分析论证过程,形成适用于济南的系统制式。

9.1 城市轨道交通牵引网简介

城市轨道交通供电系统，是工程中重要的机电设备系统之一，它担负着为电动车辆和各种运营设备提供电能的重要任务，也是城市电网的用电大户。其中牵引网是沿轨道交通线路安装的向电力机车供电的特殊形式的输电线路，且属于无备用的供电设备。因而，科学合理、因地制宜地选择牵引网供电制式对保证城市轨道交通安全可靠运营及节能减排十分重要。

9.1.1 牵引网电压等级

城市轨道交通牵引网系统一般采用直流供电，目前世界各国城市轨道交通的供电电压大都在DC600V～DC3000V之间。我国的国家标准《地铁设计规范》GB 50157—2013将DC750V和DC1500V列为轨道交通直流牵引供电系统的标准电压等级。目前我国许多大城市都在考虑建设快速轨道交通，首先面临的问题就是采取哪一种供电制式。这涉及供电系统的技术经济指标、城市交通线网的规划站距、供电半径、供电质量、运输规模、旅行速度和车辆形式等，必须根据各城市的具体条件和要求做出综合分析论证。

9.1.2 牵引网类型

牵引网按安装位置的不同可分为接触轨和架空接触网。

接触轨是沿轨道线路敷设的附加导电轨，从电动客车转向架伸出的受流器通过受电靴与接触轨接触而取得电能。接触轨可以分为三种方式，即上接触式、下接触式和侧接触式。

架空接触网的悬挂类型大致为两种：柔性架空接触网和刚性架空接触网。

柔性架空接触网又可分为简单悬挂和链形悬挂。简单悬挂方式结构简单，支柱高度低，支承装置承受的负荷较轻，目前车辆段采用这种方式的比较多。但其弛度大、弹性不均匀，接触线通过吊弦悬挂到承力索上的悬挂称为链形悬挂，链形悬挂承力索悬挂于支柱的支持装置上，接触线通过吊弦悬挂在承力索上，增加了接触线的悬挂点，调节吊弦可以使整个跨距内接触线对轨面保持高度一致。由于接触线是悬挂在承力索上的，因而基本上消除了悬挂点处的硬点，使悬挂线的弹性在整个跨度内分布比较均匀。对于城市轨道交通，因其运行速度不太高，列车功率也不太大，一般多采用简单链形悬挂，运行速度可达100km/h以上。

刚性悬挂又称刚性架空接触网，是一种区别于传统柔性接触网的供电方式。采用铝合金汇流排夹持铜导线，设计简单，施工方便；汇流排载流截面大，大大降低了回路电阻，无须辅助馈电线，使得其结构简单紧凑，进而节省隧道净空，节省投资；导电铜线不受张力，应用可靠，耐磨性好；接触网系统零部件少，大大降低了维护成本，多用于地下隧道，在地面及高架线路应用成本太高。

9.1.3 国内轨道交通牵引网应用

国内轨道交通建成通车较为成熟的城市有北京、上海、天津、广州、深圳、重庆、南京、武汉、长春、大连、青岛等城市。

北京是我国最先建设地铁的城市，北京目前运营的地铁1号线、2号线、复八线、13号线、八通线、5号线、4号线、10号线程均采用了DC750V接触轨供电方式。新建线路考虑到DC1500V电压等级供电能力较强，采用了DC1500V刚性架空接触网。

天津地铁1、2、3号线采用DC750V接触轨供电方式，滨海线全部为高架线路和地面线路，由于线路较长，车站间距较大，而且大部分线路位于天津市区与开发区之间，对景观效果要求不高，而且考虑到DC1500V电压等级供电能力较强，采用了DC1500V柔性架空接触网。

武汉地铁M1线线路全长10.234km，为全高架线路，考虑到城市景观因素，采用DC750V接触轨，下部授流方式。武汉轨道交通2、3、4号线也采用DC750V下部授流接触轨。新建线路考虑景观因素，采用了DC1500V接触轨制式。

上海地铁投入运营的线路有1号线、2号线、明珠线一期、辛闵线、共和新路线、M7线、M8线、L4线、9号线、2号线西延线、3号线北延线，均采用DC1500V架空接触网系统。

广州地铁正在运营的线路有1号线、2号线、3号线，均采用DC1500V架空接触网系统。4号线正线采用DC1500V钢铝复合接触轨供电方式，车辆段采用DC1500V架空柔性接触网供电方式，在车辆段出入段线设置网轨转换段，实现受电弓与集电靴的转换，是全国第一条采用直线电机车辆技术的轨道交通线路。继4号线建成通车后，广州地铁5号线、6号线也采用了DC1500V钢铝复合接触轨供电方式。

深圳地铁1号线、2号线、4号线均采用DC1500V架空接触网系统。深圳地铁3号线经过全国专家的多轮论证，综合考虑城市景观、线路条件、运输能力等因素，最终选择了DC1500V接触轨，其车辆采用常规地铁车辆，而且在车辆段也采用DC1500接触轨，因此降低了车辆的复杂性，提高了电压等级、增强了牵引供电系统的供电能力。

杭州地铁1号线、2号线、4号线。由于早期线路规划情况是高架线路较多，占比为54%，基于杭州城市定位为旅游城市，城市景观非常重要，故选择采用DC750V接触轨方式。后来由于路网规划调整，市内线路均改为地下线路，选用牵引网的类型对城市景观基本没有影响，而根据杭州地铁M3线线路走向和规划条件，线路需要穿越钱塘江，由于过江段区间较长，而且没有设置区间牵引变电所的条件，DC750V接触轨难以满足牵引供电需要，所以牵引网的实施方案调整为DC1500V架空接触网系统。

南京地铁投入运营的1号线、2号线、3号线采用DC1500V架空接触网系统，其中地下线为刚性架空接触网，地面及高架线为柔性架空接触网。

长春市轻轨为小运量线路，车辆编组为4节C车，近期为两节编组，考虑到采用接触轨的经济性较差，因此长春轻轨均采用DC750V柔性架空接触网系统。在建的地铁1号线、2号线考虑东北大雪因素，接触轨安装位置较低，容易因覆雪造成短路，故均采用DC1500V柔性架空接触网系统。

大连市快速轨道交通三号线工程全部为高架线，采用DC1500V柔性全补偿简单链形悬挂接触网。

无锡地铁1号线、2号线均采用DC1500V接触轨制式。

重庆地铁2号线、3号线为独轨方式的轻轨线路，采用侧部授流的接触网，接触网位于车辆下部，重庆市选择此种线路形式和授流方式，与其特殊的地理条件和车辆授流形式有关。重庆地铁1号线，采用1500V刚性架空接触网，由于其一期工程全部为地下线路，而且二期仅有远郊有部分高架线路，其余均为地下线路和山体隧道，考虑到重庆市的地形条件以及刚性架空接触网的可靠性也较高，而且工程投资较低，因此经过多轮专家论证，最终选择了架空接触网，其中地下线路采用刚性架空接触网，高架线路及地面线路采用柔性架空接触网。

青岛城市定位为旅游城市，城市景观非常重要，选择采用DC1500V接触轨方式。现已开通的3号线、2号线、11号线、13号线均采用接触轨方式，其中11号线、13号线为高架比重较大线路，采用接触轨后，U形梁与接触轨结合良好，对景观影响小。

近年来，随着刚性架空接触网技术的发展和钢铝复合接触轨的应用，两种授流方式在不同城市、不同线路条件下，都得到了广泛的应用。从地区上区分，北京、天津、武汉、青岛、无锡地铁主要采用了接触轨授流方式；上海、南京、重庆、长春、大连等城市采用了架空接触网；广州、深圳地铁则是两种授流方式并存。

9.1.4 小结

综上所述，就单条线而言，架空刚性接触网和接触轨授流两种制式均为技术成熟、安全可靠的系统方案，两种制式在国内都有应用，济南市轨道交通1号线均可以采用。

9.2 直流牵引电压等级分析

我国的国家标准《地铁设计规范》GB 50157—2013将DC750V和DC1500V列为轨道交通直流牵引供电系统的标准电压等级。因此，国内城市轨道交通采用的电压等级主要是DC750V和DC1500V。

直流牵引电压等级需要根据城市轨道交通线路的车辆选型、客流量、运营维护、限界、城市规划、建设投资等多方面因素进行选择。

9.2.1 不同电压等级的特点

在车辆编组、发车间隔、线路条件相同的情况下，不同电压等级牵引网的特点如下：

1. DC750V 电压制式

DC750V牵引网允许电压波动范围为DC500V～DC900V，相对于DC1500V牵引网，DC750V牵引网具有三个特点：一是钢轨对地电位较低，有利于杂散电流腐蚀防护；二是牵引网电压等级较低，受限界条件的影响较小；三是牵引变电所数量较多，建设成本较高。

2. DC1500V 电压制式

DC1500V牵引网允许电压波动范围为DC1000V～DC1800V，相对于DC750V牵引网，DC1500V牵引网具有以下三个特点：一是牵引变电所数量较少；二是牵引网电压等级较高，电能损耗小，但容易受到限界条件的影响；三是允许电压波动范围较大，实际应用中钢轨对地电位较高，对杂散电流防护提出了更高的要求。

9.2.2 影响电压等级选择的主要因素

城市轨道交通供电系统的主要任务是保证列车的安全、稳定运行，牵引网作为为列车提供动力的主要媒介，其电压等级、导体的选择至关重要。直流牵引供电电压等级需要根据城市轨道交通线路的车辆选型、限界、规划条件、经济性等多个方面进行选择确定。

1. 车辆选型对电压等级选择的影响

车辆选型与直流牵引供电电压等级关系最为密切，这是因为列车是城市轨道交通直流牵引供电系统的服务对象，直流牵引供电电压等级首先要满足车辆的用电要求。为了使直流牵引供电电压制式与车辆的受电电压制式相匹配，在城市轨道交通直流牵引电压等级选择过程中，供电专业需要与车辆专业根据工程情况共同确定直流牵引供电电压等级。

目前国内DC1500V架空接触网与DC750V接触轨机车车辆均成熟可靠，已应用于国内城市轨道多条线路，DC1500V接触轨车辆在广州地铁4、5号线、深圳地铁3号线、上海地铁16号线、无锡地铁1号线、青岛地铁3号线、2号线、11号线、13号线等地铁中也已有应用。

2. 限界对电压等级选择的影响

限界是影响电压等级选择的一个重要因素。这是因为电压等级不同，绝缘水平也不同，裸露导体与其他物体的绝缘距离也就不同。由于接触网一般都是裸露在空气中，因此，对于不同电压等级的接触网，其与地铁隧道壁、钢轨顶面等的最小绝缘间距也不相同，电压等级越高，要求的绝缘距离越大，受限界条件的影响就越大。对于隧道较宽敞的线路来说，既可以采用较高的电压等级，也可以采用较低的电压等级。对于空间较小的隧道来说，由于绝缘距离的原因，而适合采用较低的电压等级。

而隧道施工是影响地下城市轨道交通线路建设投资的重要因素，因此，对于地下线路来说，电压等级越高，隧道截面面积越大，土建工程量就越大，土建投资也越大，此时如采用较高电压等级，可能会导致建设成本的增加。因此，DC1500V牵引网比DC750V牵引网对限界的影响稍大。

3. 规划条件对电压等级选择的影响

规划条件对电压等级选择的影响是一个间接因素，但也是一个重要因素。对于一条城市轨道交通线路来说，规划条件对直流牵引供电电压等级的选择产生影响主要体现在以下两个方面。

（1）轨道交通线网规划对直流牵引供电电压等级的选择产生的影响

直流牵引供电电压等级一般是根据本线路的特点和条件进行确定的。但是，如果城市轨道交通网络规划已经完成，那么就要根据整个城市的线网规划，综合考虑本线路在整个线网中的地位以及本线路直流牵引电压等级选择对整个网络的影响，从整个轨道交通网络的技术经济合理性出发来确定一条线路的电压等级。

（2）规划用地对电压等级选择的影响

规划用地对城市轨道交通直流牵引供电电压等级选择的影响不是绝对的。城市轨道交通线路的牵引变电所一般设在车站内，但是对于那些存在大长区间、客流量较大的线路，当采用较低电压等级时，仅在车站设牵引变电所可能无法满足直流牵引供电电压质量的要求，因此必须考虑设置区间牵引变电所。对于地下线路区间牵引变电所可以设在地下，当在地下设置牵引变电所没有条件或明显不合理时则必须将牵引变电所设在地面；对于地面线路或高架线路，区间牵引变电所只能设在地面。当需要设置地面区间牵引变电所时，就涉及牵引变电所的规划用地问题，如规划条件无法满足牵引变电所设置要求，则需要考虑提高直流牵引供电电压等级，拉大牵引变电所间距，以避免规划条件对牵引变电所设置的影响，故在长大距离区间线路情况下，DC1500V牵引网较DC750V牵引网有很大的优越性。

4. 经济性对电压等级选择的影响

经济性也是影响牵引网电压等级选择的重要因素之一。对于一条轨道交通线路来说，电压等级的选择将直接影响到牵引网结构形式选择和牵引变电所数量的确定。

在线路条件、行车组织一定的情况下，由于电压等级越高，负荷矩越大，允许的牵引变电所间距就越大。因此，采用较高电压等级将可以减少牵引变电所数量，能够有效降低设备投资和车站土建投资，DC1500V牵引网较DC750V牵引网有很大的优越性。

5. 小结

通过以上分析可以看出DC1500V电压高，供电距离长，牵引变电所的数量较DC750V供电要节省约30%左右，而且供电线路电耗也较DC750V供电的电耗低，符合节能及"双碳"要求，是先进的供电制式。供电系统设备国产化程度已经很高，虽然单个牵引变电所造价略高于DC750V变电所，但因其数量少，总体费用不高于DC750V供电制式的总体费用。线路越长优势越大，越明显。

从济南市轨道交通全网考虑建议采用DC1500V牵引网制式，其技术先进，节省工程费用，应是首选制式。

9.3 不同类型牵引网特点分析

9.3.1 接触轨

接触轨系统是沿线路敷设、专为电动车辆供给电能的系统。

1. 授流方式

接触轨系统根据授流方式不同分为上部授流接触、下部授流接触和侧部授流接触三种形式。在国内北京、天津多采用上部授流接触轨形式；武汉、广州以及北京机场线采用下部授流接触轨形式；目前国内还没有侧部接触授流方式的应用。

（1）上部授流接触

上部授流接触方式为接触轨正放，车辆受流器通过与接触轨的上顶面接触获取电能（图9-1）。通常接触轨采用绝缘子或绝缘支座支撑、固定。防护罩可以采用直接固定的方式，也可以采用固定在接触轨上的方式。

上部授流接触方式的优点是结构简单，设备费、维护和更新费用较低。缺点是因结构的局限性，带电接触轨的安全防护性能较差。接触面上易积累尘屑，加速接触轨和受流器的磨损，潮湿环境会增加短路故障概率。接触轨的安装高度（垂直方向）不易调节，需要设计多种高度的零部件以满足实际需要。

（2）下部授流接触

下部授流接触方式为接触轨倒放，车辆受流器通过与接触轨的下底面接触获取电能（图9-2）。通常接触轨由绝缘支架支撑、固定（也有采用金属支架+绝缘子的方式）；防护罩由固定在接触轨上的防护罩支撑块支撑、固定。

下部授流接触方式的优点是接触轨的安装高度及水平方向均可作适度调整，不需要设计多种高度的零部件就可以满足实际需要。下部授流接触轨系统的防护罩对带电接触轨的防护性能更好，带电接触轨不容易被无意识地碰触到，有利于人身安全防护。下部授流接触方式，遮挡雨雪、避免尘屑的条件也优于上部接触方式，能确保牵引网系统的安全可靠运行。下部授流接触方式的缺点是相对于上部授流接触方式而言，结构较复杂；设备费、维护和更新费用相对较高。

（3）侧部授流接触

侧部授流接触方式为接触轨侧放，受流器接触面与道床面垂直（图9-3）。

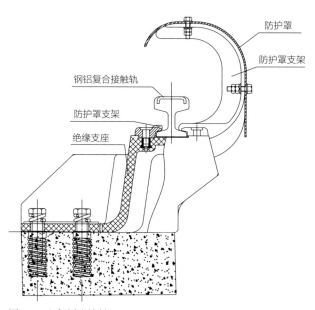

图9-1　上部授流接触

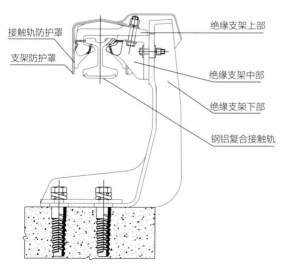
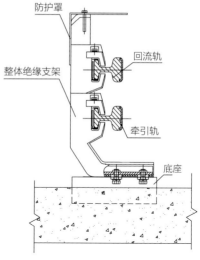

图9-2 下部授流接触　　　　图9-3 侧部授流接触

2. 接触轨系统特点分析

接触轨系统无论是上部授流接触方式还是下部授流接触方式，其基本结构都由接触轨、接触轨支撑和接触轨防护设施三大部分组成。鉴于国内多采用上部授流接触和下部授流接触方式，下面将就这两种方式分析接触轨系统的特点，侧部授流方式就不再赘述。

（1）安全性

接触轨一般布置在车辆行车方向的左侧，在道岔区等个别地段布置在车辆行车方向的右侧。

在正线，无论是地下线还是高架线，沿线均采用全封闭运行，旅客及行人没有机会与带电接触轨接触，采用上部授流方式或者下部授流方式人身安全都是有保证的。在地面线，线路全封闭运行，通常设置几米高的栅栏，但仍然有拾荒者擅自闯入，采用上部授流方式时，虽然接触轨有防护罩防护，还是有可能发生与人身接触的机会。而采用下部授流方式时，如果不是有意触摸，是不会产生触电伤人事故的。在人身安全方面的风险比上部授流方式要低。

在车辆段或停车场，轨道维修养护作业人员的安全问题也是不容忽视的问题。一般人认为接触轨在地面安装敷设，会对轨道维修养护作业形成安全隐患，威胁作业人员的生命安全，上部授流方式不如下部授流方式安全。但事实并非如此，通常情况下，在车辆段进行轨道维修养护作业人员都是经过专门技术培训的技术员和技术工人，他们具备一定的电气安全常识。在车辆段或停车场的牵引供电系统设置不同供电分区，如果进行轨道维护作业，那么可将本区的接触轨断电，而不影响其他供电分区车辆的运行，同时其他供电分区的电流也不会传到本区内，因此并不存在带电接触轨对人身安全构成危险的问题。

紧急情况下，人员疏散时需要将接触轨断电，否则会有乘客触电的危险，为了保证乘客安全，一般在车站内设有紧急分闸按钮，以保证紧急情况下的人身安全。

（2）供电可靠性

随着城市空间发展规划发展及城市空间新格局的建立，城市轨道交通的建设的重点逐渐从城市中心区向城市边缘地带延伸，地面线和高架线的里程逐渐加大。在城市轨道交通中地下线无论采用上部授流方式，还是下部授流方式，其供电质量是有保障的。同时由于接触轨结构简单、截面较大、耐磨性好，无论是钢铝复合接触轨还是低碳钢接触轨，都不会像柔性架空接触网那样受到断线、刮弓等的影响而造成停电或停运事故，因此接触轨系统的供电可靠性非常高。

（3）运营和维修

接触轨系统总体来说维护的工作量比较少，主要是调整接触轨静态几何尺寸、擦拭绝缘子、整修托架、紧固螺栓等只需人工作业的维修内容。采用下部授流方式，接触轨吊装，轨及相关附件由防护罩保护，直观性差，日常检修和维护需要将防护罩打开，增加了维护人员的工作量。采用上部授流方式，接触轨及相关附件可以直观检查，维护人员的工作量相对较小。但遇雨雪天气时，在有地面和高架区段的线路，为防止接触轨表面结冰，地铁运营部门需实行接触轨不停电，并加开空驶列车进行轧道作业，对运营线路和接触轨进行全面检查，重点防止接触轨结冰。

（4）供货

在接触轨方面，目前国内不仅有国外独资公司、合资公司，也有自主产权的公司可以生产钢铝复合接触轨，如南京赛彤、天津比威、宝鸡等均能满足工程供货需求。

绝缘支架要具有足够的机械强度、绝缘耐压水平、耐腐蚀和抗紫外线的能力。上部授流方式中主要有绝缘支架和绝缘子两种形式，与下部接触授流方式的绝缘支架相比，结构相对简单，国内玻璃钢生产厂商一般都可以生产满足设计要求的产品。下部接触授流方式中绝缘支架采用绝缘材料注塑成型，分为上、中、下三个部件，制造工艺要求相对较高。目前国内复合材料公司都具备一定的生产能力和生产规模，已经在多条线路得到了应用，运行情况良好。防护罩材料为GRP（玻璃钢），具有一定的弹性，可以很方便地完成安装、拆卸、更换。国内玻璃钢生产厂商一般都可以生产，国产化率高。

（5）寿命

由于钢铝复合接触轨为钢带与铝的结合体，接触轨的易损部件为钢带，因此接触轨的寿命主要由钢带的寿命决定。当不锈钢带磨损到一定程度后，为安全起见，接触轨将进行更换。不锈钢带的厚度为4.8mm或6mm，美国的洛杉矶地铁和加拿大的温哥华地铁曾经做过钢铝复合接触轨的磨耗试验，按授电靴每年70万次的摩擦量，钢带的磨耗约为0.03mm，因此，理论上钢铝复合接触轨的寿命可以达到160年，但是考虑安全因素，钢铝复合接触轨的使用寿命肯定不少于60年。接触轨支撑和防护系统的设备寿命主要由设备的材料所限制，地面线受紫外线影响，通常为15年；地下线可以达到20年。

（6）施工

在电分段、道岔、道路等地段，接触轨应断轨，并设有弯头，为满足接触轨的热胀冷缩，在锚段之间设置膨胀接头，膨胀接头的预留缝隙应满足接触轨的温度伸缩曲线要求。为防止接触轨的爬行，在锚段的中部设置中心锚结。接触轨系统结构简单，钢铝复合轨之间以及与弯头、膨胀接头间均为螺栓连接。通常一个锚段的接触轨不会是接触轨定长的整数倍，因此在施工时，需要现场对接触轨进行切割。如果安装在线路的小曲线半径地段，则接触轨需要预弯。由于接触轨系统的安装简便，对于钢铝复合接触轨，4个熟练工人一天就可以安装约200m，平均每人每天完成50m。

（7）气候

接触轨一般来说受气候条件的影响很小，除非接触轨由于积水被淹没（此种情况几乎不会发生），否则绝不会因气候影响而发生停电事故。当然对于雨雪或非常潮湿的天气，接触轨系统可能会因绝缘子的绝缘性能的降低而出现局部放电的情况，这时将对杂散电流腐蚀防护和受流质量造成一定的影响，但无论对接触轨还是架空接触网都存在此种影响。

（8）景观

接触轨系统安装在轨道旁边，体积较小，在地面线或高架线上并不明显，不会影响市容景观。

（9）能耗

采用钢铝复合接触轨，DC750V牵引网系统阻抗为0.0167Ω/km，DC1500V牵引网系统的阻抗稍高，阻抗为0.0186Ω/km。在客流量、线路条件相同的条件DC1500V牵引网系统的牵引变电所间距一般比DC750V牵引网系统大0.5倍左右，因此，牵引网各馈线平均负荷也要比DC750V牵引网大1.5倍，经计算比较，DC750V接触轨系统的电能损耗约比DC1500V接触轨系统多34%。

（10）限界

上部授流方式和下部授流方式接触轨系统都可应用B型车。除了受流器位置尺寸稍有不同外，其他位置车辆外形尺寸统一。不同授流方式接触轨系统安装位置见表9-1：

750V 不同授流方式接触轨系统安装位置　　　　表 9-1

序号	项目	上部授流方式	下部授流方式
1	接触轨中心线距相邻走行轨内缘的水平距离	700±5mm	683.5±5mm
2	接触轨轨顶面距走行轨轨顶面的垂直距离	140±5mm	160±5mm

3. 结构形式与电压等级

系统的电压等级并不局限于采用接触轨系统时必须为DC750V的电压制。接触轨系统的电压等级应是根据技术经济比较等多方面原因决定的。但不可否认的是，电压等级的不同，对接触轨系统也确实有不小的影响，如防护要求。根据《地铁设计规范》GB 50157—2013中第14.3.21条要求接触网带电部分和结构体、车体之间的最小净距满足以下规定（表9-2）。

接触网带电部分和结构体、车体之间的最小净距　　　　表 9-2

标称电压	静态	动态	绝对最小动态
750V	25mm	25mm	25mm
1500V	150mm	100mm	60mm

此外，EN50122-1中有明确描述，由于电压的抬高，需采用某些方式加强防护来减少直接接触电压或降低轨电位。

9.3.2　架空接触网

架空接触网是将接触导线架设于车体上方的一种接触网形式，通过电力机车受电弓从架空接触网取得电流，可用于铁路干线、城市轨道交通以及工矿电力机车牵引线路。

架空接触网的发展是以满足城市轨道交通行车需要为前提的，同时各种悬挂方式体现了其在不同运行区段、不同运行线路上的优劣。

1. 架空接触网的类型

架空接触网悬挂形式可分为柔性悬挂和刚性悬挂两种类型。

（1）柔性悬挂

柔性架空接触网由带张力的柔性金属导线组成，受电弓通过在运行过程中与接触线靠弓网间的压力进行取流。

按承力索的设置情况，柔性接触网又分为简单悬挂和链形悬挂两种类型。

简单悬挂只有接触线和一根架空地线，支柱安装负荷较轻，但是弛度大，弹性不均匀，接触网取流效果差，车辆速度受到限制，一般用于城市电车以及城市轨道交通线路的车辆段等对行车速度要求不高的路段。

接触线通过吊弦悬挂到承力索上的悬挂称之为链形悬挂。链形悬挂通过吊弦使接触线增加了悬挂点，调整吊弦可以使接触线对轨面的高度保持一致，接触网弹性均匀。显然，链形悬挂比简单悬挂性能要好，但结构复杂，投资也较大，施工维修较为困难。链形悬挂根据导流总截面的要求，接触网还需设置1~4根馈电线，以满足承载电流的要求。另外接触网还需设置架空地线，作为绝缘子事故闪络时的接地回路。

柔性架空接触网以其良好的弓网配合等特点，在电气化铁路和城市轨道交通中被广泛应用。

（2）刚性悬挂

刚性悬挂是一种区别于柔性悬挂的接触网悬挂方式。刚性架空接触网是将传统的接触线夹装在汇流排中，用汇流排取代了承力索，并靠其自身的刚性保持接触线的固定位置，特点为节省隧道净空，可靠性高，耐磨性好，接触网零件简单，维修成本大大降低。刚性悬挂从20世纪90年代起得到了较快的发展。

2. 柔性架空接触网

柔性悬挂已在我国电气化铁路应用了上万公里，是十分成熟和可靠的。在上海地铁、广州地铁、深圳地铁、大连快轨、长春轻轨等线路中也已运营使用。

目前，国内城市轨道交通柔性架空接触网在高架桥上的安装主要有以下几种方式：

（1）接触网两侧立柱形式

支柱一般设立在梁外侧，上下行分别由一根支柱悬挂及定位，称为单腕臂柱结构形式（图9-4）。该形式上下行接触网不论在电气上还是机械上均相互独立，支柱容量较小，施工相对简单，且当一侧股道发生事故时不影响另一侧股道，事故影响范围小；结构简单，零部件少，便于事故抢修，维修工作量小，对桥梁预留要求的精度较门形架低，建筑景观较为简洁，但支柱设立处需进行局部加宽。

（2）接触网中间立柱形式

接触网中间立柱是将接触网支柱立于两线路中间，悬挂上下行两条线路接触悬挂的一种方式（图9-5）。该方式支柱立于桥梁中部，从桥下观察，接触网支柱造成的景观影响很小，比设置在桥梁两侧的方式景观效果要好。但由于在一个接触网支柱上悬挂两组接触网，对支柱容量要求较高，尤其是在小曲线半径情况下，支柱容量偏大，对支柱的要求更加严格；同时由于支柱位于桥梁上，对桥梁的结构要求也较高。同时由于支柱位于两线中间，分别悬挂上下行接触网，因此对于上下行线间距有一定要求

图9-4 高架桥两侧立柱效果图

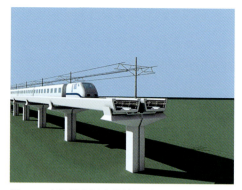
图9-5 高架桥中间立柱效果图

以满足接触网的悬挂安装要求,会造成桥梁投资的增加。

(3)接触网立柱类型分析

以上两种接触网支柱的设立方式,一种为两侧立柱,是比较常见的方式,我国轨道交通高架桥区段一般均采用此种方式;另一种为中间立柱,较为少见,我国轨道交通线路上在长春及上海轨道交通地面线中区段有应用,香港地铁高架桥区段也有部分采用此方式。为了满足沿线接触网景观要求,接触网支柱可采用设立在线路中间的方式或两侧立柱桥梁整体加宽方式,并与声屏障做好结合。

(4)隔离开关设置的位置选择

无论是以往的接触网设计,还是接触网运营检修规程都未提出接触网锚段关节隔离开关的具体安装位置。目前高架区段上隔离开关的设置一般架设在区间支柱之上,由于是3台开关的组合,需要采用2个接触网支柱组成安装支架,桥梁侧面景观效果较差。高架线采用接触网上网隔离开关支柱安装,对高架线路景观影响较大,采取一定措施对景观进行改善是十分必要的(图9-6)。

可将高架线接触网上隔离开关设置在柜体内,隔离开关安装地点由支柱变为地面,将柜体放置在高架桥车站范围内,接触网电分段处通过电缆敷设的方式引上,这样高架桥区段支柱上避免了隔离开关的设置,采取将隔离开关安装位置下移的方式避免对景观产生影响。

3. 刚性架空接触网

刚性架空接触网一般用于地下段;对于地面及高架桥,由于上方空旷,必须安装支架来悬挂支撑件,投资很大,一般不采用刚

图9-6 隔离开关设置于线路侧支柱上

性悬挂。

刚性架空接触网是将接触线夹装在汇流排中,汇流排取代了承力索,并靠其自身的刚性保持接触线的固定位置,使接触线不因重力而产生弛度。汇流排一般由铝材制成,每延米重约5.9kg,一般每12m一段,安装时用中间接头将其连接为一体。

刚性悬挂目前允许的运行速度为120～140km/h。柔性悬挂的受电弓同样可以在刚性悬挂中使用。国外将受电弓加以改进后刚性悬挂的运行速度已达到160km/h,随着刚性悬挂的深入研究,车速将会更高。

刚性悬挂汇流排本身可承受较大的电流,所以目前采用的均为单根接触线的汇流排,双接触线的汇流排已有设计成果,但没有实际应用。我国目前在建的采用直流1500V供电制式的接触网线路,隧道内大都采用了刚性悬挂的授流形式。

(1) 装配形式

刚性悬挂汇流排的形状有"T"形和"Π"形两种。"T"形刚性架空接触网于1961年在日本投入运营,"Π"形刚性架空接触网于1983年在法国投入运营。二者相比"T"形汇流排自重略大,跨距较"Π"形小,因而"T"形造价高于Π型。"Π"形和"T"形汇流排示意如图9-7所示。

目前我国采用的刚性悬挂形式均为"Π"形,如广州地铁1号线的示范段及2号线采用了此种方式,南京地铁也采用此种悬挂方式。"Π"形悬挂形式如图9-8所示。

图9-7　Π形和T形汇流排示意图　　　　图9-8　Π形悬挂示意图

(2) 安装类型

刚性悬挂主要用于地下段接触网悬挂,地下段隧道包括以下几种类型断面:圆形隧道、马蹄形隧道、矩形隧道、车站矩形断面,针对不同断面形式,刚性架空接触网采用不同的安装方式。马蹄形隧道、矩形隧道、车站内的接触网安装方式如图9-9～图9-11所示。

（3）刚性架空接触网与柔性架空接触网的过渡

刚性悬挂适用于地下隧道部分，当接触网出隧道时需要与隧道外的柔性架空接触网进行衔接，两种悬挂存在刚柔过渡问题。从国内外的研究及工程资料看，刚柔过渡的方式有多种。广州地铁2号线试验段设计安装关节式刚柔过渡，这种刚柔过渡措施适用于较低速度（80km/h），锚段关节采用刚性悬挂。当速度高于100km/h时，宜采取贯通式刚柔过渡措施。贯通式刚柔过渡，柔性悬挂接触网的承力索在隧道洞门拱圈上下锚，接触线嵌入12m切槽式刚性渐变汇流排和12m加强夹紧力汇流排，在加强夹紧力汇流排上安装了下锚装置，使刚性悬挂接触网不受接触线张力的影响。

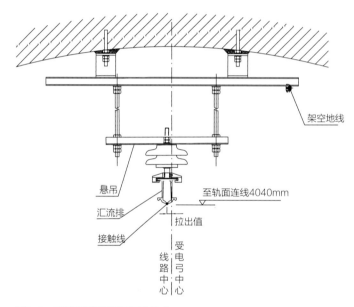

图9-9 马蹄形隧道典型安装方式

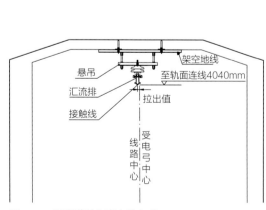

图9-10 矩形隧道典型安装方式

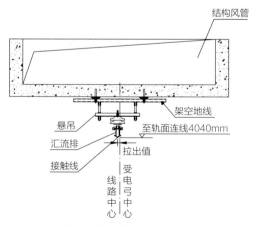

图9-11 车站内典型安装方式

两者相比，贯通式过渡的弓网受流质量更好。推荐采用贯通式刚柔过渡。贯通式刚柔过渡、关节式刚柔过渡分别如图9-12、图9-13所示。

4. 架空接触网系统特点分析

架空接触网系统具有如下特点：

（1）安全性

从人身安全性来看，由于架空接触网架设高度较高，使得带电体与人体距离较接触轨大，发生人身触电事故的可能性较小。

（2）供电可靠性

柔性架空接触网结构复杂、固定支持零部件较多，所以薄弱环节也多，可能会引起滑触线脱落、甚至发生刮弓等事故。架空接触网靠导线张力维持其工作状态，经过多年磨损及电弧烧伤，导线其截面会逐渐减小，其强度也随之降低。在拉锚装置及故障电流作用下，有发生断线事故的可能。此外由于柔性架空接触网悬挂在线路上方，高度达4m多，受到雷雨大风天气的影响较大。

刚性架空接触网由于不存在断线事故的问题，因此，相比之下可靠性要优于柔性架空接触网。

架空接触网的供电可靠性不是很理想，但是由于事故发生概率较小，而且在建设投资、电压等级等方面的优势，国内很多城市仍然选择了架空接触网系统。

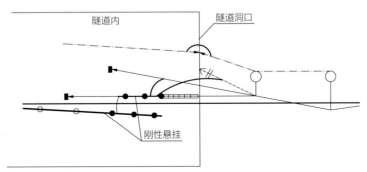

图9-12 贯通式刚柔过渡示意图

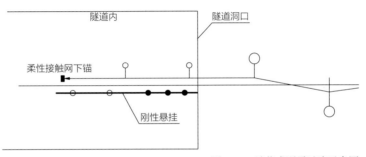

图9-13 关节式刚柔过渡示意图

（3）运营和维修

接触网本身零部件较多，维护工作量较大，投入的人力较多，且必须设置专业的维修工区来满足运营要求。

（4）供货

刚性架空接触网绝大部分零件目前可以实现国产化，一些关键部位如分段绝缘器仍需要进口。柔性架空接触网零件为成熟产品，国内有许多供应厂商，技术条件完全满足轨道交通线路架空接触网的需要。我国目前已建成并通车的轨道交通线路接触网基本均采用国产化设备，供货时间及产品质量均可以满足建设要求。

（5）寿命

架空接触网的寿命主要体现在导体的磨耗上，架空接触线的磨耗与车辆、线路、行车密度、受电弓硬度、抬升力等诸多因素有关。在接触线允许磨耗方面，柔性悬挂允许磨耗为25%，刚性悬挂允许磨耗为50%，刚性悬挂是柔性悬挂的2倍。由于柔性悬挂采用双接触线，两者的磨耗基本相当。根据国内外运行经验，列车在800号架次/天通过时，架空接触线更换年限一般为10～15年。

（6）施工

刚性架空接触网由于其零件数量较少，又不存在接触网线索下锚现象，故施工内容较为简单，施工强度较小，但由于其刚性的特点，接触网弹性不佳，施工精度要求较高。柔性架空接触网在国内应用广泛，有成熟的施工经验，虽然施工较为复杂，工序繁琐，但由于国内施工单位有丰富的施工经验，接触网施工质量能得到有效的保证。从目前国内各城市轨道交通开通运营情况来看，刚性及柔性架空接触网施工均能满足建设要求。

（7）气候

由于本工程高架线长约16.2km，架空接触网会受到气候的影响，会受到雷雨大风天气的影响。

（8）景观影响

对于地下线路来说，架空接触网对景观没有任何影响，架空接触网对城市景观的影响体现在地面线路和高架线路，尤其下锚段景观影响较大。

（9）能耗

采用刚性架空接触网时，牵引网回路电阻为$0.024\,\Omega/km$，柔性架空接触网的电阻约为$0.034\,\Omega/km$，相同条件下，柔性接触网的电能损耗要高于刚性架空接触网。

（10）限界

一般来说，架空接触网对限界的要求较高，特别是对地下线路来说，限界条件对架空接触网的影响更加明显。一般来说，架空接触网要求走行轨表面至隧道避顶端的距离至少需要4450mm。

9.4 牵引网方案技术经济比较分析

9.4.1 技术比较分析

1. 景观效果比较

本工程全长26.1km，其中地上16.2km，地下9.7km，高架占全线62.5%，高架桥方案采用结构轻巧、经济、施工便捷的U形梁，且U形梁外观轻盈、具有良好的景观效果，而且与周围环境协调，符合城市建设及风景区景观的要求。

从与U形梁的结合情况来看，架空接触网约每30～40m需要设置钢立柱，道岔区还要设置门形架，体量较大，需要桥梁局部或整体加宽考虑钢立柱的基础，增大了桥梁体量。同时，架空接触网线索繁多，接触网下锚结构复杂、体积大、重量重，对桥梁景观影响很大，且门形架方案有"光栅"效应，会对司乘人员视野造成影响。而接触轨采用钢铝复合轨，重量轻且安装在U形梁平台的下面，无需加宽桥梁且不影响桥梁体量，景观效果很好，与U形梁匹配很好。

因此，采用直流1500V下部授流接触轨系统能够更好地保证城区及沿线的景观效果（图9-14、图9-15）。

2. 安全性比较

从电压等级上来说，无论是DC1500V接触网还是DC1500V接触轨，一旦发生触电事故都将造成人身伤害。但架空接触网架设在车辆上方，使得带电体远离人群日常活

图9-14　轻轨U形梁高架桥（接触轨）

图9-15　南京地铁高架桥（DC1500V接触网）

动的范围，发生触电的可能性小；接触轨安装在地面，当人员违规进入带电区时，与人身发生接触的可能性较大，发生触电的可能性也较大。

从自身的条件来看，架空接触网的安全性更好一些，但是在采取必要的安全性措施情况下，DC1500V接触轨方案的安全性也可以保证。

3. 可靠性比较

就接触网本身来看，DC1500V接触轨结构简单，免维护，受气候条件的影响较小，可靠性高。DC1500V柔性架空接触网零件多，结构复杂，可靠性稍差。

因此，接触轨比柔性架空接触网的可靠性要高，国内多个城市出现过架空接触网故障导致的停运事故。

4. 使用寿命比较

接触网的使用寿命关系到接触网更新改造的再投资。在接触线允许磨耗方面，柔性悬挂接触线允许磨耗为25%，刚性悬挂允许磨耗为50%，刚性悬挂是柔性悬挂的2倍。根据国内外运行经验，列车在800弓架次/天通过时，架空接触线更换年限一般为10～15年。

接触轨的特点是坚固耐磨，使用寿命长。我国地铁考查人员在伦敦地铁看到了使用了100年的接触轨。前几年，北京地铁曾对低碳钢接触轨磨耗状况进行过检测，经过20多年的运营，其磨耗量不到5%。由此推算接触轨使用100年时，其磨耗量也不到25%。即使出于安全考虑，接触轨使用寿命按60年计算也要比架空接触网的使用寿命长很多。接触轨支撑和防护系统的寿命主要受材料限制，地面线紫外线影响下通常为15年，地下线可以达到20年。根据行车对数和密度的不同，国内外相关运行数据显示，钢铝复合导电轨寿命可以达到50～70年以上。

因此，从使用寿命考虑，DC1500V接触轨方案具有较大优势。

5. 授流稳定性分析

接触网（轨）与受电弓（靴）碳滑板接触并相对滑动，将电流传送给轨道车辆，称为授流。弓网或轨靴之间可靠的动态接触是保证授流稳定性的重要条件。

由于接触轨在道岔区、人防门、防淹门、平交道口、电分段和车库前等处必须断轨，尽管端部弯头对轨靴的碰撞起到了一定缓冲作用，轨靴间的接触稳定性变差，授流稳定性随之变差，离线率增大，并导致接触轨与受电靴之间产生拉弧及次生危害。

6. 运营与维护比较

随着工程的交付使用，后期的运营维护将成为轨道交通线路的主要费用支出，其中包括运营人员的费用、备品备件的加工、采购及专业维修工器具和车辆设备等的维修、加工和采购等。

架空接触网本身零部件较多，相对于接触轨维护工作量大，投入的人力也较多，且必须设置专业的维修工区来满足运营的需求，按照本工程的线路长度和架空接触网选择，全线需要设置4个维修工区，需要配置维修人员约32人。

接触轨由于其设备结构简单，特别是钢铝复合接触轨的免维护性，使得接触轨的维修维护工作仅限于绝缘子的清洁与更换和端部弯头、温度补偿接头等的检修等简单工作，不需要设置专门的接触轨检修工区，而是由工务工区代为维护，以本工程的线路长度，工务工区需要增加约4名维护工人，从而可以大大降低维护成本。

对于DC1500V接触轨系统，目前广州地铁4号线、5号线，深圳地铁3号线、上海地铁16号线、无锡地铁1号线、青岛地铁2号线、3号线、11号线、13号线具有运营经验，稍显不足。

因此，从运营经验来看，DC1500V架空接触网方案较好，DC1500V接触轨方案稍差；从运营维护来看，DC1500V接触轨方案较好，DC1500V架空接触网方案稍差。

7. 对土建的影响比较

采用DC1500V接触网方案时，由于接触网悬挂于轨道上方，对安装空间有一定要求。同时对于高架桥区段，立柱需要设置在桥梁上，需要桥梁局部或者整体加宽，其补偿下锚装置需要占用一定的空间和承受相应的载荷，对桥梁造价有一定影响；接触轨安装于线路侧面，对土建净空没有特殊要求。

因此，从对土建的影响来看，DC1500V接触轨方案要优于DC1500V架空接触网方案。

9.4.2 经济比较分析

1. 设备投资比较

（1）牵引网投资

对于本工程来说，接触轨造价约210万元/km、刚性架空接触网造价约160万元/km、柔性架空接触网造价约170万元/km计算。采用架空接触网，还需要配备相应的接触网工区，配备相应的检修设备，其中接触网检测车1辆、接触网抢修车1列、专业岔线1条、库房1座，设备总价约750万元。牵引网方案投资如表9-3所示。

牵引网方案设备投资比较表　　　　　表9-3

序号	方案类型	单价（万元/km）	数量(km)	投资（万元）	其他（万元）	投资（万元）
1	接触轨	210	81	17010	0	17010
2	刚性悬挂接触网	170	24	3840	750	14280
	柔性悬挂接触网	180	57	9690		

从表9-3中可以看出，本工程DC1500V架空接触网方案较DC1500V接触轨方案节省投资2730万元。

（2）车辆投资

本工程列车编组为：远期+Tc-Mp-M-M-Mp-Tc+（注：Tc表示带司机室的拖车，Mp表示带受电弓动车，M表示不带司机室的动车，+表示半自动车钩，-表示半永久棒式车钩）。

如采用架空接触网方案，每列车需安装2个受电弓；采用接触轨方案，考虑到断电对列车授流的影响，每个动力转向架均需安装2个受电靴，每个拖车1位转向架需安装2个受电靴，每列车总计安装20个受电靴。

根据目前主流价格，受电弓单价约为9.6万元，另需安装升弓辅助设备（含电动升弓泵和手动升弓装置）单价4万元，合计每套13.6万元；受电靴单价约为4.6万元。其投资对比如表9-4所示。

车辆授流装置投资比较表　　　　　　　　　　　　　　表9-4

序号	方案类型	单价（万元）	每列车数量（个）	列车数（列）	合计（万元）
1	受电靴	4.6	20	27	2484
2	受电弓	13.6	2	27	734.4

可以看出，车辆受电弓与受电靴授流制式相比，车辆采用架空接触网制式时可节省投资1749.6万元。

（3）综合投资比较

综合建设投资比较表　　　　　　　　　　　　　　表9-5

序号	方案类型	牵引网	车辆	合计（万元）
1	接触轨	17010	2484	19494
2	架空接触网	14280	734.4	15014.4

从表9-5中可以看出，本工程DC1500V架空接触网方案比DC1500V接触轨方案总投资可节省约4479.6万元。

2. 运营成本分析

运营成本包括维修及管理费用、设备二次投资等，为了能够较准确地反映不同方案的经济性，对不同方案初期建设成本的资金时间价值进行了比较。

（1）维修及管理费用比较

架空接触网在运营中维修调整工作量较大，需要设置接触网维修工区，本工程全长26.1km，需要设4个接触网工区，定员32人。据统计，采用DC1500V架空接触网时，考虑人工费及检修工器具折旧费，折合约每公里接触网年维修管理费约合10万元，本工程年维修管理费用约合260万元。

接触轨系统总体来说维护的工作量比较少，主要是调整接触轨静态几何尺寸、擦拭绝缘子、整修托架、紧固螺栓等只需人工作业的维修内容。此部分工作一般由工务工区代管，因此对于本工程来说工务工区约需增加维护人员4人。采用接触轨方案，维修工具仅为日常维护工具，其运行维护成本仅为人力成本，按每年人均成本8万元计算，工务工区每年的人力成本增加约为32万元。

综上，DC1500V架空接触网的维修及管理费用要比DC1500V接触轨高约228万元/年。

（2）设备更新投资费用

按基础设备更新周期为25年，架空接触网接触线寿命15年，接触轨更新周期60年计算。折合到每年的设备更新投资为：DC1500V接触轨52万元，架空接触网约为72万元。

（3）初期节约资金时间价值

DC1500V架空接触网方案比DC1500V接触轨节约建设资金约4480万元，按年利率6%计算，DC1500V架空接触网方案年节约资金为268.8万元，60年节约资金时间价值约为16128万元。

（4）电能损耗比较

按照远期牵引网电能损失计算，电费按照0.6元/kWh考虑，采用DC1500V接触轨方案，牵引网总功率损失为233.8kW，年电能损失约136.5万kWh，年电费损失约81.9万元；采用DC1500V架空接触网方案，牵引网总功率损失约为304.7kW，年电能损失约为177.9万kWh，年电费损失约106.7万元；

因此，与DC1500V架空接触网方案相比，采用DC1500V接触轨方案年节约电费约为24.8万元。

（5）运营成本综合比较

年运营成本比较　　　　　　　　表9-6

序号	类别	运营维护成本（万元）	二次设备投资（万元）	节约资金时间价值（万元）	损耗电费（万元）	合计（万元）
1	DC1500V接触轨	32	52	0	81.9	165.9
2	DC1500V架空接触网	260	72	−277	106.7	153.7

60 年运营成本比较　　　　　　　　　　　　　　　　　　　　　表 9-7

序号	类别	运营维护成本（万元）	二次设备投资（万元）	节约资金时间价值（万元）	损耗电费（万元）	合计（万元）
1	DC1500V接触轨	1920	3120	0	4914	9954
2	DC1500V架空接触网	15600	4320	−16128	6402	10194

从表9-6、表9-7可以看出，以60年运营成本进行对比，接触轨方案比架空接触网方案节省240万元。

通过以上分析可以看出，本工程从建设成本角度来看，DC1500V架空接触网较好，从运营成本角度来看，DC1500V接触轨方案较好；从建设成本和运营成本总的经济分析结果来看，按照60年周期分析，接触轨方案比架空接触网方案要节约240万元，其经济性略优。

9.4.3　结论

通过上述技术、经济比较，针对本工程采用DC1500V接触轨和DC1500V架空接触网方案的优缺点见表9-8。

技术经济综合比较　　　　　　　　　　　　　　　　　　　　　表 9-8

序号	比较类型	DC1500V 接触轨	DC1500V 架空接触网
1	建设成本	高	低
2	运营成本（含资金时间价值）	略优	一般
3	使用寿命	60年	10～15年（接触线）
4	供电可靠性	高	一般
5	人身安全性	较好	好
6	节能效果	好	较好
7	运营与维护	方便	一般
8	车辆受流状态	较好	好
9	景观效果	好	较差

济南市轨道交通1号线工程作为济南市首条轨道交通线路，具有线网引领作用，牵引供电系统中牵引网两种制式均成熟可行，本着以人为本、安全第一、使用功能其次、经济和景观因素再次的原则，结合济南轨道交通线网规划中高架线路占比较低的特点，本工程牵引网方案采用DC1500V架空接触网方案。

拾

控制中心

> 城市轨道交通控制中心（以下简称控制中心）是一条或多条轨道交通线路的运营控制中心，可实现对全线的车辆、车站及区间进行总体监控指挥和调度管理，对轨道交通系统起到大脑中枢的作用。济南轨道交通1号线控制中心位于范村车辆基地内，与车辆基地厂前区形成对称式院落布局，建筑风格、环境塑造、功能布局、资源共享等进行了统筹考虑。本章以控制中心为代表，详细阐述了其建筑设计的思考初心、功能分区、空间节点等内容。

10.1 控制中心概况

济南市轨道交通1号线控制中心是济南市先期3条轨道交通线路（1号线、2号线以及预留一条线）的运营控制中心。总建筑面积：25478m²，其中：地上建筑面积20165m²，地下建筑面积5313m²。于2015年起逐步开展方案设计、初步设计和施工图设计，2017年开工建设，2019年3月完成竣工验收（图10-1、图10-2、图10-3）。

图10-1　控制中心外立面

图10-2　办公裙房庭院

图10-3 控制中心总平面图及建成效果

控制中心用地位于车辆基地内,毗邻车辆基地综合楼,共同围合院落式布局。控制中心为多层建筑,北侧部分为五层,是运营公司办公楼;南侧L形部分为四层,是调度指挥用房,屋顶设计为屋顶花园;另在地下一层设置了机动车停车库。

10.2 建筑布局与场所塑造

10.2.1 建筑布局融入自然元素

在建筑的整体空间布局上,控制中心针对车辆基地特有的用地条件,与场段建筑有机结合,塑造既分隔又联系的场前区空间格局。

在场地的整体布局关系上,控制中心与车辆基地综合楼共同围合布置,形成了车辆基地场前区的中心院落空间(图10-4)。这一设计思路对场段办公区环境的塑造上是

图10-4 控制中心与场段综合楼围合布置(左:控制中心,右:综合楼)

图10-5　冬日阳光下的围合内院

有积极作用的，让更多自然环境的元素被吸纳到场所中来，成为整体室外环境的一部分。这些自然元素结合院落中的绿化景观设计和建筑出入口的布置，保证了这种院落围合形式的丰富性，可以充分地让阳光和风渗透进来，人在院落环境中的活动是享受而有关照的（图10-5）。同时，建筑空间通过有效的围合，阻隔了场区环境的杂乱而让丰富多元的自然元素得以放大，创造了舒适的办公和生活环境。

院落围合后，不仅建筑之间有了对话，各个出入口形成了联系，更使室外空间融合成一个整体，场所感增强，让建筑组团更加强了纯粹的场所精神。这种积极性不仅是由外而内的，同时也从内向外回馈给整个车辆基地，使原有的场地更加丰富，更具活力和标志性，从而利用建筑和自然的相互融合提升了整个场区的空间品质。

10.2.2　广场、道路及出入口

由于控制中心和综合楼整体围合成的建筑组团位于车辆基地场前区，处于整个车辆基地的核心位置，因而需要考虑设计车辆基地的人员室外公共活动空间，同时也服务于控制中心和综合楼建筑本身。从总图关系中可以看出，两栋建筑通过围合，形成的中心绿地内院和南侧入口广场，很好地承担了室外公共活动空间这一角色（图10-6）。

外围的道路环绕建筑组团，并与地下车库出入口连通，同时结合外围道路布置地

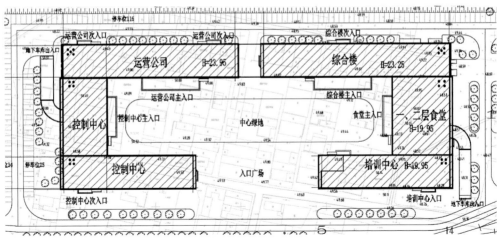

图10-6 控制中心与综合楼的出入口布置

上停车位,保证机动车辆和后勤服务在建筑外围进行,不侵占内院的场地和环境。内部围合院落仅作为办公人员的室外活动场地,沿内圈做硬质铺装,保证紧急情况下消防车辆的正常通行,中心院落设计景观绿化,提供舒适的室外活动场地。

建筑出入口的布置与上述场地的设计相结合,主要出入口都开向人员活动的内院,相互之间通过内院空间的景观绿化联系融通;在建筑组团的外围设置次要出入口,联系停车空间和后勤服务区域;控制中心和综合楼的地下停车库在地下一层连通共用,车库出入口也分置于建筑组团的外围东西两侧。

10.2.3 景观设计融入自然及原生环境

景观设计上,充分结合围合院落和建筑出入口设置,使多个小区域在空间上统一变化。院落入口处结合集散广场布置旗杆、标牌、中心对称绿植方阵及水景,形成多个空间层级的景观效果。东西两侧的内部院落分别结合临近的建筑功能做不同景观化处理,靠近食堂处设置供人休息坐卧的小品景观,靠近办公入口设置规整的绿植和水景。在整体上景观设计融入自然元素,打造宜人的庭院绿化和屋顶花园,提升院落和屋顶的空间品质(图10-7)。

另外在控制中心用地北侧有一株原村落的古树,树龄三百多年,设计经过仔细研究,对古树进行了成功的保护,景观上使院落融入历史原生环境。

由于车辆基地的整个地坪被填土抬高,原古树位置地势较低,针对这种情况制定台地下沉方案,将古树位置包裹成景观平台,也保证了古树的原位高度,更利于其存活。设计上体现尊重原生环境、保留历史遗存的理念(图10-8)。

图10-7 内院景观

图10-8 古树保护后现状

10.3 设计思考

所有的建筑设计都有一个共同点：都会涉及方方面面的问题，设计的推进过程即发现和解决各种问题，并在陆续的设计进程中，对各种问题进行综合的考量，最终找到一个相对更优的解决方案的过程。建筑师设计的能力在一定程度上就体现为协调解决各种问题的能力，优秀的设计者总能找到巧妙的方式来整合设计元素，调解设计矛盾，最终提出独到的解决方案。

从建筑设计的角度来看，控制中心其实就是一种具有特殊用途的办公建筑，最终要为特定的办公需求提供空间服务，只是这种办公的需求有其独特之处，区别于普通的办公楼。在控制中心设计的过程中需时刻考虑这种特定的功能性，满足并提升它，提供以空间，同时解决内外的交通动线、安全疏散问题，合理考虑设备管线路由等因素。

在满足功能要求的基础上，控制中心的场所性、安全性、美观、绿色、经济等设计要素也同样重要，需考虑场地因素，处理好建筑与周边环境的关系，考虑结构的安全性，建筑的外观形式问题，经济可行并满足节能要求等。

另外，设计方案的实施需要不断地与不同角色的人群进行沟通协调，考虑工程运作上的各种因素，如果这些沟通工作不到位的话，好的设计方案也同样难以实现。比如：给业主的沟通汇报、配合业主对建设管理部门的沟通、设计各专业之间的协调、与施工单位的现场配合等，同样也是设计工作的重要环节。控制中心的建筑设计就是在不断平衡各要素之间的关系中进行的。

10.3.1 从功能出发的建筑空间原型

控制中心作为轨道交通线路的管理枢纽，承担着全线的列车运行、客运管理、电力供给、设备监控、防灾报警、票务等中心级职能，实现对线路系统的集中监控、调度指挥。在非常情况下，控制中心也是本线路应急事件处理的指挥中心，同时也是轨道交通线路信息集散和交换处理的中心。

济南市轨道交通1号线控制中心建筑单体从功能上分为两部分：调度指挥用房和运营办公用房。调度指挥用房分为：调度大厅及其附属用房、线路设备用房；而运营办公用房是为运营公司各部门的日常办公使用的。这两部分功能用房中，至关重要的部分为与线路调度指挥有关的调度大厅及相关附属用房。

结合城市整体线网规划，本控制中心定位为先期的区域式控制中心，调度大厅布置容量为3条线OCC，结合建筑空间及分期实施原则，调度大厅按分区预留条件。调度大厅内按照前后三层布置格局考虑，分别为显示层（大屏）、操作层（OCC各级调度）和指挥层（总调度）。工艺设计上针对区域式控制中心特点，采用小型化灵活性的工艺布局，使运营调度协同增效。

本控制中心就是为了满足以上功能要求进行建设的，同时考虑了配套地下停车和楼宇设备用房。

10.3.2 调度大厅的标准空间原型

线路指挥中枢——调度大厅的设计涉及控制中心使用的诸多核心问题，整条线路的监控和调度将在这里实现，建筑空间的布置和室内装修将对空间的使用至关重要。通过一系列细节的设计让大厅的空间合理化，包括视线、采光、声音的吸收和控制、屏幕的高度、参观走廊一侧的处理等，使调度大厅为功能使用创造更贴合舒适的环境。

在调度大厅的建筑空间布置上，首先需要明确的是线路本身需要的大屏尺寸，以此作为确定大厅空间大小的依据。结合线路实际情况并经过调研，大屏的尺寸需要按三种方式进行设计比较，即3×6块、3×7块、3×8块，由于屏幕长度是变化的，而调度工作台的尺寸基本不变，为了使空间布置更为合理，不同大小的屏幕分别对应不同的平面布置形式，如图10-9所示。

针对长度变化的大厅屏幕要求，提供相应的空间形式，以满足工艺对调度台的三层布置格局要求，空间形式的变化可以通过对附属房间的平面调整和立面造型做出回应。在这个问题的解决过程中，大屏幕的尺寸是功能的决定性因素，为了保证总的面宽控制在原有的柱网尺寸内，空间形式可以做直线型和不同的弧线型的变化，来实现功能要求。

在空间结构上，由于调度大厅需要一个较大而完整的无柱空间，往往需要将其布置在建筑的上部楼层，大厅以上便是屋顶，可以使结构柱网更加灵活的去掉部分柱跨，仅在屋顶上使用大跨度梁来实现。

本项目通过给运营使用方的汇报，考虑到工艺的可实施性和经济性，最终采用了3×6的大屏布置方式，因而建筑空间采用直线形即可满足要求。三条线路的布置一字排开，最早使用的1号线布置在了中央，左右两侧作为后期预留使用，见图10-10。

在空间高度上，调度大厅为了满足大屏幕的使用要求，通常需要占用两层的空间。前部安装大屏，大屏后面作为屏幕安装检修空间也可布置机柜，在大厅后部二层设置参观走道，俯视整个大厅，纵览全局，可满足参观或集中调度指挥使用需求。

如此，两层通高的大厅、前部大屏及屏后检修空间，加之后部参观走道，就形成了控制中心调度大厅的标准空间原型，不同线路规模的调度大厅可在此原型基础上进行增减，并配合空间布置做直线形、弧形或圆形等，但这个标准原型维持不变。

另外，调度大厅与相应线路的设备室及辅助用房的关系上，应方便联系，工艺管线

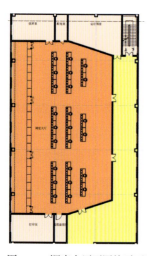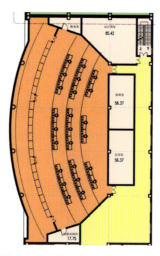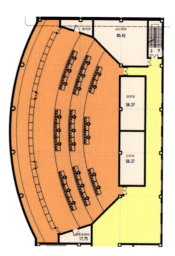

图10-9　调度大厅不同的平面布置（左3×6块，中3×7块，右3×8块）

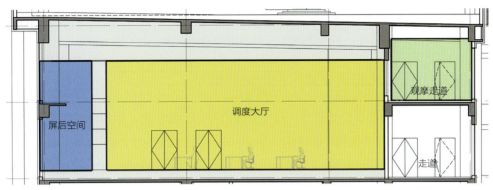

图10-10　调度大厅的空间原型（左：屏后空间，中：调度大厅，右：观摩走道）

图10-11　运营中的调度大厅

走线应就近布置并方便进线和检修。为实现工艺要求，本项目在房间布局上将三条线的设备用房布置在不同楼层（首层、二层和四层）的同一位置，通过工艺管井与调度大厅的布线间相联系（图10-11）。同时在调度大厅出入口所在的三层设置与大厅要有方便联系的ACC、TCC、调度员室及参观接待室，充分满足调度工艺和运营人员的需要。

在调度大厅室内空间的设计上，同样也遵循着为调度指挥功能服务的原则：灯光布置尽量避免出现炫光和屏幕的二次炫光；色彩以浅色为基调，简洁明快，局部加以点缀，凸显屏幕和调度指挥平台；墙面采用吸声材料，保证良好的声环境；采用区别于普通办公室的一次回风全空气空调系统，提高调度大厅内人员工作的舒适度。

控制中心调度大厅二层参观走道采用电控液晶玻璃，将液晶膜通过高温高压的方式夹层封装在透明玻璃之间，借由通电与否来控制液晶分子的排列，从而达到控制玻璃透明与不透明状态。使用时即可透明，满足了参观人员的可视性；平时不通电时为透光而不透明的状态，保证行车调度人员日常的隐蔽性。

10.3.3 内廊式建筑交通组织的空间原型

由于控制中心为多层办公建筑，因而采用内廊式交通组织，中间走道，两侧为房间，内廊整体贯通，结合内廊布置楼梯间和电梯间，综合解决竖向交通和防火疏散问题。

建筑整体采用的院落围合形式，使建筑有了一个公共的内院空间，建筑的主要出入口朝向内院，增强围合感，次要出入口朝向外围，在各个出入口处形成交通节点（图10-12）。

图10-12 首层平面图和三层平面图

北侧的运营办公楼和南侧L形调度指挥用房，在功能上是相对独立的，因此在交通组织上也各自成系统，仅在首层通过内廊连通，并设置了门禁系统。建筑内部在合理的位置设置楼梯间和电梯间，组织垂直交通。建筑的主入口门厅正对或邻近电梯厅，方便使用，其他端部结合次入口布置楼梯间，几处垂直交通的组织在通长的建筑体量中均衡布置，方便使用，并使楼梯间的设置兼顾袋形走道和两个安全口之间的房间，满足内廊式建筑的安全疏散要求，由此形成内廊式建筑交通组织的空间原型。

对于多层办公建筑来讲，房间疏散门到最近安全出口的距离，位于两个安全出口之间的应小于40m，袋形走道内的应小于22m，当设置了自动喷水灭火系统后，可以相应增加25%，即分别为50m和27.5m。建筑单体的南北两部分根据交通组织设置为不同的防火分区，楼梯间的布置满足以上距离要求。在首层，北侧的五层运营办公的楼梯间与次入口门厅形成扩大的封闭楼梯间；南侧的四层部分，楼梯间出口与直通室外的门距离小于15m，满足防火规范的相关要求。

10.3.4 以功能为导向的平面空间原型

为更好地实现控制中心的各功能，有针对性地制定了相应的建筑轴网排布方案。地下停车空间的合理性和地上房间布置充分结合，进行综合考虑。

控制中心建筑的各功能房间是有规律可循的，除了调度大厅是相对特殊的空间形式以外，其余都是与功能单元对应的单层房间，主要包括与每条线路相对应的综合设备间、综合电源室和综合网管室这样较大空间的设备房间，需要布置综合机柜和防静电架空地板；还有对应线路服务的各系统专业使用的办公室、材料室及更衣室，包括通信、信号、综合监控及AFC等，这些可以划分为各自独立的小房间；另外还有与票务和灾备相关的设备和管理用房等。

从建筑空间上，可以将以上房间按空间大小分为两类，一类是综合设备室、电源室、网管室及相关专业的设备室，这些需要较大的空间，主要放置设备机柜而人员使用频率较低，另一类是各系统专业人员使用较多的办公室、材料室、培训室及会议室，是相对较灵活的小房间（图10-13）。

建筑空间划分与以上功能分类相对应，在开间方向统一为8.4m轴距，满足地下停车一跨三辆的经济合理性要求。进深方向的建筑空间是18.6m做两跨基本均布，使结构跨度合理。地上楼层中间布置2.4m宽的走道后，南向和北向的房间一大一小，北向布置大空间的设备用房或会议室等房间，南向布置小办公室等人员常驻房间更为舒适，这样分别在开间和进深方向都对应同大同小的布置格局，使房间本身的长宽比也更合理好用。内廊式控制中心房间的平面排布基本都可以按这样的空间原型进行。

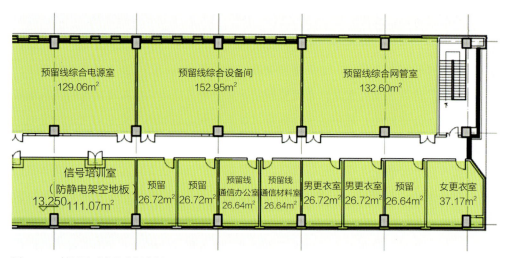

图10-13 轴网及对应的房间布置

10.3.5 建筑层高的标准空间原型

控制中心建筑的层高问题,其实也是一个共性问题,满足类似的功能需求,对应经济可行的结构形式,最终会是一个基本稳定的层高值。

本项目经过仔细探讨,调度指挥用房确定层高为4.5m,运营办公的建筑层高为4.2m,与毗邻的车辆基地综合楼进行统一。这个层高是通过对结构梁高,管线布置,吊顶空间高度以及房间的架空地板和使用净高计算得出的(图10-14)。

控制中心应具有高度的安全性和可靠性,建筑设计使用年限按轨道交通工程同期考虑为100年,因而结构主要受力构件的截面尺寸相对较大,梁高设计为1000mm,

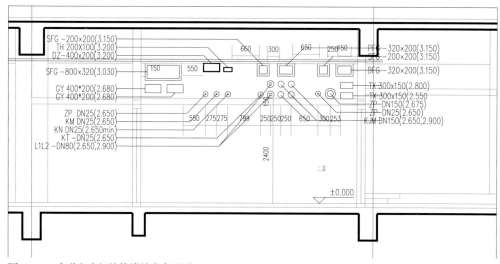

图10-14 走道和房间的管线综合布置图

建筑面层厚100mm，控制中心的工艺管线又相对较多，经过周密的排布，管线依然占用了走道吊顶内较高的空间，再加上吊顶本身的高度共占用1000mm，因而布置2.4m的走道净高就需要4.5m的层高。房间内的管线占用净高相对小些，但弱电机房均需要0.3m高的防静电架空地板，且房间净高要求至少2.8m，4.5m的层高也刚刚满足设计要求。

运营办公楼的走道吊顶内管线相对较少，且办公空间内为尽量满足2.7m的净高设计并留出设备管道的高度，因而建筑层高可以做到4.2m。

同调度大厅的标准空间原型一样，该层高的计算方案也可作为控制中心建筑层高设计的标准空间原型，满足使用要求且经济合理，上下浮动不会很大。

10.4 以细节为切入点的建筑形式设计

10.4.1 以材料为切入点的形体设计

在控制中心的形式设计上，采取了呼应其建筑功能的简洁稳重的外形，体现高效快捷的调度指挥功能属性，也符合场段用地内建筑的偏工业化形式类别和轨道交通建筑的美感。造型上通过沉稳大气而又充满亲和力的红砖塑造场所精神，通过推敲比例和尺度及细节处理塑造空间美感，创造宜人的办公环境（图10-15）。

呼应用地周边大学城多红砖建筑的风格，建筑外观采用红色劈开砖做外饰面，红

图10-15 红砖的建筑外观（左：近看，右：远观）

砖的材质肌理和色彩一以贯之，这种单一材料的全面运用使整个场所统一纯粹。这其中涉及材料的表现、劈开砖贴面工艺做法等细节设计，通过这样的材料及细节设

图10-16　按比例控制的红砖颜色及贴砖构造做法

计，形成整个控制中心及车辆基地建筑组团的标志风格。

小块材的劈开砖在整个铺满全部大体量的建筑时，如果完全只用单一颜色会显得呆板，如果颜色变化太大或太多又显得凌乱。设计铺砖时采用了深浅略有区别的四种红砖颜色，由浅到深以3∶45∶45∶7的比例配置，最终形成了目前的效果，远观时明快统一，近看时斑驳变化（图10-16）。

10.4.2　以细部构造为切入点的西立面处理

从细部构造的设计入手，解决西向房间的西晒遮挡问题，同时考虑与建筑造型的充分结合。在控制中心西侧设计了斜向突出墙体，既在造型上形成韵律变化，又能通过对光线的导向对西晒进行遮挡。景观视线上由车辆基地入口方向远远看去，这道独特的竖向斜窗格，给人进入车辆基地和控制中心留下鲜明而突出的第一印象（图10-17）。

斜格窗采用预制混凝土挂板，结构在窗间墙的位置出挑三角形悬挑板，挂板在主体结构的楼层间上下搭接固定，其中心腔体也起到隔热和保温的作用。

图10-17　西侧斜格窗的平立面和远景效果

10.4.3　以窗的细节处理为切入点的立面形式设计

建筑外窗形式及开启是建筑的细节属性，看似虽小，但关系到每一个房间的实际使用。在控制中心外窗的设计上，有成功的细节设计，也有由于对个别房间缺少仔细研究而带来的问题。

在窗户的细节设计上，进行了详细的构造节点深化，为了实现窗户的外观形式并考虑开启方式，将窗户的开启部分内凹，不开启的部分做整块方形玻璃凸出与墙体平齐，外观上通过韵律的排列显得理性而有变化。在每个窗的上缘做横向仿石涂料带和内凹横条灯带，区别于其他红砖墙面，并结合幕墙的穿插使建筑体量上较为单一的立面有了丰富的表情变化，整个建筑通过窗户的细节设计变得活跃而有序（图10-18、图10-19）。因而我们注意到，建筑的细部设计对于整体建筑形式的塑造发挥了由小见大的积极意义（图10-20）。

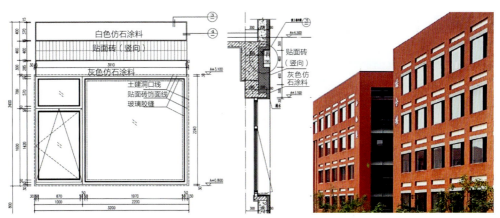

图10-18　窗的细节设计图（一）

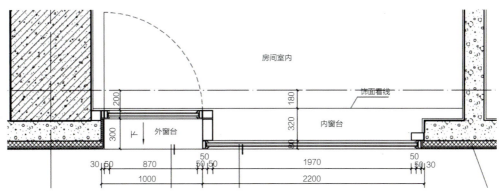

图10-19　窗的细节设计图（二）

另外，在设计实施的过程中也遇到一些窗户开启的问题，例如在部分防静电架空地板的房间，因为地板比普通地面抬高250mm，导致窗户高度小于0.8m，需要做窗户的防护栏杆，但栏杆的安装导致内平开的窗户不能完全开启。最终的解决方案是在开启扇的室外窗台处安装防护栏杆，虽然栏杆颜色处理成深色尽量减小人的辨识度，但还是稍稍影响了外观效果。

因此，对于外窗的设计应同时注重功能性、美观性、实施性和细节的具体问题，缺少对任何细微处的考量都有可能导致设计的失败。

图10-20　由窗的设计到整个建筑形式

拾壹

技术亮点与创新

▶ 创新是引领发展的第一动力。本章总结了济南轨道交通1号线工程建设中的技术亮点和创新情况，展示了设计师们在确保工程投资、工期进度的基础上，不断突破泉域地区特殊水文地质难题，建立泉域地铁建造体系和"儒风素语"建筑设计理念，形成全生命周期的1号线轨道交通绿色建造技术体系，最终实现"安全地铁、绿色地铁、智慧地铁、品质地铁"的建设理念，希望通过轨道交通发展助力实现济南"西兴"城市发展目标。本章及第拾贰章内容汇集了18家规划设计单位的智慧，希望为后续的工程建设提供一定的参考经验。

11.1 勘察

济南轨道交通1号线为济南市首条地铁线路，是泉域复杂地质条件下地铁建设的"开山之作"，工程存在以下特点：一是济南作为泉城，泉水是城市名片是最重要的文化情结，济南市为保护泉水努力了几十年，要求地下工程建设必须首先进行保泉论证；本工程首要解答工程建设是否对泉水产生影响；二是本工程结构类型众多，包括高架、路基、U形槽、地下等；涉及工法多，包括桩基础、明挖、暗挖、顶管、冻结、盾构等；三是工程地质条件复杂，穿多个地貌单元，涉及黄土、胶结卵石、风化岩、透水黏性土等特殊性岩土在内的20余种岩土层，局部存在岩溶发育；四是水文地质条件复杂，涉及潜水、承压水、岩溶水等多层地下水；五是本工程为济南市第一条地铁线路，无类似勘察及施工经验。

1号线在勘察实践过程中有以下四点技术创新：

（1）首次阐明并证实了泉城修建地铁是可行的。查明了泉水成因，进行了地铁建设适宜性评价，本项目的建成通车是一项重大突破。

在泉城修建地铁最担心的是泉水，主要为埋设的大规模轨道结构影响泉水入渗补给、"条状"轨道结构阻隔泉水径流、地下结构阻挡排泄通道、施工降排水影响泉水喷涌等几个方面。本工程改变以往保泉工作多从供水及侧重深层岩溶水角度出发的思路，从轨道交通建设的角度出发，建立全新的保泉评价研究方法。线网规划阶段针对全域开展水文地质研究，为线网敷设及适宜性做出评价；工程建设阶段针对线路本身开展更为详尽的水文地质研究，分析工程施工建设与泉水的相互影响，提出具体的地下水控制措施建议及保泉措施建议。

在线网规划阶段，采用钻探、水文调查、抽水试验、示踪试验、微动、地质雷达等15种勘探手段，查明全域范围地层结构和地下水分布特征，揭示了济南泉水的微观出露结构，查明了泉水成因，划分了泉水保护敏感区，对轨道交通建设进行了适宜性分区。

在工程建设阶段，针对本线路开展更为详细的专项水文地质勘察工作。一是采用干钻测水、水文长观孔分层监测水位及分层抽水试验等手段，详细查明地下水分布情况、水文地质参数及含水层间的水力联系；二是采用充电法、声纳测井等手段查明地下水流速流向特征，获取地下水渗流场数据；三是创新性采用注入热水法地下水调查手段，对岩溶区地下水通道、路径、流速等进行调查。

通过研究，南部山区为泉水补给涵养区，1号线远离涵养区且敷设于既有道路下方，不影响泉水补给；泉水主要径流通道为深层岩溶裂隙，在南北近500m高差作用下向北径流，1号线结构主要处于第四系地层中，局部下穿灰岩区浅埋，不影响泉水径流；线路远离泉水出露区，不影响泉水排泄。本工程提出了冻结法施工、封闭施工不降水、降水回灌等保泉技术措施并得以落实，未破坏地下水资源，实现了泉水与地铁的共融共生。

（2）本工程施工中工法众多，缺乏地区经验，根据泉域特殊地质情况，从工程阶段、工法特点、工程风险多角度出发，有针对性地采用多种勘察手段，摸索出适用于泉域特殊地质的综合性勘察技术。

以保泉为根本，指导设计施工为核心，建立"一点、两线、多层面"的勘察技术体系。"一点"即详查全线工程地质、水文地质条件；"两线"即研究评价1号线工程建设对泉水的影响和分析泉域特殊地质条件对1号线工程建设的影响；"多层面"即充分了解设计、施工、运营可能面临的风险，有效鉴别地质风险因素，开展针对性勘察：一是地下段盾构穿灰岩区存在岩溶发育，在本段有针对性地开展了岩溶专项勘察工作；二是地下水对基坑开挖影响较大，在地下车站均进行现场分层抽水实验；三是王府庄基底为厚层富水卵石，无连续隔水层，需采取封底措施，部分联络通道采用冻结法施工，地下水流速流向对上述施工效果影响大，采取投盐充电法、声纳测井法等手段查明流速流向。

（3）首次在济南开展地下隧道工程的岩溶专项勘察，通过本次岩溶勘察实践，总结出适用于济南泉域特殊地质条件下的岩溶勘察技术手段。

针对1号线王府庄站—大杨站区间盾构下穿岩溶发育区，存在盾构机栽头、卡盘、冒浆等风险，对岩溶的勘察是保证盾构顺利推进的关键。在初详勘期间，通过左右线单独布设剖面线，配合物探手段，基本查明岩溶发育特征，根据岩溶发育程度进行区段划分。在岩溶专项勘察阶段，针对岩溶中强发育区采取钻孔加密、高精度物探、抽水试验、声纳测井、注入热水法等勘察手段，结合地层数据统计分析，对岩溶发育条件、发育类型、发育规模、岩溶水发育特征、岩溶稳定性等进行了评价，提出了岩溶处理措施的建议，为岩溶处理及盾构推进提供直接的依据和指导意见。

（4）轨道交通建设涉及岩土参数多、岩土层种类多，通过本次勘察及地区经验总结，填补了济南地区关于静止侧压力系数、基床系数、热物理等参数的空白，建立了符合济南地层沉积规律并适用于线路工程的分层标准。

11.2 线路

在城市轨道交通规划和设计中，线路专业一般被称作龙头专业，选线在地铁设计中具有核心作用，既要考虑基本的技术、质量、风险、投资和可实施性因素外，又要考虑与城市的和谐共生，与城市建设及管理等非技术因素的相互衔接。线路方案的好坏直接影响工程的实施难度和工程经济性，并在一定程度上决定了工程风险和使用功能。在1号线的线路规划设计中，主要从以下几方面实现了突破：

（1）高架线路与环境协调统一，实现和谐共生的景观形象

由于城市轨道交通高架线建设成本低、工程风险小、运营维护便捷，高架线成为郊区线路主要选用的敷设方式。但高架线路容易对城市空间造成割裂，影响城市景观；轨道运行产生较大的噪声，影响周边地块的生活和办公品质；这些因素成为选择高架线路最大的难点。轨道交通高架景观涉及与周边环境和谐共生、与其他交通方式的有序衔接以及与城市总体空间构成和形态的协调统一。因此，高架线要体现城市精神风貌，延续城市发展文脉，遵循区域功能规划，贯彻景观规划思想，突出轨道的功能性、艺术性和生态性，注重造型的总体协调、结构协调和环境协调。

轨道交通高架线景观设计以协调统一为基础，强调其功能、色彩、尺度、比例的协调，与现状环境的协调，并考虑城市总体规划的总体形象，使各个视角不产生紊乱繁杂的感觉、以取得流畅和谐的视觉效果。

1号线高架段线路力争实现高架城市轨道交通与城市景观的协调，减小高架线路对城市景观和城市空间产生的不利影响，结合工研院、创新谷、大学城、腊山、济南西站等现状和规划情况，因地制宜地进行线路规划和设计，并对不利影响进行弥补和改善，从而达到优化城市空间和与城市总体景观相融合的效果（图11-1）。

（2）创新性结合海棠路道路曲线设单边鱼腹岛式车站，减少占用道路资源，提升景观效果

高架线的建设占用现状道路资源，在道路红线较宽（≥45m）、路中绿化带较好（岛式车站≥8m，侧式车站和区间≥4m）、路线顺直、交通流量不大的条件下，适宜高架线路的建设；在困难的情况下，应因地制宜地进行规划设计（图11-2）。

1号线高架线路统一采用鱼腹岛式车站形式，园博园站从客流服务角度出发，站位位于丁香路和海棠路路口北侧，站点西侧为山东交通大学，东侧为园博园。现状海棠路红线宽度50m，路中设8m绿化带，双向6车道，车流量不大，站点位于道路的曲线路段。该区段线路设计在海棠路与丁香路路口北侧加大线间距，右线采用直线，左线采用半径为1000m的曲线，设单边鱼腹岛式车站园博园站；过站后左右线采用同心圆设计

图11-1 高架线与周边环境融合

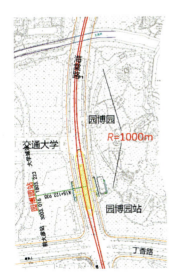

图11-2 园博园站周边现状条件

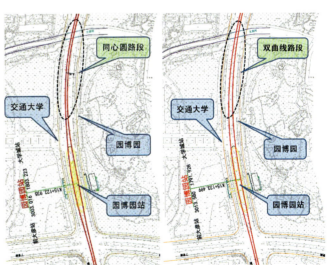

图11-3 园博园站后同心圆方案与双曲线方案对比

方案迅速并拢,采用单柱墩连续跨过交通大学东门和园博园西门后,结合现状道路曲线条件轨道交通较长曲线段采用了同心圆设计方案(图11-3)。总体区段大大减少区间桥梁对道路资源的占用、对城市景观的影响,并降低了工程造价(图11-4)。

(3)统筹考虑1号线、2号线建设时序,控制工程造价、降低工程风险、先难后

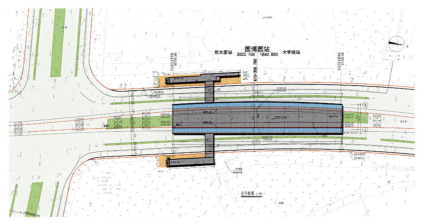

图11-4　园博园站鱼腹岛式车站设计方案

易、"零沉降"下穿运营350km/h京沪高铁

在线路规划和选线过程中，积极采用各种措施从源头上减少工程风险、降低工程投资，区间线路应考虑轨道交通技术要求及工程水文地质条件，并尽量躲避沿线重要建（构）筑物，保持合理的避让距离，避免对邻近风险源的影响。

济南城市轨道交通近期建设规划（2015—2019年）中王府庄站为1号线与远期2号线的换乘车站，两线自王府庄站向东均连续下穿京福高速、京沪高铁，1号线过京沪高铁后向北敷设，2号线垂直下穿京沪高铁后继续向东敷设，1号线距离京沪高铁工程条件苛刻且需满足最小区间半径300m的技术要求，四线穿越运营350km/h京沪高铁是本线工程中施工难度最大、协调难度最大、配合过程最长、审批最为复杂的控制性节点工程。从线网和总体角度统筹下穿京沪高铁节点工程，采用"先难后易、先下后上"原则，安全控制了工程风险，为2号线下穿预留了安全便利的工程技术条件，实现"零沉降"下穿运营京沪高铁。

济南轨道交通1号线线路出王府庄站，左、右线向东下穿京福高速公路，继续下穿京沪高铁64m主跨，转向北沿党杨路敷设。为保证与京沪高铁最小6倍桩径的净距要求，左、右线采用上下叠落方式下穿京沪高铁（图11-5）。线路右线半径为310m曲线，左线半径为300m曲线，线路区间距离京沪高铁桩基距离最近处为10.4m，区间与京沪高铁桩基的距离满足相关部门的审批要求，施工风险可控（图11-6、图11-7）。

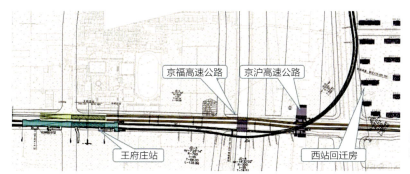

图11-5 王府庄站分期实施区间上下叠落方案

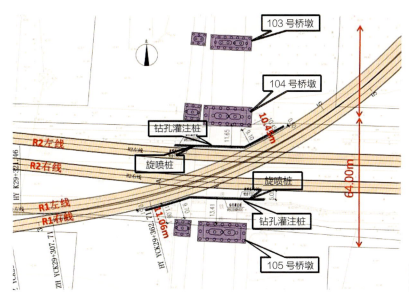

图11-6 区间结构与京沪高铁位置关系图

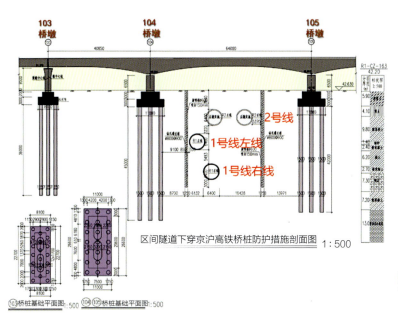

图11-7 1、2号线下穿京沪高铁位置关系图

11.3　行车运营组织

1号线是郊区线，客流效益从规划阶段、工可阶段、初设阶段一直是专家、学者讨论的焦点，但1号线的意义在于济南的开篇之作，具有一定的实验性。面对预测远期2.15万高峰小时的断面客流和以高架线路敷设为主的特征，本项目具有以下两个特点。

（1）结合客流预测，采用灵活列车编组，提高运营经济性

1号线位于城市西部新城并连接卫星城，与城市核心区轨道交通线路相比，本线总体客流效益略显不足，客流预测揭示了初期和近期高峰断面客流量不足2万人次/h的客观情况。为缓解服务水平和运能浪费之间的矛盾，1号线经专题研究，采用了初期和近期4节编组、远期扩编为6节编组的列车运用方案。在留足运能发展的前提下，初期和近期控制车辆运用数量，降低运营成本。

（2）确保运营功能需求、适度控制工程规模、充分融合城市景观的车站配线设计

车站配线是为满足线路列车运营及保养维护而设置的辅助线，为列车提供收发车、联络、安全保障、临时停车等功能服务，包括折返线、渡线、联络线、临时停车线、出入线、安全线等。在规划设计过程中，配线的设置对线路条件要求高，对工程规模和造价影响大，尤其是高架为主敷设的线路易对城市景观造成不利的影响。

1号线设计中对全线的配线设计采用系统设计理念，对不同配线的功能重要程度进行了梳理。一是对关乎全线运营能力、使用频率较高的配线如折返线、出入线，不惜工程代价创造良好的运营条件，折返站均采用双进路折返设计，出入线采用"八字线"接轨形式；二是对运营能力影响较小、使用频率较低的故障车停放线、渡线等，适度让位工程条件，选择在方便施工的位置，控制土建规模，减少对景观的影响；三是为降低配线对景观的影响，全线车站均采用鱼腹岛式车站形式，削弱了建筑体量，营造了良好的城市景观形象。

11.4　轨道

本工程正线、配线及试车线采用60kg/m钢轨、9号相离型弹性可弯曲尖轨道岔，车场线采用50kg/m钢轨、7号单开道岔。正线采用预应力混凝土长枕式整体道床，长枕设置困难的地段采用短轨枕整体道床；地下线采用DTⅢ2型扣件，高架线采用WJ-2A型扣件，中等减振地段采用压缩型减振扣件。结合现场条件，采用轨排法或架轨法施工。轨道工程具有以下特点：

（1）正线一般地段采用长枕式整体道床提高线路平顺性。本工程列车最高运行速度100km/h，高于常规地铁工程。列车运行速度的提高意味着对列车运行安全性及乘坐舒适性要求更高，因此对轨道平顺性的要求也进一步提高。本工程正线的地下、地面及高架线一般地段均采用预应力长轨枕整体道床，在控制施工精度、加快施工进度的同时，有效改善了线路的平顺性。

（2）引入CPⅢ控制网提高施工精度及车辆运行舒适性。由于城市轨道交通的轨道结构主要采用混凝土整体道床，轨道工程一次定位，调整量仅限于轨道扣件的可调量；精密控制测量的好坏起到关键作用，精密控制测量是保证地铁轨道高精度施工的重要环节。本工程采用CPⅢ控制网及轨检小车进行调轨方法进行轨道施工，以提高轨道的平顺性，降低轮轨动力作用和轨道养护维修量，提高车辆舒适性。

（3）道床优化设计。一是高架线及地下线一般地段采用长轨枕，道床中部可以形成较宽的行走平台，对于地下线采用中心水沟的过渡地段及局部设置横沟的地段，增加水沟盖板设计，保证道床面的平整，并利于人员疏散；二是地下线盾构区间采用半圆形水沟，在架轨时可以将水沟模具固定在设计位置，并实现道床的一次性浇筑，提高水沟施工精度和道床的整体性，加快施工进度。

（4）精细化设计过轨管线。正线整体道床过轨管线包括供电、信号、通信、给水排水、动力照明等专业，涉及管线种类多、规格多、技术要求多，受设备招标及施工步序影响在施工过程中可能还存在变化，并要考虑与轨道结构的断面及钢筋布置、排水沟协调等因素，使过轨管线的精细化设计变得十分复杂，在以往工程施工中，往往出现较多的错、漏、补等方面的问题。本工程在初步设计时，确定各专业过轨管线统一纳入轨道采购和预埋，施工图设计过程中，轨道专业对各专业的过轨管线提出具体要求，由各专业根据技术要求向轨道专业提供过轨管线资料，最后由轨道专业进行了全面梳理、汇总，在出图时请各专业逐项进行会签确认，避免错误及遗漏，最终以正式施工图形式提交业主及施工单位。

（5）轨道减振的动态跟踪及细化设计。减振地段和减振等级是影响轨道建设投资和运营后环境影响的重要因素，应根据线路与沿线振动敏感点的关系特点，按环境影响报告的要求进行确定。同时需跟踪各设计阶段线路平纵断面的调整、沿线规划条件的变化引起的振动及噪声敏感点增减，协同环评单位分析线路与振动及噪声敏感点之间的变化，及时调整减振地段范围，以更好地反映工程的减振需求。

由于工程实施过程中，周边环境发生较大变化，考虑到轨道减振设计的科学合理，避免工程投资的浪费，建设单位委托环评单位对本工程开展了补充环评（变更环评）的编制和评估工作。在补充环评报告编制过程中，设计单位会同建设单位、环评单位对沿线敏感点的变化进行了现场踏勘,对减振方案的变化进行了多次梳理及汇报;补充环评批复后,为轨道设计提供了充分的依据,既保证了减振设计的准确性,又减少了工程投资。

(6)细化信号转辙基坑排水设计。信号转辙基坑排水不畅是地铁工程中常见的技术难题,影响信号设备的养护维修。本项目设计过程中信号专业会同轨道、土建、给水排水等相关专业,提出了在转辙基坑下游一端设置集水坑的方案,集水坑深入结构底板,坑底距离轨面1150mm,转辙基坑最小深度410mm,并在坑底设置排水坡,坡向线路下游方向,保证积水流入集水坑内。同时在转辙基坑上游一侧设置挡水台,防止道床面积水进入转辙机基坑。

(7)优化浮置板地段密封条防火等级。浮置板两侧密封条的防火等级常规设计要求耐油、阻燃,未明确燃烧性能等级。为进一步提高地铁运营的安全性,降低火灾风险,结合其他城市的专家评审意见,本项目在设计时明确了浮置板两侧密封条的燃烧性能等级为A级,规避了工程技术和运营风险。

11.5 限界

本工程采用B2型车,高架桥梁采用预制U形梁,地下区间采用5.8m内径盾构,高架车站以鱼腹岛式车站为主,地下车站为直线岛式车站。限界设计充分考虑以上关键因素,并实现以下技术领先。

(1)高架双线U形梁疏散平台设中间扶手提高乘客疏散的便捷性。岛式车站乘客疏散平台设置于左右线的内侧,采用U形梁时一般在U形梁翼缘增设栏杆扶手以提高乘客疏散的安全性,防止乘客跌落,通常左右线翼缘均设栏杆扶手。总结国内外设计和运营经验,当扶手设置在U形梁翼缘边时,会对从车辆侧门疏散的乘客造成一定的阻碍。本项目设计时为减少扶手的阻碍,将高架双线U形梁疏散平台的扶手设置在中间,提高乘客疏散的便捷性,同时在相应地段减少了一半的扶手工程量(图11-8)。

(2)高架U形梁翼缘边疏散平台采用更加稳固可靠的固定措施。高架U形梁采用预制构件形式,其翼缘具有一定宽度的疏散通道功能,为解决预制U形梁翼缘与车辆间隙过大问题,限界配合桥梁专业在翼缘边增设100~300mm的疏散平台。为防止增设的疏散平台板受大风和振动的影响脱落引发运营事故,本项目在平台板和钢梁的连接上增强了固定措施:一是用50mm×50mm×5mm固定钢板和M10×90沉头螺钉固定两块相邻的疏散平台板,防止平台板的横向移动;二是在平台梁的端头设置横向止移钢板,防止平台板的横向移动(图11-9、图11-10)。

图11-8　高架双线U形梁地段扶手现场图

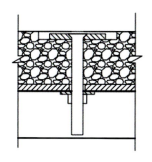 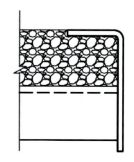 

平台梁固定处大样图　　　　　平台梁端头大样图

图11-9　高架U形梁翼缘边疏散平台梁固定大样图　　图11-10　高架U形梁翼缘边疏散平台梁固定现场图

11.6　车站建筑

1号线车站建筑设计具有以下特征：一是以高架敷设为主。高架车站共计7座，占总车站数64%。二是地下车站形式多样。4座地下车站分别为与2号线平行换乘车站王府庄站、与4号线L形换乘车站大杨站、与6号线十字形枢纽换乘车站济南西站以及一期工程终点折返站方特站。规划设计过程中，从建设标准、功能布局、城市景观、空间形态、宜行环境、绿色生态技术等方面大胆突破，并关注人文环境和细节塑造，总体而言，具有以下鲜明的特色。

（1）首次全部高架车站使用原汁原味的清水混凝土，实现了建筑、结构、装修、施工工艺、美学的融合统一，塑造了别具一格的城市轨道交通景观线。

（2）高架车站均采用鱼腹岛式车站，满足潮汐客流特征的需求，减少建筑体量和区间桥梁对城市景观的影响，增加交通建筑的速度感和连贯性。

（3）高架车站建筑总体布局集约利用土地资源，车站主体及全部设备管理用房集中布置在路中绿化带内，综合节地2.4hm^2，利用出入口天桥下方空间设自行车停放点增加便捷性，室外空调机组和室外消火栓结合路中绿化带设置减少对景观的影响。

（4）高架车站建筑内部布局充分考虑客流流线、空间感受、结构形式、便民设施等。采用倒八字楼梯上下客落点均匀，出入口双扶梯朝向主客流方向；站厅设备用房集中布置并考虑管理的便捷性，站台层不设配电室和管道井增加公共空间的通透性，地面层变电所及消防用房布局紧凑；变形缝结合楼扶梯布置设于公共区域设备区交界处减少双柱对公共空间的影响，站台层采用单跨钢结构增加站台空间的完整性，出入口天桥采用单跨钢结构形式减少结构柱对道路的影响并结合结构受力进行倒角处理增加空间趣味性；站厅公共空间设便民用房，站台层设空调候车室。

（5）注重建筑文化性塑造。全线采用"儒风素语"建筑景观设计理念，契合齐鲁大地文化并与清水混凝土技术高度统一，从站点名称、建筑风貌、装修风格、景观艺术装置、细节等方面挖掘站点历史文脉，融合现状环境，利用现代建造技术塑造具有文化传承的当代交通建筑。

（6）因地制宜、功能优先、近远期统筹，打造不同换乘形式的地下车站。王府庄站与一期建设规划中的2号线采用平行换乘形式，实现了站厅便捷换乘；大杨站与二期建设规划中的4号线受经十路原水管等管线影响采用了L形节点换乘；济南西站为与高铁站换乘枢纽站，随高铁建设已完成土建工程预留，与二期建设规划中的6号线采用十字换乘形式，共用换乘大厅，实现与高铁的便捷换乘。

（7）作为城市发展引导型地铁线路，预留充分的TOD开发条件。范村车辆基地运用库、联合检修库预留上盖开发条件并已开工建设，大杨站预留与东北角金科地块、西北角西城西进时代的结合条件，全部高架车站出入口天桥预留与周边地块的结合条件。

（8）对预埋的济南西站进行改造提升，实现了更多的人文关怀。对既有换乘大厅增设天窗，提高了大厅的视觉识别度，促进了1号线站台层、换乘大厅等与室外空间的交互；对换乘大厅（约13900m^2）室内装修进行改造提升，打破原大厅空间的沉闷感，提高旅客的舒适度；对原预埋的站台宽度14m进行再研究，每侧站台宽度增大0.6m，大大提高了站台空间的舒适度。

（9）地面附属建筑布局不拘泥于形式，更多关注空间的整合利用、环境的融合、减少对周边用地的干扰。例如王府庄站2号风亭为减少占地，将出入口、无障碍电梯、四个风口、地面便民服务等进行高度融合，减少占地；其他的风亭结合用地条件采用灵活布置形式。

（10）综合利用多种绿色建筑技术。建筑设计注重采用自然通风、自然采光，采用清水混凝土减少建筑表皮材料的浪费，全部高架车站屋顶设置光合发电系统满足车站日常用电负荷，中水回收后用以灌溉路中绿化带，采用内保温及Low-E玻璃，方特站采用预制叠合顶板等永临合一建造技术，济南西站增设天窗满足换乘大厅日常采光，车辆段按照海绵城市进行设计。

11.7 车站装修

本工程车站装修和建筑融为一体，在"儒风素语"的指导理念下，装修主要采用了清水混凝土形式，在国内别具一格，和齐鲁文化高度呼应，在济南西站通过开设天窗打通室内装修与室外环境之间的联系，并注重室外广场和微环境的塑造。

（1）清水混凝土室内装修技术在高架车站和地下车站中的应用。

在高架车站设计中，全部高架车站建筑均采用了清水混凝土结构，是国内首条大面积采用清水混凝土结构的地铁线路，具有重大的借鉴意义。清水混凝土结构表面不附带表层装饰，使站内设备管线、结构构造裸露出来，整体车站"素颜"以示天下，给车站公共区的装修设计及施工带来了极大的挑战。

在车站的设计创作过程中，广泛调研了清水混凝土相关的案例、文献，找出清水混凝土车站设计过程中的关键。首先是墙、柱面清水混凝土没有表层装饰，导致很多设备如墙柱面带电疏散、消火栓等无法安装；其次天花吊顶面积裸露，复杂的设备管线如何处理；最后是车站整体采用清水混凝土，车站的结构形式及构造裸露是否美观。在设计创作过程中，建设单位主管工程师及总体单位数次组织各专业设计协调、配合，采用地面、天花带电疏散联动的形式代替墙柱面的带电疏散系统，解决了站内的疏散导流问题；清水混凝土车站装修设计中管线进行整合集中，并局部采用金属网板等半通透的材料对综合管线进行遮挡，对结构受力构件进行美化设计，倒角、纵横梁平齐，更加体现清水混凝土空间的力量感与美感，另外通过局部调和整体车站的色彩效果，逐渐形成了完整的室内装修设计方案，并顺利通过审查。

在地下车站设计中，为更好贯穿"儒风素语"整体理念，王府庄站、大杨站和方特站也采用清水混凝土技术进行设计。王府庄站延续高架站的装修风格，除裸露清水结构柱外，公共空间采用与高架类似的弧形灯具进行装饰，以追求与高架车站的过渡与衔接；大杨站裸露结构柱，并裸露大部分吊顶进行喷黑处理，追求工业感与清水风；方特站是地下车站较为特色的车站，与高架站一样，结构工程采用了预支叠合结构顶板，跨度为1.2m，行列式布局，减少了满堂支吊架，节约成本的同时加快施工工期，装修设计中充分暴露结构顶板，同高架站同样两侧集中布置管线，充分展现结构施工技术的创新，结构净空达4.9m，实现了地下车站结构美与装修的高度统一。

（2）济南西站对既有大厅进行改造提升，增设天窗设计使换乘大厅更具灵魂。

济南西站换乘枢纽大厅建筑面积约13900m^2，装修后净空3.6m，梁下净空4.4m，并于2011年完成大厅的装修投入使用，与本工程及规划的轨道交通6号线工程共用换乘大厅。既有大厅空间较大，灯光略显昏暗，空间高度较低，压抑感较强。

根据功能需要，需对1号线的地面敷设线槽、AFC闸机，吊顶大量改造进行轨道交通相关广播、导向标识、摄像头等光线的布置。需要处理好既有大厅与新增功能之间的矛盾，通过对既有大厅进行踏勘，调阅原始设计图纸和竣工图纸，并走访了建设管理单位，对既有大厅进行了评估。评估认为，从顶板材料来看，顶板中方形顶板为自攻螺丝安装方式，若要复用，则拆卸效率很低且难以保障拆后板的质量；吊顶板材经一次安装后普遍变形，条形顶板尤为严重，二次拆装后如重复利用其变形必将更加严重；条形板材多数已开孔，复装时难以保证对位安装。在照明灯具方面，多数灯具面板颜色已经发黄，部分灯具基本可用，多数需要安排专人逐个清理，新购补充的灯具会与既有灯具产生较大的温差。在管线及连接构件方面，吊杆与龙骨多数已经产生锈蚀，拆除后重复利用难度较大；吊顶内设备材料如消防管、部分灯具与电缆桥架可利用或部分可利用。综合评估分析后，决定对大厅统一用蜂窝铝条板替换既有条板，替换原有灯具，在保证既有管线不动的条件下增加轨道交通相关管线。装修改造后，提升了换乘大厅的空间品质，改善了原有大厅昏暗的体验感。

根据总体统筹规划，济南西站在既有大厅中跨两侧开设天窗，直径15.6m，以"泉涌荷韵"理念打造契合人文精神、符合泉城文化、融合交通流线的城市景观节点，并结合了夜景照明和水景设计，为地下空间争取到更多的自然光线，并可实现光线直达地下三层站台层。室内装修设计时充分呼应泉与水的概念，结合花瓣形钢结构形式，铝板衔接位置用铝板呼应荷花花瓣造型，并通过水炮技术解决喷淋问题。自然光线的引入，实现视线与景观的贯通，为地下空间带来了非同寻常的体验感，成为泉城地铁面向对外交通枢纽最重要的窗口。

（3）设备区装修取消走廊吊顶和部分房间吊顶，符合总体设计理念，增加维护的便利性。为更好契合本线设计理念，除建筑外装修和公共区装修采用清水混凝土形式外，在设备区也尽可能采用裸装的形式，经过认真研讨后，除管理人员房间、车站控制室、信号设备室外，走廊、其他设备房间等均取消了吊顶，与整体风格保持了高度一致，并增加了后期维护的便利性。

（4）站前广场设计结合本线特色，体现传统文化并与车站主体设计相融合，引入海绵城市理念采用透水铺装并与地面交通接驳充分衔接，道路绿化恢复结合现状及道路性质合理选择植物品种，营造道路景观特色。

11.8 导向标识

导向标识是乘客识别信息最重要的要素，在规划中首先编制了《济南市轨道交通客运服务标识设计导则》，并在此基础上开展了线路的导向标识设计。

（1）制定了济南导向标识设计的基本标准。按照规划要求，导向牌采用黑底黄字（后续线路进行了细化，采用了白进黄出的字体颜色），图形符号符合国家标准，对导向牌高度、宽度、字间距等进行了详细的推敲，制定了与装修和运营的接口，点位选择符合人流流线，版面信息进行精细化设计，站外司标具有标识标志性，并设300m、500m范围的导引牌。

（2）高架车站站台采用龙门架形式，实现导向标识与视频监控的功能整合。高架车站站台可采用悬挂式或龙门架形式，受建筑高度影响，采用悬挂式时吊杆长度约4m，在风力的作用下摆幅较大，严重影响视频监控画面的稳定性，同时景观效果较差；采用龙门架形式可方便地在站台板落地生根，利用结构立柱便捷的布置管线，同时与视频监控功能进行整合，稳定性强，建筑尺度比例协调（图11-11）。

图11-11 高架站站台龙门架

11.9 管线综合

高架车站采用清水混凝土技术对管线综合提出了更高的要求，设备管理用房区域采用裸装形式有利于后期管线的维护维修，全线安装过程中综合运用了BIM技术减少了管线的交叉碰撞。

（1）清水混凝土车站高效整合设备管线，提升装修效果。高架车站采用原汁原味的清水混凝土形式，尽可能减少设备管线对空间的破坏，装修采用穿孔

图11-12　管线安装后车站公共区效果

金属网对管线进行一定的遮蔽，并要求尽可能减少空间的占用（图11-12）。在设计中站厅公共区利用综合支吊架高效整合动力照明、通信、信号、消防等管线，确保了装修风格的完整性。

（2）高架车站岛式站台端部取消电缆井，管线过轨后沿结构柱到达站台顶部装修层。高架岛式车站一般在端部设配电室和电缆井，通过电缆井管线抵达站台顶部装修层，本项目为增加站台端部的通透性，减少管线井对顶部空间的割裂，管线进入站台板夹层后过轨，沿围护结构钢立柱侧面到达站台顶部装修层，实现了建筑空间的纯粹性。

（3）清水混凝土技术下的管线设计创新。一是利用清水混凝土建造过程中的对拉螺栓孔布置照明管线；二是利用高架车站站台板下敷设管线，对烟感管线进行了预留预埋，确保了清水混凝土梁窝的纯粹性；三是室外照明管线利用站厅层面层敷设并进行了预留，确保了建筑外观的统一性；四是采用虹吸雨水技术减少排水管的数量，并在室内进行敷设，减少了雨水管线对清水效果的干扰。

11.10 高架车站结构

1号线全线标准站为双柱"桥建组合"鱼腹岛式车站，车站全部采用清水混凝土，本线车站具有以下技术领先：

（1）本线所有高架标准站均采用清水混凝土，开创了国内首条全线高架结构采用清水混凝土的先例。为实现所有公共空间可视范围均为清水混凝土的景观要求，不

仅结构的梁板柱等受力构件采用清水混凝土，外墙等围护结构也采用清水混凝土。墙体与结构梁板柱如何连接成为本线设计的难题之一，若采用外墙结构与梁板柱采用刚性连接形成整体，会造成站厅层纵向刚度过大，形成结构设计中极不合理的"头重脚轻"的结构形式，抗震概念不合理。为解决此连接问题，设计中针对墙体与梁板柱的连接采用了不同的处理模式，底部与结构梁采用刚接形式，侧面与结构柱之间以及顶面与结构梁之间结合了明缝的铰接形式，大大削弱了墙体纵向刚度，避免了站厅层刚度过大而造成刚度不合理的情况（图11-13）。由于外墙底部与边梁刚接使边梁受力改变，本设计中采用通用有限元软件进行建模分析，根据实际边梁受力进行配筋。

（2）建筑、景观与结构紧密配合，实现了"变废为宝"，巧妙地利用了结构封锚端的多余段。双柱车站站厅层横梁为悬挑结构，采用预应力结构，并结合实际施工步序进行分批张拉。但预应力封锚端与上柱结构存在冲突问题，在本项目中将横梁外挑，封锚端避开上柱钢筋。在以往项目中，封锚端突出200~300mm对景观形成不利的影响。在本线设计中，景观和建筑专业针对封锚端的外挑混凝土进行单独设计，巧妙地设计成带有儒家韵味并与屋顶天花图案呼应的端头灯，成为车站的一大亮点（图11-14）。

（3）车站出入口采用大跨度梁柱结构，减少中间设置立柱，提升景观效果，并结合清水混凝土吊墙进行设计，在出入口结构设计中别树一帜（图11-15）。混凝土吊墙从构造处理上设置诱导缝，解决大体积混凝土的变形问题。

图11-13 站厅层、站台层围护墙与结构连接

图11-14 站厅层盖梁封锚端点缀上"别具一格"的灯具

图11-15 采用门形柱，结合清水混凝土吊墙的出入口天桥

11.11 区间桥梁

桥梁主要采用预制U形梁，标准跨30m，全线共966片预制梁，采用圆柱形、T形墩宝石型盖梁，节点处采用连续山形梁，跨京台高速节点处采用80m+130m+80m挂篮悬臂浇筑法施工。主要技术亮点有：

（1）采用综合性能优良的U形梁高架系统。

一是上部结构采用预制U形梁，下部结构采用锥形曲面墩帽T形墩，上下部外形统一、美观。墩柱截面采用圆形；宝石形盖梁造型进行了曲线处理，并在盖梁底部四个角增加曲面的细节，使整个造型更加轻巧、柔美，且与U形梁侧面的弧线更加协调；盖梁底部以曲线变化，视觉效果更佳，提升了整体景观效果。内腹板上缘兼作疏散平台，优化接触网立柱置于桥梁中间，最大程度减小接触网对城市景观的影响。

二是U形梁综合性能更高。预制U形梁建筑高度低比箱型梁建筑高度低1.5m有利于上跨路口，改善纵断面技术参数，优化车辆运行条件，节能同时降低运营成本；U形梁腹板结构具有阻隔轮轨噪声的作用，相当于1.5m高的声屏障，没有列车震动引起的箱梁体内的混响噪声，在降低噪声的同时大幅度降低了高架线的综合造价；U形梁结构受力需要的主梁上翼缘可兼作检修及乘客紧急疏散通道，下部空间可布置通信、信号、电力、照明等管线，具有突出的节能效果；U形梁两侧腹板可防止脱轨车辆倾覆下落，给行车安全提供了可靠的保证，且舒适性、平稳性和安全性均满足规范要求。

（2）高架段除标准U形梁外，主要节点桥采用与U形梁匹配的方案，全面解决了U形梁在长大区间、复杂节点下的应用问题。在岛式车站站后跨路口处首次应用了30m+45m+30m单线连续U形梁；在跨越主要路口处采用30m+45m+30m与30m+48m+30m现浇连续山形梁，解决了U形梁跨越40m道路红线宽度的问题，连续山形梁在边支点与标准U形梁高度一致，避免了箱梁与标准U形梁连接处的错台，景观优势明显；连续山形梁跨中高度小，整体外形与U形梁一致，保持了与全线景观的高度一致性。

（3）通过对预制U形梁混凝土配合比、纤维对混凝土性能影响、混凝土水化热、预应力效应、荷载试验、长期监测数据、锚下混凝土裂缝控制等方面的研究，本工程有效控制了U形梁早期混凝土收缩裂缝、锚下混凝土裂缝及运营期结构裂缝，形成了轨道交通预制U形梁全寿命期裂缝控制技术。

（4）通过对U形梁温度场的长期观测，揭示了U形梁翼缘顶面、腹板及底板温度场分布规律，建立了适合U形梁的竖向温度梯度模式，为U形梁温度效应计算提供了可靠依据。

（5）跨北大沙河节点桥采用预制35m简支U形梁，架桥机架设施工，为目前国内已建成通车跨度最大的预制简支U形梁结构。使标准U形梁的最大跨度突破30m，拓展了预制U形梁适用范围。同时经过合理设计，优化了35m预制U形梁的设计重量，满足架桥机架设重量，保证了全线桥梁运架设备的标准化。

11.12 地下车站结构

济南轨道交通1号线地下车站主体结构设计使用年限100年，抗震设防烈度7度，人防按照6级设防，防化等级丁级，防水等级I级。除济南西站为预埋车站外，其他3座车站王府庄站、大杨站、方特站均为明挖法施工车站。王府庄站为双层双（三）跨箱型框架结构，围护结构采用ϕ1000套管咬合钻孔灌注桩+内支撑形式，大杨站为双层三跨箱型框架结构，围护结构采用ϕ1000@1400钻孔桩+ϕ800@450旋喷桩形式，方特站为双层双（三）跨箱型框架结构，围护结构采用700×700@1500预制桩+ϕ1100@750搅拌桩形式。在车站的设计过程中，主要有以下技术创新和工程亮点：

（1）积极响应绿色低碳号召，方特站采用预制+永临结合新工艺。方特站采用明挖法施工，为推广产业化在地铁站中的应用，将方特站作为新工法试点车站，采用了预制围护结构与永久结构侧墙相结合、顶板采用预制与现浇相结合（预制预应力与现浇相结合）、临时预制立柱与永久结构柱结合（图11-16）。三项新型技术顺利在方特站实现，为预制构件在地下空间的应用研究积累了宝贵经验。

一是预制围护结构与永久结构侧墙相结合。方特站车站采用明挖法施工，基坑围护桩采用预制复合桩。桩采用机械成孔后孔内灌注水泥土浆液，然后在孔内插入混凝土预制方桩，水泥土浆液硬化后成桩，形成地铁车站基坑围护桩。预制复合桩设置钢筋接驳器，后期与车站主体侧墙相连接，桩在基坑开挖阶段充当围护结构，主体施工后桩与主体侧墙连接，充当主体结构的一部分，实现桩墙结合。

该技术具有以下三个特点。首先是采用"桩墙结合"的理念，在方桩一侧预埋接驳器，后期与车站主体侧墙连接兼作主体结构，进而减少主体侧墙厚度。其次是大尺寸预制复合桩

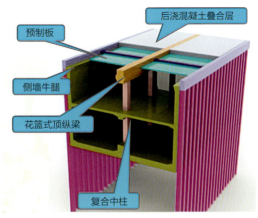

图11-16 方特站新工法示意图

周围包裹水泥土浆液,可消耗现场土方,减少外运量;水泥土浆液可提前制备,搅拌更为均匀,较高压旋喷桩作为止水帷幕构造,稳定可靠。最后是围护结构使用预制方桩,在预制工厂内进行预制,具有生产效率高,基本不受外界环境影响,方便存储等优点。

该结构形式在国内尚属首次,尚无任何经验可借鉴。预制桩设计桩长为28～32m,运输超限,施工中采用两节预制桩,在现场进行接桩,通过设计了一种专用快速接桩用桩接头,保证现场接桩顺利进行(图11-17)。

二是永临结合叠合顶板(预制预应力顶板与现浇相结合)。传统地铁车站施工中,车站基坑的第一道横支撑常采用钢筋混凝土支撑,钢筋混凝土支撑为临时结构,在车站顶板施工完成后废弃拆除,造成浪费。另外,传统地铁车站顶板一般为现浇钢筋混凝土,需要搭设脚手架及模板,绑扎钢筋后浇筑,费时费力。

方特站车站顶板,创新的采用了叠合顶板施工工艺,将车站顶板分为预制板与现浇层两部分,并通过优化结构,降低第一道钢筋混凝土支撑的标高,将第一道支撑作为车站顶板的一部分予以保留,避免了废弃工程的产生。预制板在施工阶段作为临时模板,上部后浇混凝土形成叠合构件作为永久结构顶板。预制板一侧搭在花篮式顶纵梁,另一侧搭在侧墙牛腿上(图11-18)。

该技术具有以下五个特点。首先是将装配式建筑理念带入地铁车站,将车站顶板构件在工厂内预制完成后现场安装,推动了预制构件产业化在地铁工程施工中的应用。其次是减少现场混凝土浇筑数量,施工产生的振动、噪声、粉尘等公害也得到了最大限度的降低。再次是减少了满堂脚手架、车站用模板等周转材料的使用,减少了脚手架搭拆、模板安装工序,大大降低了施工现场的劳动强度。还有就是车站预制顶板可在工厂提前预制,工程进度快、干扰因素少、有利于文明施工、节约了大量资源。最后是叠合顶板构造利用第一道混凝土支撑作为车站顶板一部分,减少了废弃工

图11-17 快速机械接头

图11-18 负一负二层顶板对比

程的产生，节材效果明显。

三是临时立柱与永久结构柱结合。将围护结构施工阶段的临时构件格构柱与永久阶段结构柱相结合，临时格构柱外包混凝土形成永久结构柱，减少了废弃工程的产生，节材效果明显。施工阶段方柱尺寸为0.4m×0.4m，在工厂提前预制，工程进度快、干扰因素少、有利于文明施工、节约了大量资源（图11-19～图11-21）。

（2）济南地区首次使用套管咬合桩技术。套管咬合灌注桩具有以下优点：一是采用超前钢套管护壁，无需泥浆，绿色环保，对渗透系数大的卵石地层能减少跑浆、漏浆风险；二是能有效防止孔内流砂、涌泥，成桩质量高，起到有效止水的作用，无需加设另外的隔水帷幕层；三是成功解决了常规工法在泥浆难以护壁的强渗透高富水卵石层中无法钻进成桩，止水效果差的难题（图11-22）。

（3）济南地区首次使用顶管法，探索了交通流量大、管线密集条件下出入口通道的施工工法。大杨站D出入口位于党杨路与经十路交口路东，由于经十路为东西向主干道，交通量巨大；经十西路周边主要管线有雨水、污水、天然气、给水、电力、通信、交通等重要市政管线。横跨车站D出入口通道上方的通信、燃气（DN400）、给水（DN1400、1600）、污水（DN500）、电力管廊（300×300）、电信（1000×300）等重要管线，埋深约0.91～2.63m，地下管线较多、无法

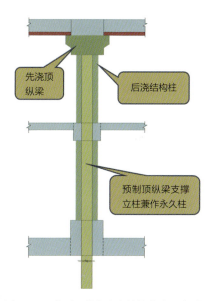

图11-19 临时立柱与永久结构结合示意图

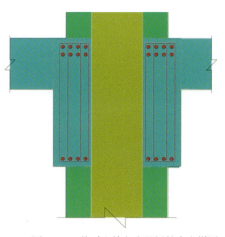

图11-20 临时立柱与中纵梁结合大样图

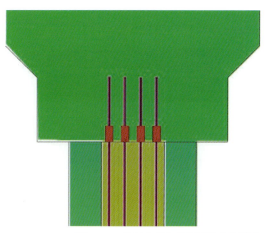

图11-21 临时立柱与横纵梁结合大样图

图11-22　基坑现场开挖照片

改迁、沉降标准控制严格（图11-23、图11-24）；经多方案比选后，车站D出入口下穿经十路采用顶管施工法进行施工，为后期沿经十路敷设的轨道交通线路出入口通道的施工积累了实践经验（图11-25）。

顶管顶进采用多刀盘土压平衡顶管机，其基本原理是电机通过安装在隔舱板上的减速器驱动、旋转刀盘，刀盘切削掌子面并将切削下来的泥土在泥土仓内进行土体

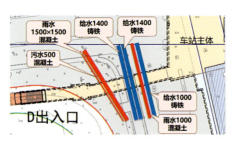

图11-23　出入口平面图

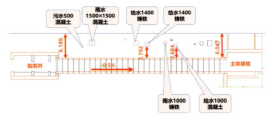

图11-24　出入口纵断面图

图11-25　顶管施工图

改良形成塑性体泥团,通过螺旋出土器控制排土量来平衡土压力和地下水压力。顶管机下部设有螺旋输送机的喂料口,切削下来的土体通过螺旋输送机排出。由于前壳体被隔舱板隔离成前面的土压仓和后面的动力仓两部分,地下水无法渗透进来,所以多刀盘土压平衡顶管机可在高地下水位以下进行顶管施工有效控制地面沉降(图11-26、图11-27)。

车站D出入口设计采用管片顶管法,外包尺寸为6900mm×4200mm矩形顶管,内部净空尺寸为6000mm×3300mm,壁厚为450mm,管节为整环结构,单节管长为1.5m,重约35.8t。采用强度C50混凝土预制,抗渗等级为P8。顶管工艺在济南尚属首次使用,可有效控制地表沉降并避免管线改迁,为附属顶管穿越重要道路及管线积累了经验。

图11-26 顶管始发

图11-27 顶管后注浆

11.13 区间隧道结构

地下区间除过渡段采用明挖法施工外,其他均采用盾构法施工。综合考虑盾构加固、调线调坡、不良地质沉降等因素,结合国内外经验,采用了内径5.8m、管片厚度0.3m的盾构管片。地下区间总长9.8km,穿越了京沪普铁、京沪高铁、京台高速等,侧穿了腊山河桥、济南西站匝道桥等,工程地质复杂,地下水丰富,风险源多,本项目主要解决了以下技术难题。

(1)盾构区间大埋深、小半径曲线、左右线叠落等多重工况下下穿运营时速高达350km/h的京沪高铁。王府庄站—大杨站区间隧道下穿京沪高铁是1号线重大风险源,结合建设规划审批变化情况、京沪高铁对接情况、工程地质勘察情况等,研究了四个方案，分别是王府庄站同期实施300m曲线半径方案、王府庄站分期实施300m曲线半径方案、王府庄站分期实施250m曲线半径方案、王府庄站分期实施300m曲线半径叠落方案，对各方案进行多因素比选，前后汇报方案次数多达百次，最终确定采用王府庄站分期实施300m曲线半径叠落方案。左线隧道覆土厚度28.3m，右线隧道覆土19.2m，左右线最小净距仅3.2m。通过与产权单位京沪高铁公司、运营管理单位济南铁路局多次对接，确定1mm沉降变形控制标准，施工难度极大。

经过多轮专家研究论证，提出处理措施如下。一是合理安排盾构推进顺序，先掘进1号线隧道左线（下方隧道）、后掘进1号线隧道右线（上方隧道）。为了减少对土体的扰动，左、右线盾构始发时间间隔1个月或者间距达到100m以上。二是在下穿京沪高铁前，施工方应做好施工组织方案，建立盾构试验段，总结合理掘进参数，保证同步注浆及二次补强注浆的质量，确保高速铁路运营安全及盾构顺利通过。三是在盾构隧道与京沪高铁之间打设ϕ800@1000mm隔离桩保护方案，并采取地面袖阀管注浆措施处理富水卵石层中隔离桩桩间空隙，减少盾构掘进过程中地下水损失，进而降低地层沉降。四是为了减少盾构隧道自身施工风险，采取了管片增设注浆孔特殊设计，对左右线隧道之间夹层进行注浆加固，同时上部隧道施工过程中在下部隧道架设临时钢支撑。五是盾构施工过程中做好管片背后同步注浆和二次补强注浆，对注浆质量进行及时检测，必要时进行多次补强注浆。六是为了保证监测精度，引进全自动化监测系统，对京沪高铁进行24h全时程监测，根据监测结果动态调整盾构机掘进参数。

通过采取上述各种技术手段，最终将350km/h运营京沪高铁变形控制在0.3mm以内，基本实现"零沉降"，保证了京沪高铁安全（图11-28～图11-30）。

（2）盾构区间小净距下穿京台高速公路桥梁桩基。受临近京沪高铁桥桩影响和控制，王府庄站—大杨站区间左线隧道下穿京台高速公路桥梁，右线隧道下穿京台高速公路路基。京台高速公路桥为预应力混凝土简支空心板桥，每跨13.0m，全长52.44m，桥宽35.5m；下部采用柱式墩台，桥墩直径为1.2m，基础采用钻孔灌注桩，盖梁厚度为1.1m。左线隧道覆土厚度20.31m，主要穿越卵石层，上覆土层自上而下杂填土、黄土和粉质黏土；右线隧道覆土厚度19.05m，主要穿越粉质黏土和卵石层，上覆土层自上而下分别为杂填土和黄土。其中左线隧道位于桥梁桩基底部，距离桩基3.33m，水平投影距离仅0.85m；且隧道穿越卵石层，施工扰动大，高速公路重载汽车较多，施工过程中桩基极易产生变形。通过计算分析，提出对左线盾构隧道洞身及隧道与桩间地层、桩下局部地层及隧道上下各3m土层进行地面袖阀管注浆加固，同时采取了地面钢支撑支顶应急预案。

主要采取的技术措施有以下几个方面。一是合理安排盾构推进顺序，先掘进1号线

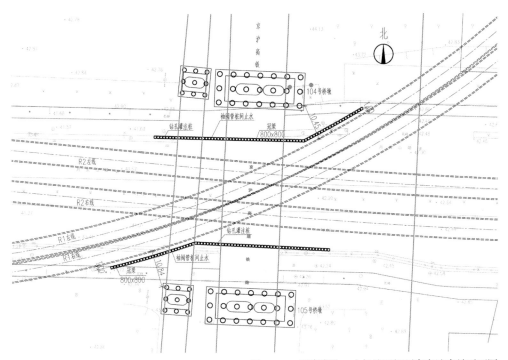

图11-28　王府庄站—大杨站区间下穿京沪高铁平面图

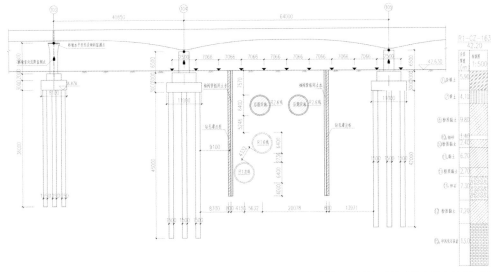

图11-29　王府庄站—大杨站区间下穿京沪高铁剖面图

(a) 洞内深孔注浆　　(b) 先行隧道内支撑
(c) 管线挖探　　(d) 隔离桩施做　　(e) 机器人测试
图11-30　现场实施照片

隧道左线（下方隧道）、后掘进1号线隧道右线（上方隧道）。为了减少对土体的扰动，左、右线盾构始发时间间隔1个月或者间距达到100m以上。二是在下穿京台高速前，施工方应做好施工组织方案，建立盾构试验段，总结合理掘进参数，保证同步注浆及二次补强注浆的质量，确保京台高速运营安全及盾构顺利通过。三是在区间隧道左线与桥桩之间预先采用袖阀管进行地面注浆来减少盾构开挖对桥桩影响，加固区域为盾构隧道上下各3m，左右加固至桥梁桩基外侧2.0m。四是盾构施工过程中做好管片背后同步注浆和二次补强注浆，对注浆质量进行及时检测，必要时进行多次补强注浆。五是做好应急预案，在左线隧道穿越桥梁下方钢支撑支顶，一旦桥梁变形超标，立即启动应急预案。六是盾构施工过程中，进行系统、全面的跟踪测量，实行信息化施工。根据监测结果及时调整盾构的掘进施工参数，或验证选择施工参数的合理性，保持盾构开挖掌子面稳定，减少地层损失，保证地下水位基本不变。

通过监测可知，京台高速公路桥梁最终沉降变形值仅为3.1mm，实施效果较好，保证了京台高速的运营安全（图11-31～图11-33）。

（3）盾构区间下穿济西硬岩溶洞群。王府庄站—大杨站区间出区间风井后分别需

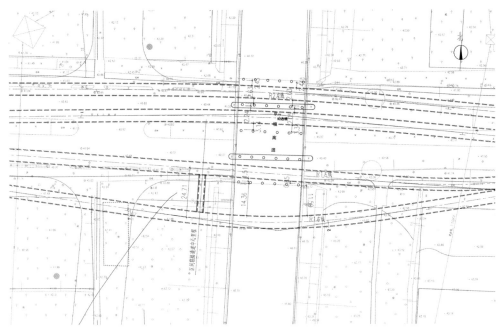

图11-31　王府庄站—大杨站区间下穿京台高速平面图

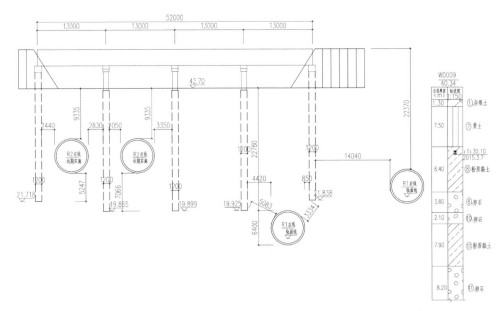

图11-32　王府庄站—大杨站区间下穿京台高速剖面图

（a）袖阀管注浆　　　　　　　　　　　（b）应急支顶措施

图11-33　现场实施照片

穿越两处基岩凸起段，共计约1600m。经过地质勘察存在大量溶洞，探明的总数有129个，最高洞高达13.2m，穿越的中风化灰岩强度高达112MPa。长距离穿越高强灰岩突水溶洞群施工，施工风险大、难度高、技术含量要求高。盾构机施工穿越该类型地层过程中极易出现盾构机栽头、换刀塌方等风险，复杂环境下多次带压换刀风险极大。方案经过反复研究论证后，提出盾构穿越前溶洞地表注浆处理、施工过程中管片背后注浆及岩溶水强排处理、换刀过程中采取"衡盾泥"等技术措施，保证了穿岩段施工安全。

针对王府庄站—大杨站区间盾构穿越土岩交界面、高强度富水灰岩段及灰岩岩溶区三个方面所存在的风险进行分析（图11-34），合理做好盾构选型，通过工程类比法并结合工程实际提出相应处理措施。采取全土压掘进模式、合理的掘进参数及渣土改良等手段控制土岩交界面上方管线及地表变形；穿越高强度强富水灰岩段，为防止掘进过程中产生"喷涌"现象，采取了盾构半敞开式掘进模式、洞内补偿注浆封堵后

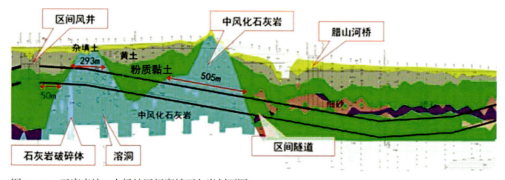

图11-34　王府庄站—大杨站区间穿越石灰岩剖面图

方来水、地表注射聚氨酯和做好渣土改良等措施；针对高强度硬岩，通过合理选用刀具、控制盾构掘进参数减少刀具的磨损和破坏（图11-35）。穿越石灰岩岩溶区，针对溶洞的大小、与隧道相对位置关系和充填类型采取地面袖阀管注浆预处理并结合管片预留孔进行注浆处理（图11-36）。通过采取上述综合技术措施，保证了盾构机在高强度富水灰岩上浮段的顺利掘进，破解了高强度强富水石灰岩岩溶区这一济南特殊复地质杂条件中盾构施工技术难题。

（4）盾构法区间下穿京沪铁路水屯站框架桥。玉符河站—王府庄站区间盾构隧道下穿京沪铁路框架桥涵。框架桥建于2010年，为矩形框架结构，孔跨布置为10.5m+15.0m+15.0m+10.5m，全桥采用D型施工便梁架空线路，便梁下支墩为钢筋混凝土挖孔桩加盖梁和钢木支墩，盾构区间直径为6.4m，区间隧道主要处于粉质黏土层，上覆土层为杂填土和黄土。左线下穿框架桥涵，右线下穿京沪铁路路基段，路基段共有8股道线路，左线区间结构距离铁路桥框架涵结构底板净距为7.0～7.7m，右线区间结构拱顶埋深16.8m；框架涵施工完成后遗留于箱涵底部的挖孔桩桩长约10m，区间结构距离挖孔桩最近距离约0.47m。由于挖孔桩只是框架涵施工时临时措施，所以该桩对盾构区间施工不起控制作用。按照风险工程分级标准，此处定为Ⅰ级环境风险工程。盾构区间下穿框架箱涵时采用地面袖阀管注浆新工艺、对铁路营业线进行限速、建立盾构试验段，根据试验段实测数据，优化各项掘进参数及配合全自动监测系统。成功解决了在济南铁路局首例下穿邻近重要铁路路基控制沉降量的技术难题，同时也保证了盾构安全、顺利地通过（图11-37～图11-39）。

图11-35 盾构换刀开仓揭露石灰岩中输水通道

图11-36 现场溶洞地表注浆实物照

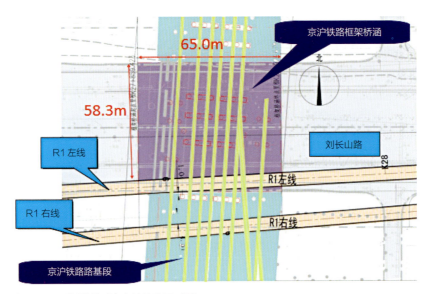

图11-37 区间隧道下穿京沪铁路平面图

图11-38 京沪铁路路基地表袖阀管注浆

图11-39 京沪铁路实物图

（5）盾构法区间侧穿新建联络线桥桩。入地点—王府庄站区间盾构隧道侧穿新建铁路联络线桥桩。隧道侧穿新建铁路联络线处桥跨形式为32m+48m+48m+32m连续梁桥，摩擦型桩基础，桩径1.25m，隧道主要穿越粉质黏土层及卵石层，右线隧道拱顶覆土厚度10.87m，左线隧道拱顶覆土厚度10.55m，隧道外缘距桥桩最小水平净距为2.89m，按照风险工程分级标准，此处定为Ⅰ级环境风险工程。如何保证盾构安全顺利通过且控制桥桩的沉降是本区间的重点难题。隧道侧穿桥桩时采用地面袖阀管注浆新工艺、对铁路营业线进行限速、建立盾构试验段，根据试验段实测数据，优化各项掘进参数、保证同步注浆及二次注浆质量、配合全自动监测系统。顺利解决了在济南铁路局首例下穿邻近重要铁路路基、桥桩控制沉降量的技术难题，同时也保证了盾构安全、平稳地通过（图11-40）。

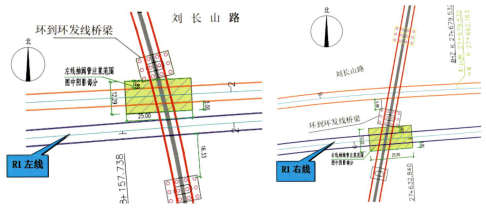

图11-40　区间隧道侧穿新建联络线桥桩平面图

11.14　人防

图11-41　新型人防双扇防护密闭门

地下区段共4站4区间,除高架地下过渡段区间及预埋济南西站外均按6级人防进行设防,共划分人防防护单元三个。一是王府庄站防护单元,防护单元范围从王府庄站小里程端区间防护密闭隔断门起,到大杨站小里程端区间防护密闭隔断门止。二是大杨站防护单元,防护单元范围为从大杨站小里程端区间防护密闭隔断门起,到济南西站小里程端区间防护密闭隔断门止。三是方特站防护单元,防护单元范围为从济南西站小里程端区间防护密闭隔断门起,到方特站小里程端区间防护密闭隔断门止。在人防工程的设计及实施过程中,1号线主要采用以下两项新技术。

（1）研制设计了新型人防双扇防护密闭门。济南轨道交通1号线采用了新型大跨防护密闭隔断门,此门为国内首次采用。此防护门可在不切断汇流排的情况下完成对人防防护区间的隔绝密闭,保证空袭过后能迅速恢复线路供电,保证车辆运行。在王府庄站出入段线防护段,采用了4.5m宽的大跨双扇防护密闭门（图11-41）,此门是为1号线专门设计,保证了行车限界要求,同样可在不切断汇流排的情况下完成对人防防护区间的隔绝密闭。

（2）针对特殊枢纽换乘站点设计，做了探索性的尝试，并为日后线路的同类站点的设计制定了最低设防原则。济南西站土建部分均已施工完成，且现场未预留人防防护设备施工条件，若针对该站进行人防改造，将会对车站的主体结构及车站使用功能造成较大的不利影响。针对无法继续完成济南西站的人防设防的情况，在济南西站大小里程端分别设计了出入段线防护密闭门和密闭门，这些人防门可实现快速无损转换，最大限度地保证了济南轨道交通1号线在战时通行的顺畅，保留了战时运输线路的完整。此方式通过了专家论证，并通过了人防主管部门的批复。同时，人防主管部门及专家提出，后期实施线路的同类站点，其大型交通枢纽站的设防原则应尽量满足全站设防，确无条件达到设防条件的，应保证站台层设防的最低设防原则。

11.15 车辆基地

全线在中部设范村车辆基地，在工研院站西侧预留了停车场条件。车辆基地采用八字线接轨于赵营站，预留了上盖开发和全自动驾驶土建条件，场段定位包含第一期建设规划三条线的大架修及本线的定修、临修等，与控制中心共址建设，采用院落式围合布局，并包含运营公司和培训中心等功能用房。其主要技术特点有：

（1）场段土建工程按全自动无人驾驶条件进行预留设计。随着人工智能技术的发展，城市轨道交通车辆全自动无人驾驶技术在全球日渐升温，它可有效地提高列车发车频率，使列车始终保持最佳的安全性能，进而提高乘客的舒适感。北京、上海等城市轨道交通系统都引入了全自动无人驾驶技术，并且有多条新线按照全自动无人驾驶建设。为适应全自动无人驾驶新技术的需要，范村车辆段适时进行调整，设计预留全自动驾驶的土建条件，股道线路按全自动运行区和人工驾驶区分开布置，且线路长度满足全自动无人驾驶信号系统对安全防护距离的要求。

（2）预留上盖物业开发。地铁车辆基地一般占地面积较大，在城市土地日益紧张的今天，利用车辆基地上部空间进行物业开发，可提高城市土地利用价值，减少城市伤疤，弥补轨道建设运营亏损。范村车辆基地设计经过整体开发、部分开发和不开发等多轮次、多方案的技术经济比较后，采用了部分开发方案，即检修主厂房、运用库的上部进行物业开发，上盖平台及其基础同车辆基地土建工程一并实施，车辆基地停车列检规模按照系统规模一次建成，减少总体投资和后期建设对地铁运营的影响（图11-42）。

（3）独具匠心的外立面设计。车辆基地建筑立面主色调结合大学城片区的主色

图11-42 预留上盖部分效果图及实景照片

调,采用砖红色,体现了地铁建筑的古朴,彰显了地铁悠久的历史。立面设计遵循功能、结构与立面性统一的原则,利用凹凸的手法,使建筑更具层次感,简洁统一中又不失细节,整个建筑简约、美观、时尚,充分体现了车辆基地的主要功能特征(图11-43、图11-44)。

图11-43 外立面设计效果图

图11-44 外立面实景照片

（4）洗车线流程通畅便捷高效。结合全自动无人驾驶条件，洗车库采用八字线设置于运用库及入段线一侧，方便列车入段洗车及出入库作业，并可实现段内车辆双向洗车，增加了洗车作业的便利性，提高了洗车效率。

（5）景观设计及古树的保护。场段设计中全面分析总图需求，结合建筑特点和流线组织精心进行景观设计，从行道树、入口广场、停车与景观的结合、自行车棚、运动场地、中心广场等进行全面的考虑。入口广场结合绿化设置一个济南地铁岩心纪念芯柱，铭记泉城地铁第一根桩的历史；中心广场结合水景对称布置，布置便利休憩空间；结合四百多年古槐树进行建筑对景布置，景观设计中设置花池将古树进行围护，利用木栈道在古树周边形成一处下沉式木景观平台，使人能近距离观赏古树，同时将对古树的影响降低到最小，在南侧台阶处设置花池等（图11-45、图11-46）。

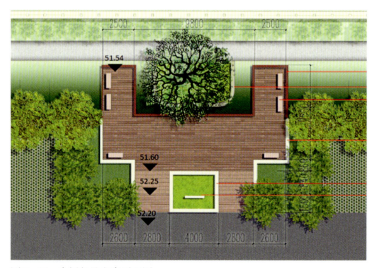

图11-45　古树保护方案平面图

图11-46　古树保护方案效果图及建成实景照片

（6）绿色建造技术的应用。例如综合楼和控制中心屋面进行屋顶绿化改善办公环境，并设置太阳能系统；采用一级能耗设备并提高自控能力减少运营维护；设雨水回收装置进行节能减排；充分利用自然光线并采用智能照明系统。

11.16　控制中心

控制中心与范村车辆基地共址建设，并与运营公司、培训中心、综合楼等空间组合，形成院落式布局。控制中心是负责行车调度、电力调度、防灾指挥、客运管理及调度指挥的中枢，具备防灾和应急指挥的功能。调度大厅包含3条线路，为1号线和2号线并预留一条线路接入的条件。

（1）远近结合，合理分配控制大厅规模和设备布置。调度大厅容量为3条线OCC，结合建筑条件及分期实施原则，调度大厅按区进行预留便于接入，调度大厅按照三层布置格局考虑，分别为显示层（大屏）、操作层（OCC各级调度）和指挥层（总调）。调度区域的划分采用按线路集中布置方式。调度大厅与相关线路设备室及辅助用房的关系上，应方便联系，工艺管线走线应就近并方便，因而在房间布局上将三条线的设备用房布置在楼层的同一位置，通过工艺管井与调度大厅联系，在大厅所在的三层设置与大厅需要方便联系的ACC、TCC、调度员室及参观接待室。

控制中枢——调度大厅的设计涉及控制中心的一些核心问题，工艺的监控和调度将在这里实现，建筑空间的布置和室内装修将对空间的使用产生很大的影响，通过一系列细节的设计让大厅的空间合理化，包括视线、采光、声音的吸收和控制、屏幕的高度、参观走廊一侧的处理等，经过细节设计调度大厅为功能使用创造了舒适的工作环境。

（2）院落式建筑布局，塑造积极向上的人居环境。控制中心与车辆基地综合楼共同围合布局，形成了车辆基地场前区的中心院落空间。这个设计思路对场段办公区环境的塑造上是积极的，结合院落中的绿化设施，几个建筑出入口的布置，院落围合的形式充分让阳光和风渗透进来，人在院落环境中的活动是享受和有关照的。建筑空间通过有效的围合阻隔了场段车辆环境的杂乱而让自然元素得以体现和放大，创造了舒适的人居环境。同时，在四层控制中心的屋面设置屋顶绿化，为运营办公人员使用，充分利用屋顶空间，为办公人员服务。

（3）建筑布局实现功能与形式的统一。轴网排布通过研究与地下停车和地上房间布置充分结合，进行综合考虑。建筑在面宽方向统一8.4m的轴跨，满足地下停车的经济合理性；进深方向建筑空间在轴跨上是18.6m，地上楼层中间布置2.4m宽的走道后，南向和北向的房间一大一小，北侧布置大空间的设备用房和会议室等房间，南侧布置小办公室等人员房间，分别在进深方向也对应一大一小的合理布置方式，使房间的长宽比合理化。建筑内的交通组织与疏散通过两侧房间中间走道的方式，在合理的位置设置楼梯间和电梯间，组织垂直交通。运营办公楼的主出入口门厅正对电梯厅，方便使用，两侧布置楼梯间，三处垂直交通的组织在狭长的建筑体量中平均布置，可合理利用，并满足安全疏散。

（4）精细化建筑造型设计。建筑造型的设计之初就展开充分的研究，考虑既契合实际功能的需要，又体现场段内建筑的特点，同时体现轨道交通建筑的美感，创造宜人的办公环境。结合大学城片区整体基调和建筑的文化属性，建筑外观采用劈开砖的方式，用红砖的材质肌理和色彩一以贯之，场所属性统一纯粹。这其中涉及材料的表现、构造做法、小块材和大体量建筑造型的关系等诸多技术处理手段，最终形成场段建筑的标志属性。为更好解决西晒问题，考虑遮阳系统与建筑造型充分结合，在控制中心西侧和综合楼东侧设计了斜向突出，既在造型上形成韵律变化，又能通过对光线的导向对西晒问题起到一定的缓解作用，由车辆段入口方向远远地就可以看到这道独特的竖向斜窗格，对人们进入车辆基地和控制中心形成鲜明而突出的第一印象。

（5）综合选用性价比更高的建筑材料。混凝土选用较高强度C40，有效地优化了结构尺寸，同时又利于控制中心满足结构设计使用年限100年的设计要求；钢筋选用三级钢，能充分降低整体结构的用钢量，满足绿色建筑的要求。

（6）控制中心内的B级设备机房采用风冷型精密空调系统，此系统采用大风量、小焓差的送风方式，能够有效地消除设备机柜的高发热量，并且风冷型精密空调结合轨道交通近远期建设特点，可实现分期建设，分期实施，避免前期设备投资多、设备闲置及设备更新换代等问题。

（7）控制中心设置的自动喷水灭火系统包含湿式系统和预作用系统，普通房间由湿式系统保护，部分严禁管道漏水严禁误喷的房间内设置预作用系统，本系统能保证在火灾时自动启动、自动灭火，在火灾初期就可进行扑救，灭火效率高，可有效减小火灾事故损失。

（8）控制中心内应急照明及疏散指示采用EPS集中供电方式。该种应急照明系统可靠性高，使用寿命长，维护与管理方便，应急灯本身不带电源，正常照明电源故障时，由专用集中式EPS应急电源供电，供电灵活，可满足各种用电负载的需求。

（9）BAS系统由BAS主机、智能控制器、现场传感器及执行器等组成。系统采用控制层和管理层两层网络结构，服务器、操作站、网络通信设备等通过管理层网络相联。本工程的建筑设备监控系统主机置于综合楼，可实现对全楼的空调机组、新风机组、送排风设备、污水泵、智能照明等设备的时间自动控制或人工集中手动控制，对电梯进行监视。此系统构架方式节约设备成本，同时也能保证运行的安全可靠性。

11.17　供电系统

城市轨道交通供电系统是城市轨道交通中重要机电设备系统之一，它担负着为电动列车和各种运营设备提供电能的重要任务。济南轨道交通1号线作为济南市首条地铁线路，具有线网引领作用，牵引供电系统中牵引网制式本着严谨、全网角度考虑确定为DC1500V架空接触网，秉承"绿色地铁、智慧地铁"的设计理念，采用多项创新技术：

（1）采用绿色节能产品非晶合金变压器。非晶合金变压器应用（图11-47），可以有效降低系统损耗中的变压器空载损耗。车站动力负荷大小与车站机电设备工况有关，一般配电变压器都按照车站机电

图11-47　非晶合金变压器

设备最大工况进行容量选择，然而实际情况是车站运营的一天里有很大一部分时间的动力照明负荷率较低，空载损耗尤为突出，造成整个系统损耗率较高。采用非晶合金变压器更适合于轨道交通运行工况，可以更好地降低空载损耗，对配电设备的可靠运行、能源和运行费用的节约都是有利的。

济南轨道交通1号线供电系统全线配电变压器采用非晶合金变压器，变压器的空载损耗与铁结构、磁通密度和铁质量有关，非晶合金变压器的空载损耗较S11系列变压器的空载损耗下降了65%，大大降低了空载损耗，具有很好的节能效果（表11-1）。

不同型号变压器能耗对比表 表 11-1

变压器容量（kVA）	315		630		1000		1600	
变压器类型	非晶合金变压器	S11系列变压器	非晶合金变压器	S11系列变压器	非晶合金变压器	S11系列变压器	非晶合金变压器	S11系列变压器
空载损耗（W）	280	790	420	1150	550	1590	760	2160
负载损耗（W）	3030	3460	5200	5950	7100	8100	10240	11000

以轨道交通优惠用电约0.65元/kWh计，以1号线主要变压器容量为例，非晶合金变压器与S11系列变压器相比，运行一年数据如表11-2所示。

各型号变压器年节省电费和费用表 表 11-2

变压器容量（kVA）	节能（kWh）	电价（元/kWh）	节省电费元
315	7292.7		4740
630	11322.3	0.65	7359
1000	15680.4		10192
1600	17257.2		11217

通过核算，非晶合金变压器约10年就可收回当前购买非晶合金变压器多付出的成本，后20年则可尽享减少损耗带来的经济效率（表11-3）。

变压器全寿命周期节省电费和费用表 表 11-3

一年节省电（万kWh）	一年节省电费（万元）	周期	30年节省电（万kWh）	30年节省电费（万元）
40.46	26.3	30年	1213.7	789

济南轨道交通1号线为全国首条全线应用35kV非晶合金配电变压器工程。

（2）设置再生制动能量吸收装置，降低牵引能耗，实现节能减排。随着科技进步及全社会环保节能意识的增强，"在变电所设置再生电能吸收装置，提高列车再生制动的效率，以减少运营电能即降低运营成本，同时减少大气污染"的设计理念，在国内外的轨道交通建设运营中已经越来越受到重视。

列车在制动时，动能转换为电能，变电所内加装再生能量回馈装置后，可以将此部分电能经过逆变、变压后输送到中压35kV侧，供本站或邻站内用电设备使用，以达到节能效果。目前再生制动逆变装置在全国地铁的应用越来越多，北京、广州、天津、重庆、郑州、青岛等地铁已大面积使用。济南轨道交通1号线供电系统正线每座牵引混合变电所设置再生能量吸收装置一套，全线合计9套（图11-48、图11-49）。

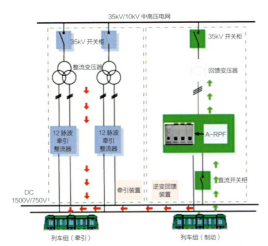

图11-48　再生能量回收系统示意图　　　　图11-49　再生能量装置房间

济南轨道交通1号线结合线路、车辆、行车资料等资料为基础进行计算，初、近、远期每年可节省电能分别约为642.3万kWh、750万kWh、1071.4万kWh，优惠后电价暂按0.65元/kWh，折算电费设备全寿命周期（15年）内可节省8426万元（表11-4）。

设备全寿命周期内节省电能和资金　　　　表11-4

单位	初期（2022年）	近期（2029年）	远期（2044年）	合计
周期（年）	2	7	6	15
节省电能（万kWh）	1285	5250	6428	12963
节省费用（万元）	835	3413	4178	8426

济南轨道交通1号线为全国首条全线采用收益分享合同的项目，投标人通过节能收益分享模式得到回报，实现双方的共赢。

（3）弓网关系是城市轨道交通牵引供电系统最重要的关键环节之一，在电客车安装弓网在线监测装置，有效解决弓网关系问题，减少运营检修维护工作量和弓网损耗。实现对地铁供电线路进行全方位、全天候的监测工作，做到及时预防故障和有效地指导维护作业,达到节省天窗时间、节省大量人力、物力。

近几年随着轨道交通的快速发展,各地运营需求日益迫切,但对接触网在线监测装置持着保守和疑惑的态度,各地运营也只是在接触网检测车或作业车上逐步开始设置接触网在线监测装置,但由于供电车间接触网检测车是在无电状态下进行作业,无法进行燃弧检测,且运营客车与供电车间的检测车的转向架不同,为了更好地测量出接触网与受电弓的实际运营工况,济南轨道交通1号线在综合检测车上设置无燃弧检测功能的接触网在线监测装置一套,同时在两辆运营客车各设置一套接触网在线监测装置,保证两辆运营客车天天上线运营,对数据进行对比,验证数据准确性。

接触网动态在线检测装置由车外与车内两部分设备组成:车内设备主要包括数据分析处理模块及周边设备等(图11-50),设置在驾驶室或者车厢内座位下。车外设备包括车顶和车底,车顶设备包括接触网几何参数检测模块、弓网燃弧检测模块和接触网及零部件高清成像检测模块(图11-51);车底设备包括综合定位模块、综合振动补偿模块。

弓网在线监测装置对接触网状态进行实时监测,及时检测出接触网的拉出值、导线高度、燃弧等缺陷,起到预防故障,有的放矢地维护处理,为接触网检修后的动态复核提供指导依据(图11-52、图11-53)。

图11-50　车内设备

图11-51　车顶接触网动态在线检测装置

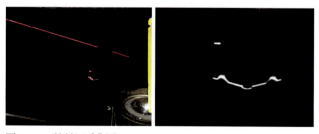

图11-52　接触网采集图

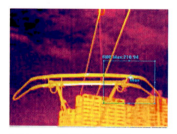

图11-53　紫外燃弧检测图

（4）设置供电安全管理系统，采用电子化、网络化技术手段对接地线进行科学规范管理，防止接地线的误挂、漏挂、误拆、漏拆，作为轨道交通运营部门管理和服务的辅助工具，提高轨道交通服务水平及运营安全。

供电运行安全生产管理系统包含两票管理、智能接地管理、设备巡检管理，系统设备分布在OCC、各变电所、变电巡检工区、接触网检修班组等各个地点，实现变电检修班组、接触网检修班组对供电系统的运行进行安全管理（图11-54~图11-57）。

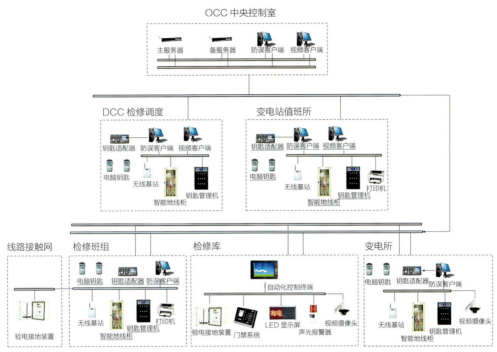

图11-54 供电安全管理系统构成图

图11-55 供电安全管理屏、地线管理柜、可视化接地装置

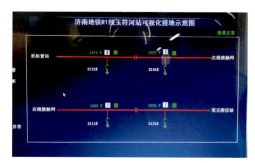

图11-56 站级可视化界面

图11-57 中心级可视化界面

11.18 暖通空调

济南轨道交通1号线有高架车站和地下车站两种形式，针对不同车站形式，采用不同通风空调方式，满足人员舒适性、设备用房工艺要求及火灾工况人员安全疏散，并为消防救援人员提供安全救援环境。1号线在暖通空调设计过程中的创新从高架车站和地下车站两方面分别阐述。

一是高架车站充分利用自然通风，消防方案优先采用自然排烟；设备用房根据工艺要求设置通风空调系统，管理用房根据人员舒适性要求设置通风空调系统，高架车站通风空调方案主要有以下六点设计亮点和创新。

（1）站厅及站台公共区设置与周围大气环境相通的固定式玻璃百叶窗，利用自然通风消除余热和余湿，不仅简化了通风与空调系统达到降低造价的目的，还减少了能源消耗、降低了运行费用。

（2）重要设备房间在过渡季、冬季外界环境温度低于室内设计温度时通过单独设置的送、排风机来消除房间的余热、余湿，以达到"免费供冷"、降低运行能耗的目的。

（3）变配电房间全年通过机械排风自然进风的方式排除房间内余热，排风机可根据设于房间内的温度传感器控制风机启停，节约运行能耗。

（4）重要设备房间内设置两套多联分体空调系统，每套系统室外机按照总冷负荷的60%选型，用于空调季节供冷并互为备用。按60%负荷设计两套系统既能互为备用提高系统可靠性、保障电气设备的正常运行，又能在部分负荷的情况下仅运行一套设备以便节约运行能耗。

（5）在人员房间内设置二氧化碳浓度监测装置，通过室内二氧化碳浓度控制新风机启停，该措施不仅能为工作人员创造一个健康的空气环境而且能通过自动控制技术节约运行能耗。

（6）新风系统设置中效静电过滤器，相比传统管道式过滤器，静电除尘器有处理风量大、设备阻力小、过滤效率高、捕集能力强（能捕集100μm以下不同粒径的尘粒）等优点。本项目路中鱼腹岛式高架车站周围空气环境比较差，为了给工作人员提供一个舒适健康的空气环境，非常适合采用中效静电过滤器对新风进行净化。

二是地下车站根据系统划分，设置有隧道通风系统、车站轨行区排热系统、公共区通风空调系统、设备用房通风空调系统、水系统以及重要设备用房备用冷源系统；地下车站冷源均采用分站设置方案。总体而言，1号线地下车站通风空调设计方案主要有以下两点鲜明特色。

（1）蒸发冷凝技术在1号线地下车站的应用。济南1号线地下车站经多次专家论证和方案评审，确定3个地下车站冷源采用蒸发冷凝冷水机组，蒸发冷凝技术是一种节能、节水、节约占地的高效冷源方案。

蒸发冷凝技术，就是在机组工作时冷却水由水泵送至冷凝管组上部喷嘴，均匀地喷淋在冷凝排管外表面，形成一层很薄的水膜，高温汽态制冷剂由冷凝排管组上部进入，被管外的冷却水吸收热量冷凝成液体从下部流出，吸收热量的水一部分蒸发为水蒸气，其余落在下部集水盘内，供水泵循环使用，风机强迫空气以3～5m/s的速度掠过冷凝排管促使水膜蒸发，强化冷凝管外放热，并使吸热后的水滴在下落的进程中被空气冷却，蒸发的水蒸气随从空气被风机排出，未被蒸发的水滴被脱水器阻挡住落回水盘。

蒸发式冷凝冷水机组将冷却塔和冷凝器合二为一，取消了冷却水与冷冻水之间能量传递的损失，冷凝效率提高。在节能方面，每kW冷量需要的冷凝风量约为110～160m³/h，相当于传统冷却塔所需风量的1/2；综合压缩机、冷却泵、风扇COP约为4.2，系统能效比常规水冷机组节能15%以上，比一般风冷机组节能35%以上。在节水方面，单位kW冷量循环水量为10～12m³/h，相当于水冷冷凝器所需水量的1/2；冷却水泵扬程为5m，相当于传统水冷冷凝水泵扬程的1/4。在节地方面，可以减小站内冷冻机房面积约100m²，节约土建造价每个站约100万元；蒸发冷凝机组相较于室外冷却塔占地面积小，更有利于室外景观和规划。

（2）可调通风型站台门系统的应用。结合济南地区夏热冬冷的气候特点，综合分析通风空调系统能耗，从节约通风空调系统运行能耗，提出在站台门门体上部设置开闭式转换装置，即可调通风型站台门系统方案。

通过对转换装置的控制，可实现各种不同工况下的节能运行模式，达到全年节能的目的。在空调季节关闭电动转换装置，按屏蔽门系统模式运行，非空调季节开启电动转换装置，按安全门系统运行，关闭车站公共区机械通风系统，利用列车运行产生的活塞风对车站进行通风换气，兼取两种系统之长，以实现全年节能运行。

对于任一系统模式的运行模拟，其基本准则是：在满足地铁环境相关空气质量标准及卫生标准的前提下，在不同的时段皆以最经济的方式运行设备，力图不同系统模式的全年运行能耗为最低。

11.19 给水排水及消防

作为济南首条地铁线路，在设计过程中采用了很多新工艺、新设备，形成了具有泉城特色的轨道交通工程，给水排水及消防专业的设计有以下几点技术亮点。

（1）高架车站采用屋面虹吸雨水系统，减少对清水混凝土立面的影响。相对常规的屋面重力流排水方案，虹吸雨水系统管径小，排水量大，立管少，对建筑立面和空间影响较小。由于高架站主体均为清水混凝土，对外观及立面要求较高，而重力流方案不可避免在外立面设置较多的雨水立管，对车站的整体美观造成很大影响。

（2）为响应海绵城市建设规划，并满足绿色建筑和LEED评价标准的要求，高架车站除设置常规给水排水和消防系统外，增设室外雨水回收利用装置。雨水经处理后可达到《城市污水再生利用—城市杂用水水质》的水质要求，可用于道路浇洒及绿化。雨水回收利用符合济南市节水政策、节能减排的社会趋势和海绵城市建设理念，可以有效节约水资源，降低面源污染，具有良好的社会效益和环境效益。

（3）车站采用多种节水措施。车站给水系统优先利用市政水压直供，卫生间均采用节水器具。其中大学城站卫生器具选用4.0L单冲蹲便器、1.9升节水小便器，拖布池水龙头选用1.9升节水龙头，洗脸盆选用1.9L/min低流量自动感应水龙头，可满足LEED认证的要求。在地下车站总引入管、蒸发冷凝器和冷却塔的补水段增加远传水表，在卫生间设置普通水表，实现相关节能、计量、远传等功能。数据记录采样周期为3min，数据至少要被保存6个月。

11.20 动力照明

济南轨道交通1号线作为济南首条轨道交通，动力照明专业积极跟踪国内新技术，结合行业热点，采用多项创新，打造绿色、智慧地铁。

（1）设置智能照明控制系统，有效实现灯具的照明控制和亮度调节，节约能源。

本项目采用智能照明控制系统实现灯具控制（图11-58）。车站智能照明控制系统由彩色触摸屏、调光控制模块、开关控制模块、照度传感器、电源供应器等组成，其功能是实现地铁车站内的站厅站台公共区照明（图11-59）、出入口照明的可调光控制和导向照明、地徽照明、广告照明、区间照明的开关控制，在保证地铁各种照明设备安全、连续正常使用的前提下，实现节能减排。智能照明控制系统通过前段照度传感器采集亮度信息，通过控制主机分析亮度信息并发出控制命令，利用调光控制模块或开关控制模块实现灯具的调光或开闭。

通过智能照明系统控制，可以实现：一是实现控制多样化。从时间维度界定，智能照明控制系统可实现定时自动控制和实时网络控制。从空间维度界定，智能照明控制系统可实现分区控制和全域控制。智能照明控制系统可根据时间和区域灵活预定控制方案，做到自动化智能化，车站照明可实现按时开关，按区开关。智能照明控制系统接入BAS系统，工作人员在车辆控制室可通过BAS系统实时对灯具进行分区控制或配电回路控制，做到个性化控制。二是实现灯具节能智能化。鉴于地铁车站常年运行的工作特点，做好灯具降耗尤为重要。智能照明控制系统可根据光线传感器实时感受自然光线强弱，进而调整灯具亮度，做到节能智能化、节能最大化。此外，智能照明控制系统可实现自动化管控灯具，大大节约了人力成本。

（2）采用分布式光伏光电技术，节能减排。分布式光伏发电由多个并网发电单元构成，每个并网发电单元由光伏电池组件、逆变器、并网柜等组成（图11-60）。光伏并网发电单元的电池组件采用串并联的方式组成多个太阳能电池阵列，光伏组件接

图11-58 智能照明控制系统示意图

图11-59 公共区环形灯

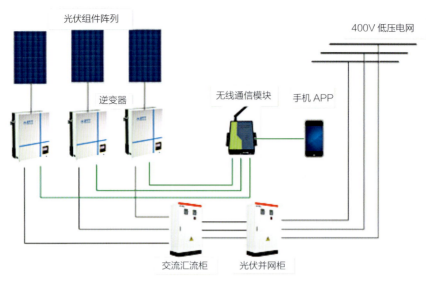

图11-60 光伏发电系统构成示意图

入逆变器,将直流电逆变为380V交流电后接入交流并网柜,最终接入至各站变压器。电能的消纳方式为"自发自用、余电上网"。分布式光伏发电可高效利用空闲场地,减少煤炭消耗、废气和粉尘排放,对于促进节能减排、打造低碳城市有着积极的推动作用。

济南轨道交通1号线在7个高架车站及范村车辆基地设置分布式光伏发电系统。在高架车站及建筑物屋顶设置钢结构,安装光伏面板组件,在车站及建筑物内设置光伏控制设备,在0.4kV变电所内设置光伏组柜,采用模块化设计、各站点集中并网(图11-61、图11-62)。

本工程装机总容量为940.5kWp,经测算25年年平均发电量为110万kWh,同燃煤火

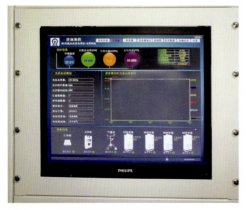

图11-61 玉符河站光伏控制界面

图11-62 高架站光伏组件安装图

电站相比，按标煤煤耗为3300g/kWh计，25年可为国家节约标准煤10158.10t。相应每年可减少多种有害气体和废气排放，其中25年共减少SO_2排放量约为846.51t；NO_X的排放量约为423.25t；碳粉尘的排放量约为7675.01t；温室气体CO_2的排放量约为28132.30t。

（3）采用LED照明灯具节约能源。LED照明灯具是LED灯具的统称，是指能透光、分配和改变LED光源光分布的器具，包括LED光源、电源变换器、用于固定和保护LED光源所需的全部零部件以及与电源连接所必需的线路附件等。LED照明灯具的核心是LED光源，LED（Light Emitting Diode）即发光二极管，是一种固态的半导体器件，它可以直接将电能转化为可见光。目前，LED照明灯具具有灵活多变的灯具造型，如平板灯、线性灯带、筒灯、造型灯等，可满足各种装修效果的需要（图11-63、图11-64）。

本项目所使用灯具均为LED灯具。相对于传统荧光灯照明模式，在保证相同亮度的前提下，LED照明灯具实现节能50%左右，且LED光源相比与荧光灯光源使用寿命更长、维修费用更低。此外，LED照明灯具采用直流驱动、没有频闪、没有辐射污染、显色性高并且具有很强的发光方向性。其调光性能好，色温变化时不会产生视觉误差，冷光源发热量低，既能提供令人舒适的光照空间，又能很好地满足人的生理健康需求，是保护视力并且绿色环保的健康光源。

（4）设置区间智能疏散指示系统。地铁地下区间具有距离长、封闭性高等特点，如何做好区间疏散工作就显得尤为重要。本项目采用了区间智能疏散指示系统，区间智能疏散指示系统可根据人员位置情况，在火灾时对人员疏散进行智能引导，系统主要由智能疏散控制主机、智能疏散分配电装置、集中控制型疏散标志灯以及连接线缆组成。

智能疏散控制主机通过智能疏散分配电装置连接区间集中控制型疏散标志灯具回

图11-63 站台层LED灯具安装图

图11-64 站厅层LED灯具安装图

路，车站级设置的控制主机的管辖范围为车站及相邻的半个区间。智能疏散控制主机柜内含主机UPS应急电源；智能疏散分配电装置不含应急电源，其应急电源由车站内的EPS提供（图11-65、图11-66）。

对于长大区间隧道，传输距离不满足主机控制要求时，通过增加智能疏散分配电装置，采用中继设备的方式实现信号传输、辅助供电的要求，疏散指示系统区间中继设备与控制主机之间通过控制电缆或光纤连接。区间集中控制型疏散标志灯具分为集中控制型双向标志灯和集中控制型安全出口标志灯两种。在地铁区间隧道疏散平台侧（内侧）设置集中控制型双向标志灯，区间联络通道入口门上方设置集中控制型安全出口标志灯。

（5）精简优化配电系统及用电房间设计。以往项目高架车站在站厅和站台均设置照明配电室，车站站厅站台照明配电室内均设置配电箱。本项目只在站厅层设置一处照明配电室节省了车站空间；站厅站台设备在站厅层配电室内置配电箱集中供电，精简了供电系统结构，减少了0.4kV开关柜馈出回路数量。

高架区间照明灯具配电采用车站内照明总箱直接送电至各灯具方案，区间不设置照明分箱，减少了配电级数，增加了照明供电系统可靠性，减少了后期运营维护工作量。

图11-65　区间智能疏散分配电安装安装图

图11-66　区间联络通道疏散指示安装图

11.21　通信系统

城市轨道交通线工程通信系统包括专用通信系统、民用通信引入系统、公安通信系统。

专用通信系统是直接为轨道交通运营、管理提供服务，保证列车安全、快速、高效运行的一种不可缺少的通信系统；为地铁的相关业务构成传送语音、文字、数据和图像等各种信息的综合业务通信网。民用通信引入系统的主要功能是满足各运营商公共无线信号在轨道交通内的延伸及覆盖，覆盖范围包括每个车站的公共区域和地下区间，确保乘客能享受到与地面一样的移动电话服务。公安通信系统为地铁公安部门日常工作的开展提供便利，当地铁发生突发事件时，为公安部门提供一个安全、可靠、灵活的现代化通信手段，使其能够对事件进行及时处理，并可快速、合理地调动警力。

近些年随着通信技术突飞猛进的发展，济南城市轨道交通1号线虽然是济南的第一条建设的线路，但是在通信系统的设计中采用了多项新技术及新工艺。主要的新技术有如下内容：

（1）专用传输系统采用大容量、高效率设备组建自愈环网。专用传输系统作为地铁控制系统信息传输的基础网络，是地铁通信系统中最重要、最基础的网络。专用传输系统为专用通信各子系统及自动售检票、办公自动化、综合监控系统、乘客信息系统等专业提供可靠的、冗余的、可重构的、灵活的信道。

系统采用增强型MSTP设备组网，组建1个20Gb/s的二纤复用段双向保护环；专用传输系统采用20G传输设备组网，系统的有效带宽较其他线路传输系统有了很大提高，为其他系统带宽共享提供了条件，整合了系统资源，节省了投资。同时，专用传输系统采用二纤复用段双向保护环，为系统提供网络层面的故障自愈保护，进而保证了传输网络的安全、稳定、可靠的运行；减少了因为传输网络故障导致的运营安全事故，体现安全地铁的设计理念。

（2）公务及专用电话采用双中心、星形网络结构，使系统可靠性翻倍。公务电话系统是为地铁工作人员与内部及外部进行联络的通信子系统；专用电话系统是调度员和车站、车辆段值班员指挥列车运行和下达调度命令的重要通信工具，是为列车运营、电力供应、日常维修、防灾救援、票务管理等提供指挥手段的专用通信系统。

在地铁专用电话系统出现重大故障时，公务电话系统可以作为专用电话通信的应急通信手段。公务及专用电话均采用双中心、双星形组网，公务电话系统在1号线控制中心和3号线控制中心均设置主交换机，专用电话系统在控制中心及车辆段均设置主交换机。公务及专用电话在各个车站、车辆段设置分系统。分系统通过双路由中继分别和双中心交换机相连。公务及专用电话采用双中心、双星形组网，任何一条中继链路中断，网络可以自动迂回到另一中继链路，提高了系统可靠性，可有效避免因为交换机网络链路故障导致的运营调度不畅问题，提高运营的安全性。

（3）采用网络化的概念构建专用无线网，实现资源共享。专用无线通信系统是为了保证地铁安全、高密度、高效运营而建设的话音、数据无线通信系统，它为地铁运营的固定用户（控制中心、车辆段/停车场调度员、车站值班员等）和移动用户（列车司机、防灾人员、维修人员）之间的语音和数据信息交换提供可靠的通信手段，它对行车安全、确保运输效率和管理水平、改善服务质量提供了重要保证；同时，在地铁运营出现异常情况和有线通信出现故障时，亦能迅速提供防灾救援和事故处理等指挥所需的通信手段。

1号线作为济南市首条建设的地铁线路，其专用无线通信系统在建设时已考虑与后续线路共享无线集群交换机。在3号线控制中心建成后，1号线专用无线通信系统无线集群交换机可与3号线专用无线集群交换机互为热备，使济南市轨道交通无线通信系统组成线网级双中心热备保护架构，提高无线通信系统的可靠性，增加地铁运营的安全性。

（4）专用无线通信系统与公安无线引入系统共享车站天馈线及区间漏缆。公安无线引入通信系统是济南市公安局既有无线通信系统在济南1号线中的延伸，其建网方式和采用的通信制式都应和地面一致，从而形成一个从地面到地下的统一的公安无线通信网，满足公安、消防部门在地面和地下的统一调度。在各车站内出现治安事件时，各级指挥人员能够对现场各公安人员的进行统一调度，在出现火灾时，市局消防指挥中心能对现场消防人员进行联络及指挥。

济南轨道交通1号线工程公安无线引入系统采用1.4GHz LTE系统组建，专用无线系统采用800MHz TETRA系统组建。经过前期调研，漏泄同轴电缆和吸顶天线均能满足1.4GHz与800MHz合路使用的需求。因此，济南轨道交通1号线通过专用无线通信设置的POI合路设备，将公安无线引入通信系统上下行信号与专用800MHz TETRA无线数字集群上下行信号进行合路后，共享专用无线系统在站厅、站台、出入口通道设置的吸顶天线覆盖；在隧道和站台，共享专用无线系统敷设的漏泄同轴电缆进行区间覆盖。在满足专用无线和公安无线覆盖需求的同时，极大地节省了投资，响应了济南市建设绿色地铁的建设理念。

（5）视频监视专用和公安合网建设并全覆盖。视频监控系统是城市轨道交通维护和保证运输安全的重要手段，它为控制中心调度员、各车站值班员、列车司机等提供有关列车运行、防灾救灾、旅客疏导以及社会治安等方面的视觉信息。可使调度室、值班室人员及时观察列车进出站情况和全站客流动态及相关设备室设备运行情况，达到有效组织指挥客运工作，它是提高地铁运营能力，保障客运安全和列车正常运行强有力的工具。

专用视频监视采用全数字高清的方案进行建设。车站/车辆段采用高清网络摄像机作为前端，通过摄像机内置视频编码输出高清数字视频信号，接入至本站以太网交换机，实现图像实时调用和录像。以太网交换机输出的数字视频信号，可进行本地视频解码，解码后在值班员处的监视器上进行显示；还可通过传输系统进行共线传输，上传至控制中心供中心调度值班员调用。专用视频监视和公安视频监视在车站采用交换机互联的方式共享前端视频流，在公安通信机房通过公安传输系统上传至派出所及分局。

济南轨道交通1号线采用了专用视频和公安视频合网建设方案，利用一套前端设备即实现了其他地铁线路两套设备才能实现的功能，提高了设备资源的共享利用率，节省投资，并大量减少了公安设备的运维工作量。由于设备的减少，节省了电能的耗费，真正体现了绿色地铁、节能环保的概念。

济南轨道交通1号线实现了视频监控系统对车站的全覆盖，为运营调度及公安监视提供了更加全面的视频图像信息，提高了地铁车站的治安安全性，真正体现了地铁为人服务的人文精神；也同时保证了地铁运营的安全性，体现了安全地铁的建设理念。

（6）采用数模结合、奇偶跳接的广播系统。广播系统是调度人员和车站值班员向乘客通告列车运行以及安全、向导等服务信息，向工作人员发布作业命令和通知的语音广播通信设备。

采用控制中心与车站两级组网方式组建正线广播系统，车辆段组建独立的广播系统，控制中心及车站之间信息的传送采用全IP方式，广播功放设备采用数字功放并向广播终端传输模拟信号。站台层的上下行广播分别采用奇偶跳接的方式连接广播终端，在单路广播发生故障时，上下行的行车广播不会陷入瘫痪，以此保障客运安全。采用了数字功放设备，动态范围更大，提高了语音信号的高保真性能，提供更好的广播音质；同时，数字功放的效率更高，有效地降低了电源能耗，其耗能仅为以往模拟功放的60%~70%。济南轨道交通1号线采用的数模结合广播系统充分体现了济南打造绿色地铁、品质地铁的理念。

（7）采用LED背光源的LCD屏实现高效节能。济南轨道交通1号线乘客信息系统在站厅、站台采用了LED背光源的LCD屏，与普通液晶电视（采用CCFL背光源）相比，具有画面更优质、LCD面板更薄、背光源使用寿命更长、能耗更低等优点，充分体现出绿色地铁的建设理念。

（8）在一级负荷中细分重要负荷及非重要负荷，增加重要负荷的安全性。轨道交通通信系统设备的电源供给十分重要，一旦电源发生故障而停止供电，必将造成各通信系统的中断，从而影响行车安全。因此，不但要求外供交流电的可靠性，而且需要自身电源供给系统也必须稳定可靠。

1号线采用了电源整合的方式进行弱电电源系统的建设，其中通信系统将一级负荷细分为一级重要负荷及一级非重要负荷（乘客信息系统、办公自动化系统），并将一级非重要负荷由电源整合专业进行供电。此方案将一级重要负荷和一级非重要负荷的用电进行了隔离，消除了一级非重要负荷发生电源故障时对一级重要负荷的影响，提高了一级重要负荷的用电安全性，体现了济南轨道交通安全地铁的建设理念。

（9）应用BIM技术进行资源整合，通过共建共享达到降本增效。在综合管线设计中充分利用BIM技术，解决碰撞点、优化路径、节约桥架投资、方便施工，使分布系统、机房配套等运营商共享率达到100%；广电广播建设一套隧道、站厅、站台广电广播系统，工程所需传输、电源配套的资源与民用通信共享、节约投资约61.25%；优化流程、缩短协调周期、极大降低了运营商的建设成本（图11-67）。

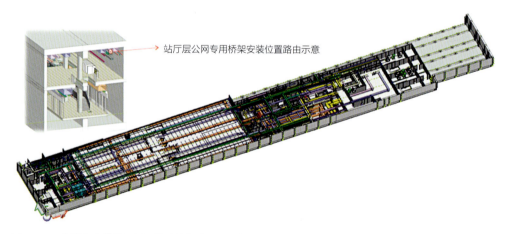

图11-67　车站综合管线民用通信线缆排布BIM示意图

11.22　信号系统

信号系统是城市轨道交通自动化系统中的重要组成部分，是以安全为核心、并且以保证和提高列车运行效率为目标，在保证列车和乘客安全的前提下，通过调节列车运行间隔和运行时分，实现列车运行的高效和指挥管理的有序。

济南轨道交通1号线在设计中采用了众多的新技术、新工艺，为列车控制及行车组织提供了更方便、更安全的系统。

（1）车地无线通信采用TD-LTE技术。在初步设计阶段，国内城市轨道交通项目CBTC系统车地通信均采用WLAN技术，并工作于2.4GHz ISM频段，该频段为开放频段，随着无线通信技术的发展推广、应用范围不断扩大，CBTC车地通信受到民用Wi-Fi设备等同频干扰风险日益增加。中国城市轨道交通协会和北京、上海、浙江、河南等省市城市轨道交通建设单位以及多家信号系统设计单位、系统供货商对车地通信干扰问题进行了大量的分析、研究、试验工作，结合上海磁悬浮、郑州地铁1号线等建设运营经验，基于LTE技术承载多业务传输平台的车地通信方案日趋成熟。经多方论证后，在招标图阶段结合技术发展与时俱进地优化为TD-LTE技术承载信号CBTC系统方案并投入使用，为车辆提供了运行状态信息的传输通道。

（2）优化地下段转辙机基坑防水及排水措施。转辙机基坑在道床独立设置，如果存在积水，很难将其排出，从而影响检修工作的正常开展，可能造成转辙机的故障。

为解决转辙机基坑内积水的排水问题，在一组道岔的两个转辙机基坑同侧设置一处集水坑，集水坑具体位置根据道岔所处线路的坡向确定，设于所在线路下坡向一侧的基坑旁，且坑面宜设置防护盖。集水坑尺寸为长500mm、宽500mm、深1150mm（坑底距离轨面1150mm），集水坑中心距线路中心线大于1850mm。两个转辙机基坑间、转辙机基坑与集水坑之间设置宽200mm的连接水沟，转辙机基坑及连接水沟底均采用坡度5‰下坡，起坡点从轨面下410mm开始坡向集水坑。若转辙机基坑设置在隧道壁一侧，在岔区上坡道一侧设挡水台，尺寸为宽200mm、高150mm，挡水台边起于线路排水沟，止于隧道壁。若转辙机基坑设置在非隧道壁一侧，则不需要设置挡水台。由给水排水专业设抽水泵，动照专业在轨旁适当位置为抽水泵提供电源，相关专业以建筑图上的转辙机安装位置及岔心位置为基础完成集水坑设计、抽水泵设置设计和抽水泵相关电源设计，有效解决了转辙机基坑积水问题。

（3）培训中心设沙盘模拟系统，为维护人员提供了完整、动态、形象的培训平台。此设备可以动态模拟全线列车运行状况和信号系统状况，模型设备包括正线车站站台、区间、车辆段等的列车、轨旁设备、控制台等，真实地模拟现场的各种运行工况。

11.23 综合监控系统

综合监控系统（ISCS）是多个系统的集成平台，与多个弱电系统信息互联，为弱电系统提供尽可能统一的管理平台。综合监控为两级管理、三级控制的分层分布式结构，两级管理为控制中心、车站控制室，三级控制为控制中心、车站控制室、就地控制。济南轨道交通1号线的综合监控专业在设计中采用了创新的技术，主要体现在如下方面：

（1）车站控制室一体化设计应用。车站控制室是车站级调度、管理、指挥中心，是地铁对外交流的门户，经常进行交流、参观等活动，车站控制室工艺布置的好坏直接影响到运营的公众形象。

目前轨道交通车站控制室的布置及装修方案一般采用简洁明快的风格，整体风格按机房定位，没有融入人机一体概念，现场用品出现三"多"现象，即日常工作用品多、工作用具多、防护用具多，通风系统设施简陋、照明系统效果差。在设计时对运营单位日后所增加的其他工器具的摆放考虑不足，造成了日后车站控制室布局杂乱，影响了整体美观性。

一体化车站控制室设计方案具有空间高效利用、整体时尚新颖、人机自然和谐、功能便利高效、模块设计、菜单选择、定位布置等优势。济南轨道交通1号线作为济南地铁首条线路，具有引领济南地铁建设标准的作用，本工程切实结合运营需求对一体化车站控制室设计方案进行进一步优化，在全线车站进行应用。在车站控制室设计时充分与运营单位进行沟通，对室内照明、通风、各种文件柜、工具柜、工作台、垃圾柜进行整合，引入多功能组合橱柜的概念，在整体功能使用、装修颜色搭配、采光效果等方面均呼应了一体化的设计理念（图11-68）。

（2）车站控制室设置可视对讲装置。本项目在靠近车站控制室的设备区通道门处设置了可视对讲装置，可视对讲室内机安装在车站控制室墙上，门外人员可直接通过装置呼唤车站控制室室内人员，车站控制室内人员应答后可直接在室内机上开启通道门。

图11-68　一体化车站控制室布局图

11.24 火灾自动报警系统

火灾自动报警系统（FAS）由触发装置、火灾报警装置、联动输出装置以及具有其他辅助功能装置组成，能在火灾初期将燃烧产生的烟雾、热量、火焰等物理量，通过火灾探测器变成电信号传输到火灾报警控制器，同时以声或光的形式通知整个楼层疏散，控制器记录火灾发生的部位、时间等，使人们能够及时发现火灾并采取有效措施扑灭初期火灾，最大限度地减少因火灾造成的生命和财产损失。

全线火灾自动报警系统设两级（中心、车站）管理、三级（中心、车站、就地）控制模式，主要由中央级设备、车站级设备和现场级设备组成，车辆段火灾自动报警系统还设置区域报警控制盘、联动控制盘等。

地铁车站公共区、设备区走廊、车辆段大空间的FAS探测器设置方案一直是设计方、建设方、运营方以及消防部门关注的焦点。目前地铁公共区采用镂空吊顶的形式，这种情况不利于烟雾在吊顶下聚集，降低了点式感烟探测器对烟雾探测的灵敏度；在设备管理用房区走廊区内，敷设了多层管线、线槽，线路走向比较复杂，设置点式感烟探测器一方面会对烟雾探测造成影响，更重要的是在后期运营维护时对探测器进行安装、调试、测试及检修等工作比较容易造成困难；在车辆段车辆日常停放和各类检修车库的停车部位空间较高，不利于设备的检修，特别是车辆进出比较频繁引起的振动导致误报率较高，引起了运营部门的诟病。

吸气式感烟探测器由探测主机和采样管道组成，各主机之间具有网络功能，方便主机之间互通信息。探测器主机可以安装在便于检修的走廊侧墙上，在吊顶上设置一定外径的采样管道，一个探测器的采样管总长度不超过200m。采样管道可以固定在结构顶板上，也可以固定在综合吊架上，在管线下方或吊顶下方可以设置毛细采样孔，参照点式探测器的布置原则在采样管道上开采样孔。探测器主机通过输入/输出模块与车站FAS连接，实现FAS对吸气式烟雾探测器的统一管理。采样管道安装简便，管道上没有任何的电子元器件，安装完成后不需要对管道进行任何现场操作，维护工作完全在探测器主机的安装位置进行，降低了维护的难度和成本（图11-69、图11-70）。

本工程根据火灾探测技术的发展，针对检修复杂及运营反映误报率高的情况，引入了吸气式感烟探测器技术，较好地解决了误报及检修问题。

图11-69　传统的红外光束探测器

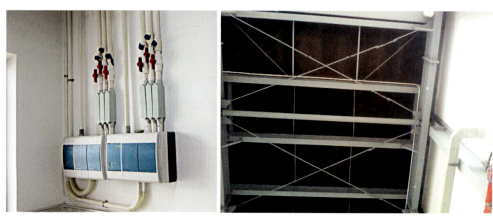

图11-70　早期吸气式感烟探测器

11.25　自动售检票系统

自动售检票系统是基于计算机、通信网络、自动控制、自动识别、精密机械和传动等技术，实现地铁售票、检票、计费、统计、清分、管理等全过程的机电一体化、自动化和信息化系统。在济南首条轨道交通线路的自动售检票系统设计中采用了以下新技术：

（1）大规模采用互联网售票机、云闸机。由于移动互联网技术的发展，本工程全部售检票闸机采用云闸机，具备二维码过闸功能，大量采用互联网售票机，减少传统纸币、硬币模块的使用，减少运营维护工作量，同时减少票务系统日常清点工作量。

（2）采用人脸识别检票技术。济南轨道交通1号线采用人脸识别进闸技术，每个闸机群组中一个通道具备人脸识别过闸功能。

11.26 站内客运设备

站内客运设备包含无障碍电梯和自动扶梯，电梯选用无机房电梯，自动扶梯选用公共交通型自动扶梯，出入口自动扶梯选用室外型产品并具有防滑功能。电梯与自动扶梯均为标准成熟产品，产品的选型以高质量、高可靠性为原则。

（1）无障碍电梯设计注重建筑景观性和视觉通透性。根据建筑景观效果，所有车站站台至站厅层、高架车站出入口和地下车站出入口地面部分采用钢结构透明井道电梯，地下车站出入口地下部分采用混凝土井道电梯。

（2）全变频控制自动扶梯实现运营的节能。自动扶梯采用全变频控制的公共交通重载型扶梯，为适应后期运营的需求，采用两档速度，即名义速度为0.65m/s，可根据运营需求调整至0.5m/s速度运行，同时设定0.1m/s的节能速度，在一段时间内检测无乘客使用后，自动扶梯能自动转入节能速度以节省运营能耗。

（3）京沪高铁济南西站无障碍电梯、出入口自动扶梯与地铁车站资源共享。京沪高铁济南西站在规划设计时，已统筹考虑地铁车站的出入口、无障碍电梯等，并随着高铁站的建设已投入运营，地铁换乘大厅与原地下空间共享大厅，借用高铁站投运的无障碍电梯、自动扶梯实现地铁的进出站功能。

11.27 站台门

站台门可有效防止乘客跌落，提高运营的安全性。本项目高架车站采用半高站台门，地下车站采用可调通风型站台门，具有以下特点：

（1）高架车站结合鱼腹岛式站台形式采用了曲线半高站台门系统。本线高架车站除大学城站、赵营站因配线影响为直线车站外，其余均为曲线站台车站，曲线半径1000m，结合配线和曲线站台形式，采用曲线形站台门；站台门高度1.55m，减少了站台门及立柱对乘客视线的干扰。

（2）地下车站采用更加节能的可调通风型站台门系统。本工程结合济南的气候环境特点，为节省地下车站通风空调系统的运营能耗，采用可调通风型站台门系统，即在站台门门体顶箱上方设置可调通风型转换装置，在夏季空调季节和冬天供暖季关闭转换装置，在非空调过渡季节打开转换装置，采用活塞风进行换气。经过对通风百叶窗和幕帘两种形式的转换装置进行比较，选择通风百叶的安装结构。同时，本工程考虑外部美观性，对可调通风装置的外部结构采用增加格栅的方式进行了美化设计。可调通风型站台门具备BAS系统自动控制、站台门设备室电动控制以及现场手动控制三级控制模式，同时风阀执行器的开/关状态、故障状态上传至BAS系统（图11-71）。

（3）优化站台门门体绝缘方案。基于站台门门体绝缘问题一直是站台门系统的难点问题，结合国内既有工程的经验，优化了站台门门体绝缘方案：一是滑动门立柱或滑动门左右侧盒包板采用透明绝缘材料进行喷涂处理。二是滑动门门槛衬板采用全面积黑色绝缘材料进行喷涂处理，面板与衬板实现绝缘隔离；门槛安装在门槛中间支撑位置与站台板进行绝缘安装；门槛衬板与侧盒包板或立柱包板设置2mm间隙，门槛面板与侧盒包板或立柱包板设置3mm间隙，避免损伤包板透明绝缘层。通过以上措施，实现滑动门门槛的可靠绝缘，并解决绝缘涂层的磨损问题（图11-72）。

图11-71　可调通风型站台门实例

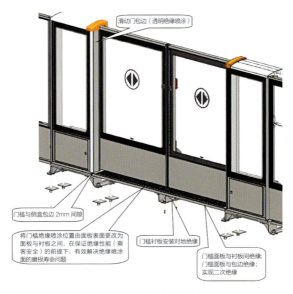

图11-72　站台门门体绝缘处理方案示意图

11.28 声屏障

本项目采用直立3.5m、半封闭和全封闭声屏障,基本构造层次由下到上依次为波浪形金属吸声板、透视隔声窗(夹层玻璃)、波浪形金属吸声板、透视隔声窗(聚碳酸酯板),立柱标准间距2m,立柱通过与预埋螺栓连接方式固定在U形梁腹板上,预留了高架段全线安装的条件。在声屏障方面主要有以下两点领先技术:

(1)顶部聚碳酸酯板采用有机硅加硬涂层技术。

聚碳酸酯板材具有耐候性,但对自然界中的10~400nm波段的紫外线非常敏感,聚合键易发生断裂,从而使塑料分解速度加剧,如脆裂、黄化、透光度下降等。为了使聚碳酸酯板材保持其优秀的物理性能,在板材的朝阳面采用共挤法工艺的抗UV涂层,有效地阻隔紫外波段光线,很大程度上延缓了材料的老化速度。普通聚碳酸酯板材硬度值为HB,表面极易划伤,采用加硬耐磨花涂层可以在运输、安装、风沙天气、保洁维护时,保护UV涂层,减缓紫外线老化作用,增加使用寿命;同时由于聚碳酸酯板采用共挤法工艺制造,表面会产生大量静电吸附灰尘,采用有机硅加硬耐磨花涂层后,可以降低板材表面电阻率,增加防静电效果,起到防尘作用,提升声屏障景观效果。

(2)在U形梁腹板内侧设置泡沫铝吸声体提高吸声性能和耐久性。

泡沫铝具有良好的声学性能,这是由于内部存在较多的连通孔径从而形成的吸声能力。吸声机理符合多孔材料吸声机理,即声波进入材料内部,与多孔材料内部摩擦,产生黏滞,从而吸收声能,转化成热能的机理。此外,多孔材料与后背空腔还能形成亥姆赫兹共振腔,通过共振形式将声能转化成热能,能形成共振吸声的多在低频频谱范围内,因此多孔材料是低频共振吸声的首选材料。

泡沫铝抗拉强度为4.4MPa,断裂力在1400N以上,厚度越大,其力学性能越高。泡沫铝的力学性能集中体现在抗拉强度与抗弯曲载荷,当平板材料安装在龙骨上面时,载荷的主要承受方式为抗弯(承受风压的弯曲载荷),同时在剪切面上承受拉伸载荷。根据工程经验,正常的安装强度在800N左右,该材料可很好地满足现场安装需要。

泡沫铝在力学、声学等方面符合应用需求,通过表层的氟碳喷涂可有效提高防腐性能,并能实现稳定生产,安装工艺较为简单。本项目在U形梁腹板设置全金属泡沫铝吸声板,可以有效减缓雨水对吸声效果降低的影响。

拾贰

经验教训及总结

▶ 本章对济南轨道交通1号线规划设计和工程建设中存在的遗憾和不足进行了全面、细致的归纳总结,对工程建设中出现的设计方案变更、施工配合、沟通协调、突发问题等实际问题进行了深入分析,并提出解决问题的思路和应对方法。

12.1 勘察

作为泉域复杂地质条件下的首条地铁勘察，1号线勘察在经验的基础上基本解决了工程面临的地质问题，但由于地质的复杂性和目前勘察技术手段的局限性，有些问题在施工阶段发现通过补充勘察得以解决。总结1号线勘察经验，提出以下建议：

（1）建议岩溶发育区及时开展专项勘察。作为泉城首条地铁线路，针对地下段富水岩溶发育区，在初勘、详勘阶段按照常规勘察进行工作量布置，虽然对岩溶发育程度、规模和裂隙岩溶水有了一定认识，但不足以直接指导现场施工。在施工单位进场后进行了专项勘察，造成了部分勘察工作量的浪费，同时增加了施工工期，建议在详勘阶段同步开展岩溶专项勘察。

（2）建议重视区域地质和地方经验收集研究工作。济南西站附近黏性土具有透水性，通过多种水文地质试验研究和实例研判得以确认，在分析高铁西站基坑施工时可以揭示到黏性土存在透水，建议勘察阶段重视周边基坑施工经验总结，策划勘察重难点；在基岩区钻孔未钻至裂隙或岩溶发育区无法揭露地下水，存在一定概率性和误导性，仅通过现场钻探对基岩水的认识会存在误差，建议在此类区域加强工程地质和水文地质调查工作。

（3）建议重视勘察在工程各阶段的作用。勘察为工程设计提供基础数据，其成果直接影响设计方案的经济性、合理性；由于地质复杂性和勘察精度限制，施工揭露地层可能存在偏差，存在施工风险或变更的可能性；监测为施工安全保驾护航，出现报警、预警时岩土分析是重点工作。勘察是一项提供全过程的咨询服务过程，成果提交是开始不是结束，对设计、施工进行勘察交底，做好设计、施工阶段的过程沟通配合，为监测提供岩土分析方面的可靠性建议。

12.2 线路

作为任何城市的首条线路，都面临审批流程、思想统一、经验欠缺的困难，在泉城修建地铁，前后已争议研究了近30年，项目的立项存在很多的困难，在建设手续的完善上经历了不少的波折，有些不可避免，但有些可以进一步完善。

（1）首条线路建设手续曲折。济南轨道交通1号线在规划建设研究阶段，由于缺少上位规划依据，设计伊始拟采用已批复的济聊城际作为支撑条件开展了大量的规划设计工作。由于城际轨道交通和城市轨道交通在功能定位、车辆选型、选线原则、线路条件、敷设方式、车站功能、土建施工条件及设备选型等方面存在较大的差异，采用城际制式的方案没有获得审批部门的认可，延误了城市轨道交通上报的时间。建议类似城市的轨道交通线路尽早明确主要系统制式，严格按照国务院、国家发改委等相关文件的要求上报。

（2）建设规划时序调整导致换乘方案的不完美。《济南城市轨道交通近期建设规划（2015—2019年）》中王府庄站为1号线与远期2号线的换乘车站，两线车站因非同期实施车站，为减少预留工程规模，降低预留风险，车站采用站厅平行换乘，分期实施，换乘乘客下车后需上至站厅层再下行至另一条线站台实现换乘；《济南市城市轨道交通建设规划（2015—2019年）调整》后为同期实施的换乘车站，如按照同期实施车站，该站可设计为双岛四线换乘车站，乘客下车后可直接接力换乘至另一条线路，可提高换乘便捷性，同时1号线区间位于内侧，可增大1号线区间与京沪高铁桥桩的距离，进一步降低工程风险。

12.3 行车运营组织

规划建设为运营服务，运营为乘客服务，行车专业直面项目服务需求，是项目前期方案研究的重要专业，对全线技术标准的选定、工程投资的控制、运营效果的预期有重大影响。

（1）前期手续对行车运营组织的影响重大。在济南轨道交通1号线立项前期，经历了济聊城际、市域快线等重大系统制式的选择，过程中对城际互联、越行组织、枢纽换乘、线路延伸等进行了大量的分析论证，并对本线的客流、运营组织、行车配属开展了详尽的研究，造成前期研究时间过长、影响了手续审批的进程。

（2）本项目位于济南西部新城区，连接济南西站、长清大学城、园博园等片区，客流效应不理想。设计之初，本项目定位为"郊区发展线、客流引导线、工程示范线"，远期客流预测数据基本能够支撑采用6辆编组B型车，虽然初期和近期设计采用了4辆编组应对客流风险，但受周边城市开发、轨道交通尚未成网、未覆盖核心区客流等多方面影响，实际运营客流数据不高。

12.4 轨道

作为济南市第一条地铁线路，本工程不论是在建设、设计、施工、运营及养护等各个环节均积累了大量的经验，形成了一定的技术储备，但在项目实施过程中，也产生了一些问题需要在后续工程中进一步优化改进。具体如下：

（1）正线过轨管线类型统一性差且冗余过大。因各专业的特殊性，轨道专业不对管线材质和规格做强行规定，因此造成各设备专业提供的过轨管线材质、规格不统一，最终在施工时，各个专业的管线材质和规格尚存在很大差异，类型较多，对轨道施工和采购造成不便。同时，在机电设备施工过程中，预留的过轨管线有很多未使用，造成了工程的浪费，过多的管线也削弱了道床的整体性。经调研国内多个地铁工程，均存在不同程度的管线浪费情况，且浪费数量占比较大。经初步分析，一方面是由于工期紧张，个别专业在过轨时直接采用了轨下过轨的非规范过轨方式，另一方面是由于专业提资冗余过大，很多管线实际并未得到利用。由于轨道专业无法评估各专业管线利用率情况，因此在施工时只能按照专业提资全部施工。同时，考虑到工程招投标的过程和施工步序问题，采用各专业自行采购和安装的方式难度较大，且过轨管线施工图往往在正式出图之后，相关专业还会随着工程进度不断进行调整，不仅和现场铺轨施工做不到协调同步，且对轨道专业的核量计价也造成困难。

对解决上述问题有如下建议：一是统一管线规格。建议在设计前期，由总体组织相关专业，讨论管线规格、材质统一的可行性，尽量减少类型；二是集中过轨管线纳入结构专业。由于轨道结构仅允许在轨枕空档过轨，过轨管线密度受到一定限制，同一位置附近无法实现管线集中过轨，因此对过轨管线较多的专业，如信号、通信、动照等特别是有集中过轨需求的情况，建议将这部分管线纳入结构专业，由结构专业实施，避免削弱道床的整体性；三是细化管线提资。设计时期，各专业应详细、逐一梳理各自的过轨需求，不应考虑过多的冗余系数；四是动态调整过轨需求。轨道施工在某一段线路浇筑道床之前，会提前通知此施工范围内有过轨要求的相关施工单位/监理单位进行联合隐检，并执行签字确认的操作流程。各专业若有新的过轨需求，应在这个时期配合施工单位重新梳理、确定过轨管线资料，减少不必要的过轨预埋；五是高架线地段减少过轨预留。高架线应尽量利用板缝进行过轨（轨道每6m一处100~150mm的板缝），避免直接从道床中穿过，减少道床内过轨管的敷设；六是在管口明确管线所属专业。在设计图纸上，要求施工单位在管口处增加不同专业的标记，以字母简写、不同颜色的油漆涂口等方式进行区分，做到一目了然，避免机电设备专业管线乱用、错用。

（2）人防门与轨道交叉施工、接口预留错误。人防门与轨道普遍存在交叉施工、接口处理不当等问题，经常遇到人防门排水洞预留位置、排水洞底标高有误等造成轨行区排水不畅，或人防门槛宽度较大造成轨道的轨枕间距过大不满足设计要求等问题。在设计过程中，即使轨道与人防专业之间进行了深度的接口配合，但在实际施工过程中，由于各种复杂因素的影响，人防门地段与轨道的接口问题依然层出不穷。对于这类问题，建议从以下方面入手：一是设计阶段统一标准。建议由总体协调人防、土建、轨道等专业进行接口配合，并尽量完成人防门通用图的设计，统一人防门槛宽度、排水沟、排水闸板及排水洞的设计方案，由总体下发至各土建标段；二是施工阶段减少界面。例如人防门槛及排水沟闸处的混凝土由轨道施工单位统一浇筑，避免不同施工单位之间的接口界面不一致，导致后续返工。

（3）与运营部门做好沟通，落实工务需求。本工程为济南市第一条轨道交通线路，运营单位在轨道招标完成后介入，时间较晚。有关轨道工程备品备件、线路及信号标志的需求，未能在招标图中比较全面地体现，在后期施工图设计及出图过程中，由于运营的需求不断调整，面临新增设计、图纸变更等问题，也对施工单位计量核价造成不便。建议后续工程建设中，运营提前介入设计过程，在初步设计阶段即与运营部门沟通、落实需求，并结合济南工务养护维修习惯，对部分方案提出意见建议，经各方充分讨论确定后，将运营单位的合理诉求经设计管理部门确认，并落实到设计文件中。

12.5　限界

作为济南第一条高架采用预制U形梁的地铁线路，虽然解决了对环境影响小、施工便利等方面的问题，但由于现阶段施工精度不能严格达到设计要求，在桥梁施工后发现不能满足其他专业要求。总结工程设计和现场实施经验，关于疏散通道（翼缘和疏散平台）方面提出以下建议：

（1）本工程高架单线U形梁宽度不足，土建产生一定的施工误差时，会导致疏散通道的宽度不够，建议以后工程增加单线U形梁翼缘的宽度，保障疏散通道宽度（图12-1、图12-2）。

（2）高架U形梁区间疏散平台预埋件缺失严重。在工程实施过程中发现疏散平台预埋件有明显缺失的情况，后期补打困难且影响桥梁质量。建议今后工程中桥梁设计明确预埋件的位置示意图，同时土建施工单位重视预埋件的预埋确认工作，减少后期处理对桥梁的损伤（图12-3）。

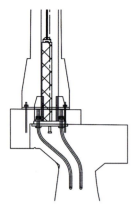  

图12-1 高架U形梁翼缘设计图　　图12-2 高架U形梁翼缘现场图　　图12-3 高架U形梁区间疏散平台预埋件现场图

12.6 车站建筑

全线车站以清水混凝土为主线，具有鲜明的特色，引起了社会的广泛关注和好评。在规划设计和建设期间，也是经历诸多的繁杂的论断过程，发现了多处可进一步提升完善的地方，主要总结如下：

（1）高架站的外立面及出入口方案设计历时较长，反复论证调整，对工程进度产生一定影响。由于本线为济南第一条轨道交通，且含有7个高架车站，所占比重较大，社会关注度较高，方案前后经历了数次方案研究和优化。在完成首次施工图设计后，为追求更加完美的建筑效果，试验站又经历了两次对原方案的优化。由于景观方案变化调整，对其他专业带来连带变化，稍有考虑不周，均需在后续配合过程中付出更多的精力解决问题。

（2）外挂用房集中在道路中间设置对视觉通透性和道路条件不够友好。由于设备管理用房集中设置于路中，路中景观相对拥挤，首层为变电所，阻隔了道路两侧的视线通透；设备管理用房由路侧方案转变为路中设置，使原来通透的道路景观变得相对拥挤起来，轻巧灵活的体量也相对变得笨重起来；同时道路需局部进行渠化，才能满足原车行道数量要求，后通过首层建筑处理手法，使上下视觉上相对分隔。

（3）二次施工深化部分内容与原方案存在偏差。前期方案效果经过后期深化设计，结构构件或使用材料均会发生变化，现场监察不到之处有些与设计要求差别较大。建议深化设计应及时提前进行，务必经设计确认后方可施工。

（4）配线车站层高和管线排布困难。王府庄站因配线原因，车站长达340m，设备区房间多，且环控机房位于车站端部，距离公共区较远，因此风管规模、尺寸都比一般车站大，车站设计方案阶段虽已考虑到此情况，将站厅层高度抬升350mm，但施工阶段仍出现局部区域管线密布，施工困难，检修不易等问题。后续设计中，应注意超长车站的层高预留问题。

（5）对大杨站临时出入口实施周期预估不足，建设标准偏低。大杨站C出入口设计时考虑远期接入规划金科商业地块，形成下沉广场并直达商场，并按照规划方案进行了多次对接，为降低建设成本，近远结合，采用了只设置楼梯的临时出入口形式。近年来，受开发整体市场低迷影响，金科商业地块迟迟未能开发建设，但该出入口客流量较大，且为设置上下行自动扶梯，为乘客出行带来较大的不便。

（6）进一步加强复杂工程的项目组织。济南西站为枢纽改造站，改造方案较为复杂，需要跟各个部门协调方案可行性，相当繁琐；在提前一年通车的压力下，充满决策完成施工图导致图纸质量下降，增加了施工和更改的工作量。针对复杂项目，建议进一步加强项目统筹管理，密切配合，积极沟通，确保重大节点的顺利实施。

（7）预留预埋出现遗漏、错位、尺寸不符等情况。现场检查并经设备施工单位核实，出现多处土建施工预留孔洞、套管等数量缺漏或位置有误等问题，建议后续项目要严格按照"设计配合→确定方案→建筑图（先主体后附属）→结构图→现场施工"的顺序进行，减少工程反复和时间延误。

12.7　车站装修

装修设计负责公共空间的收口，是检验空间效果最重要的载体，尤其是细节处理不当，往往出现碰撞、标高不够、无法安装等问题，进而影响空间效果。

（1）清水混凝土技术中加强光线处理和保护措施。清水混凝土效果优良，但其材质反射系数较低，吸光性强，在设计中应充分考虑其材料特点，预留车站照明余量，确保车站整体的灯光效果。清水混凝土成型后，由于施工现场涉及多专业工作交叉作业，管理困难，经常会发现一些清水混凝土磕碰、划痕等成品保护问题，要注意与施工单位重点强调。

（2）加强对运营服务的便利性。车站公共设施如客服中心、垃圾桶座椅、盲道等涉及后期运营的设备设施，应提前与运营沟通，在满足规范的情况下尽可能考虑后期方便运营单位使用；工研院站客服中心周边设干挂石材幕墙后只留有两面玻璃，不方便观察周围人流情况和突发事故；客服中心宜增加高低窗口方便小孩和残疾人士购票提高便利性；扶梯边栏杆与扶梯间隙较大，小孩能进入，存在安全隐患。

（3）加强对施工质量的控制。一是施工单位应提前做好天花吊顶标高控制线，提前与机电安装单位沟通，确保实现设计标高。二是施工中各系统穿插作业，工艺接口复杂，碰撞问题较多，例如地面管线排布不合理形成十字交叉口，导致无法按原有装修面标高来施工，盲道与AFC线槽错位导致检修盖板无法匹配；扶梯吊钩预埋未按图纸施工，长度超出装修完成面，导致装修面无法盖住吊钩。

（4）加强细节设计和施工交底工作。在细节方面，出现了站台门与端墙安装冲突、盲道高度过高导致站台应急门无法开启、管线高度不够等问题。并应加强施工交底工作，提醒施工单位做好施工组织和施工准备工作，详细研究施工设计图纸，及时发现问题，尽量避免出现废弃工程和返工；现场施工处理人员要注意对施工图的研读，了解设计者的设计意图，以便于现场出现问题时能够及时发现问题症结所在，及时、合理的确定问题并解决。

（5）由于本工程通车时间提前，施工工期紧张，原设计将自然光线引入站台层，实现地下三层站的自然采光，将景观与自然因素利用做好最大化，受迫于工期影响和技术难度，未能实现最佳的空间效果，是本工程的一点缺憾。

12.8　导向标识

从导向设计来看，存在与摄像头碰撞、施工工艺制作不精良、细节把控有待加强等问题。

（1）在设计过程中，各专业均按照各自专业进行设计，相关专业进行会签，并由装修专业统筹点位布置，各自专业均进行了施工交底。但即便如此，现场还发现多处摄像头与导向牌碰撞问题，建议后续线路加强对点位的精准定位，由装修统筹协调后各自专业标注定位尺寸，并加强施工单位的精度控制，减少现场碰撞。

（2）部分导向标识牌制作工艺粗糙，尤其是站外识标。线路运营1年后识标出现明显的褪色，严重者出现字母脱落，影响了基本功能。建议后续线路加强对建筑材料、施工工艺、加工制作等的质量控制。

（3）在设计细节上，采用标准化设计后，针对各站的环境特点、名称、方向等存在微差，设计中出现了一些偏差；虽然与运营公司划分了界面，但因为缺少经验，出现部分遗漏，造成了一定的反复。建议后续项目加强精细化设计，并加强与运营单位的沟通。

12.9 管线综合

管线综合是收口专业，主要解决管线之间矛盾问题，并协调土建和装修的关系。本项目主要有以下三点不足：

（1）高架车站设备区用房面积和走廊紧凑，楼扶梯下三角区域走廊管线布置困难。高架车站设备区与公共区的连通走廊采用单走廊，设备区内横走廊位于车控室与主管线走廊的T字交叉口，管线众多且密集，是管线排布重点区域。设计时重点研究了通过局部拓宽横走廊宽度和管线绕行房间的方案，通过多方案比较后采用了绕行房间方案。建议后续车站进一步提前介入管线综合研究，对关键控制点进行重点分析。

（2）民用通信专业提资过晚。根据设计界面划分，原民用通信设计由弱电系统设计标段提资，在施工图阶段调整为由铁塔公司统一提资，设计界面重新划定后又因为团队对轨道交通熟练度不足，提资落后于管线综合设计排布方案，导致后期出现管线明线敷设情况，建议民用通信铁塔公司提前介入初步设计，确保同步配合完成综合管线设计。

（3）济南西站大厅改造竣工图资料与现场符合性较差导致现场改动较多。济南西站大厅为地铁预留预埋改造工程，地下一层有大量既有管线，其准确资料不完备，导致新的管线排布与现场情况有较大误差，施工期间小范围重新调整了管线。在管线综合设计中要充分利用竣工图并进行复测来进行改造设计，避免后期施工中造成不必要的管线拆改浪费。

12.10 高架车站结构

高架车站结构技术较为成熟，施工周期有所保障，总体施工质量优良，清水混凝土技术达到了国内先进水平。但在建设过程中，受环境及外立面变化等影响，也存在值得进一步改善的地方，主要有以下两点：

（1）清水混凝土建筑进一步优化变形缝设置。高架车站纵向共13跨，标准跨度11m，轴线长度129.3m，设一道变形缝。虽然根据建筑专业要求变形缝位于设备区与公共区交界处，双柱对站厅室内空间影响较小，但对清水混凝土外立面影响较大，建议后续类似工程中可结合构造等技术措施不设变形缝，提升整体建筑景观形象。

（2）外立面优化对结构工程引起一定的变化。建筑外立面经过两轮优化，在地下结构工程已经建设完成后，在地面层增加干挂石材外墙，虽然极大的提高了建筑的景观效果，但增加外墙干挂石材后，对石材外墙基础进行单独设计，建设过程中由于地面层龙骨条基持力层压实度不足，导致基础发生沉降引起龙骨变形，建议尽可能减少外立面调整对结构基础产生影响，当采用类似方案时，地面层结构与主体结构形成统一的整体结构，减少地面层沉降；若采用扩大基础作为持力层，应严格要求回填土压实度，要求开挖后回填的土必须分层夯实，并满足设计提出的夯实度要求。

12.11 区间桥梁

U形梁技术从1.0版本到2.0版本实现了跨度、综合技术应用、裂缝控制等新技术，但在技术创新、精细化设计等方面还存在不足。

（1）加大创新力度，并提早谋划。本项目积极探索，总结了预制桥墩、预制盖梁的设计、施工关键技术，设计了预制墩柱与承台之间采用灌浆套筒+二次承台的组合连接构造形式，探索了预制墩柱与承台的快速连接。遗憾的是由于材料购置、试验周期、项目工期安排原因，未最终实施。

（2）加强桥梁附属结构的精细化设计。全线U形梁系统设计仍有待提高部分，在单线梁处存在声屏障结构与接触网坠砣及拉线冲突、桥梁翼缘预埋件影响疏散宽度、桥梁预留孔洞与设备管线结合不佳等问题，造成了后期较多的设计与现场调整。在后续的高架段设计中应进一步综合考虑各专业需求，优化U形梁外形，提升包容能力，全面提高U形梁兼容性，解决声屏障、接触网及疏散平台在U形梁上的综合应用问题。

（3）高架段下部结构为现浇结构，跨越主要路口为现浇U形梁，施工速度较慢。综合本线的设计及施工经验，建议后续线路可推广预制拼装连续U形梁结构和预制桥墩、盖梁结构。国外轨道交通高架桥，已有预制拼装U形梁、预制盖梁方面的成功案例，如迪拜轨道交通、台湾内湖线和重庆1号线等，随着国内轨道交通建设的快速发展，桥梁上部、下部结构预制拼装在轨道交通及市政桥梁方面的运用将会得到不断推广。

（4）本工程位于济南市长清区，全线位于岩溶区域，但远离了济南核心泉水保护区，桩基采用穿透溶洞方式未对泉水保护区产生影响，如在泉水敏感保护区采用轨道交通高架桥梁方式，桩基处理方式将会大大影响地下泉水与溶洞。综合本线的设计及施工经验，建议在济南其他高架线路可推广采用扩底桩形式，通过压力或机械的方式在桩底形成一个扩大头，增大有效承载面积，从而提高桩端承载力，使扩底桩成为以桩端支承为主、桩周侧摩阻力为辅的桩型，大大减小桩身长度，从而极大地减少桩基对泉水的影响。

12.12 地下车站结构

工程及水文地质情况与环境调查是地下工程设计及施工方案的基础,在1号线工程地下车站实施过程中,由于对周边环境调查不够准确、对济南西部泉域透水性黏土地层认识不足等情况,部分设计方案进行了调整。通过1号线的工程实践,对上述问题的解决思路及建议总结如下。

(1)环境调查应适度超前。根据物探成果资料,大杨站A出入口及1号风道、2号线风道、D出入口以及方特站3号线风道均下穿220kV电力管线,前期经过多轮方案论证及专家评审,经产权单位审批,设计方案对既有220kV电力管线进行托架原位保护。

现场根据设计要求对管线进行挖探后发现,管线高程与物探测量多处不符,且电力管线结构形式亦发生变化,原为钢筋混凝土箱涵,实际存在局部顶管隧道及砖砌箱涵。导致大杨站及方特站附属结构方案调整,并重新进行论证评审,对工期产生了一定的影响。

建议后续线路环境调查工作应适度超前,提前针对重大管线进行现场摸排,确定其规格、材质及埋深等基础资料,并酌情对其使用状态进行评价,避免设计阶段或实施阶段由于物探资料变化导致重大方案调整。

(2)济南西部泉域透水性黏土地层处理方案。

王府庄站—大杨站区间风井位于党杨路与双拥路交叉口北侧,风亭沿党杨路东侧敷设。区间风井主体结构采用明挖法施工,围护结构采用套管咬合桩+内支撑体系。勘察报告中,粉质黏土层室内实验渗透系数为1.2×10^{-6}cm/s,属隔水层,设计方案根据地下水情况进行了抗突涌验算,满足安全要求。基坑开挖时揭露地层与勘察报告一致,但开挖至坑底后地下水从基底冒出,现场无法进行防水施工。

经现场组织专家评审会认定,下覆灰岩中地下水补给速度快、具有一定的承压性,基底粉质黏土层水平渗透系数较小,降水井难以在基坑内形成降水漏斗;同时基底所处粉质黏土层存在较多孔隙、裂隙,受季节性承压水头影响,开挖暴露后形成竖向涌水通道。后经原位抽水实验验证,该层粉质黏土综合渗透系数高达10^{-3}cm/s。

针对上述问题,经评审论证后,设计方案采取以下处理措施:在垫层下方拉槽设置盲沟(盲沟中埋设软式透水管并填筑级配碎石),用于排水,上部施做50mm厚碎石反滤层+土工布,设置临时集水坑,若出水量比较大,可考虑在出水点附近设置简易降水井;施工时应遵循铺设基底碎石滤层—覆盖土工布—浇筑混凝土垫层的施工顺序,确保基底碎石层相连通,使水及时排出;增加了垫层厚度,保证施工期间垫层的稳固及不透水(图12-4~图12-10)。

图12-4 基坑开挖见水

图12-5 粉质黏土裂隙

图12-6 盲沟施工

图12-7 设置滤水管

图12-8 碎石反滤层

图12-9 垫层积水清理

图12-10 浇筑垫层

根据1号线工程实践,济南泉域地层粉质黏土层具有特殊性,主要表现为该层土中含有裂隙、孔洞,地下水竖向补给能力较强。建议在勘察阶段加强现场抽水试验,并将现场抽水试验揭露的综合渗透系数作为设计依据。除此以外,在基坑设计时应针对透水性黏土地层提出有效的地下水处理措施,可采取坑底埋设盲沟排水或者坑底封堵等措施。

12.13 区间隧道结构

本工程地下区间总长9.8km,均为盾构法实施,区间穿越了京沪普铁、京沪高铁、京台高速等重大风险源,以及岩溶发育、上软下硬等不良地层。由于对涉铁方案及流程审批难度预计不足,王府庄—大杨站区间方案进行了多次调整,并成为全线节点工程。

根据中国铁路济南局集团《城市轨道交通涉及铁路工程建设管理办法》,城市轨道交通下穿铁路专项设计及专项咨询等工作需在项目可研阶段开展,而实际工程中该项工作常在初设阶段才开展,考虑到下穿铁路对接及方案稳定需要时间较长,建议项目在可研阶段提早启动相关工作,避免影响工程的顺利实施。

根据上述要求,结合不同的阶段和对涉铁工程对接及设计流程总结如下:

一是在城市轨道交通工程立项阶段,建设单位应将涉及铁路区段的线位方案向铁路部门征求意见。

二是在城市轨道交通工程可行性研究阶段，建设单位应沟通铁路局开展城市轨道交通下穿铁路隧道工程专项设计，并对专项设计开展专项咨询。

三是线位方案获得铁路部门认可后，可开展初步设计工作并进一步完善专项设计方案。

四是设计单位根据专项咨询单位提出的专项咨询报告，优化专项设计。专项设计和专项咨询报告完成后由建设单位组织专家审查，铁路局各部门参加，形成审查意见。铁路局涉铁办依据审查意见，以正式文件函复轨道集团，建设单位根据函复意见委托设计单位开展施工图设计。

五是城市轨道交通下穿铁路隧道工程施工图设计完成后，由铁路局涉铁办会同建设单位对施工图设计组织审查，审查意见出具会议纪要形式。建设单位将修改后的施工图设计文件送项目管理机构，由项目管理机构进行确认。

12.14 人防工程

人防工程是国防工程的重要组成部分，涉及建筑、结构、通风、给水排水、电气、接触网、轨道等多种专业，同时由于其设备需单独定制生产，人防工程的实施与车站、区间土建施工及设备安装存在诸多交叉。针对1号线工程实践中存在的不足总结如下。

（1）人防专业与其他相关专业接口界面不清晰。图纸中设计内容人防与车站土建设计单位界面重叠，造成设计上反复修改。具体为区间隔断门处下槛宽度，土建图纸标注有内凹处理措施。轨道专业根据土建图纸设计的轨枕间距，铺轨单位根据轨道专业图纸实施。人防设备施工单位根据人防图纸加工人防设备，轨枕间距不能满足人防设备安装要求。后经过轨道专业重新调整轨枕间距，解决了问题。出现此问题的原因在于人防设计与土建设计在人防门框墙处的设计存在界面重叠。建议在后续线路设计施工过程中，对于设计界面重叠的节点，事前理清界面划分，事后梳理会签，定好决策原则，避免出现两个专业两套图纸不吻合的问题（图12-11）。

（2）设计图纸未考虑现场施工条

图12-11　人防区间隔断门门槛

件限制，脱离实际操作极限。供电专业主电缆穿过人防区间隔断门处，电缆弯折半径较大，达到1.2m，大杨站小里程端头井因场地条件限制，围护结构内收，造成原预留穿管的弯折空间缩小，后经过会议协商，凿除部分围护结构。建议在后续线路设计施工过程中，预留充足的缓冲空间以便应对出现的特殊情况。

（3）需加强复杂施工节点的设计与施工配合工作，制定设计、施工管理方案。济南西站大小里程端各设有4樘人防门，因前期济南西站土建主体已施工完毕，此4樘人防门及门框墙需采用后做法施工。后做法需要在车站既有顶底板进行植筋施工，在施工过程中先后出现了维护结构渗漏水、原结构钢筋过密无法插筋等问题。针对出现的问题，总体设计单位组织进行了现场工作会，工点设计单位提出了堵漏及插筋方案解决了问题（图12-12）。

在人防门框在安装过程中，钢门框最便捷的吊运路径是从端头井吊运进施工操作面，因现场施工进度较紧，只有4樘门在端头井封闭之前完成了吊运，其余4樘门则通过轨道运输车搬运至现场（图12-13）。

套管在埋设过程中因现场出现了原设计的框架柱，导致管线通过路径受阻，造成此问题的原因是系统设计单位按经验认为此处为新做节点，未考虑到后做工法的特殊，预埋套管无法穿越已施工完毕的框架柱，接到问题后反馈后，设计单位调整了套管位置（图12-14）。

图12-12 人防门框墙后做植筋图

建议在后续线路设计施工过程中，先摸排现场条件，制定设计施工预案。同时针对多工种重叠施工并且工期紧张的节点，做到人防设备提前排产、提前运输。

图12-13 利用端头井做人防门吊装口

图12-14 人防门框墙预埋套管

12.15　车辆基地

作为济南轨道交通首个车辆基地，肩负首先线路约1300定员的办公、管理、检修、维护等使命，开工时间最晚，投运时间最早，且没有现成的经验可循。在建设过程中，主要有以下几个方面需进一步完善优化。

（1）运营单位提前介入设计过程，进一步落实用户需求。首条线路建设过程中，已提前谋划运营公司的组建和人力资源的储备，但面临提前通车的压力，其准备和熟练程度很难一次性满足实际需要，在初步设计阶段和施工图设计阶段细节方案不能和运营人员进行沟通确认，在验收中运营部门提出了很多宝贵意见，并进行了一定的整改。例如运用库作业平台一层阶梯布置在人员通道处影响运维人员作业，二层的照明线缆和水管的固定不规范存在安全隐患，水槽选型过于低级且安装不牢固，还有局部鼓包、焊接瑕疵、整体颜色不协调、更换橡胶套铰链等问题。建议后续线路初步设计阶段和施工图设计阶段均应征得运营部门意见，减少后期整改，避免工程浪费。

（2）工艺设备步序与土建施工步序需进一步统筹协调。土建施工较早，工艺设备受招标、生产、运输、安装等影响会远落后于土建施工进度，导致施工步序不一致引起方案变更。例如仿真模拟驾驶确定时综合楼已进入验收阶段，土建和玻璃幕墙都已安装完毕，地面硬化和铺装已完成，大型设备无法实现顺利安装。建议后续设计时，各工艺设备尤其是大型工艺设备应专题研究设备运输路径及安装时序，协同建设单位做好施工步序的协同管理。同时，由于弱电系统施工单位尽早确定，减少因弱电施工单位进场过晚而采用明装管线的遗憾。

（3）提早谋划上盖物业开发方案。从决策层面而言，在工可阶段应对是否上盖开发进行工程技术经济性和可行性分析，并纳入初步设计中。但本项目受地理位置、开发效益等影响，决策较为延迟。后续线路中应提早介入，慎重决策，完善开发技术方案，为场段施工图设计预留好充分的条件。受上盖开发影响引起场段结构超限，结构超限评审滞后导致方案迟迟难以确定，影响了项目的投资控制和工期控制。

（4）行道树距离轨道较近具有一定的风险。景观设计时沿轨行区隔离网外侧设法桐做行道树，因法桐具有旺盛的生命力，根系极其发达，横向长度可达轨道下方容易引起轨道的变形，同时，行道树距离轨道过近，具有一定的倾覆风险，发现问题后对行道树进行了迁移。

（5）综合支吊架投资较高，在初步设计与招标设计过程中，应充分考虑综合支吊架的投资需求，并在深化设计过程中严格控制，避免投资增加较大的风险。

12.16　控制中心

控制中心建筑风格鲜明，功能布局合理，但从总体布局和细节方面还存在一定的不足。

（1）在总图布局上，控制中心与综合楼共同围合院落，对称呼应，但两者之间广场正对的地方正好是建筑间的空档，没能在空间上形成对照呼应，使控制中心和综合楼联系性上弱化，而没有形成建筑体量上的中心与主次的区分，是总图布局上的一个问题。关于这个问题方案之初也做过专题研究，但因为工期和管理上等原因未能落实，是为可惜。

（2）建筑外窗开启，是建筑的细节功能，看似虽小，但关系到每一个房间的实际使用，在控制中心外窗的设计上，缺乏细节的考虑，缺少对开启方式的仔细研究，一小部分窗扇因为架空地板高度影响导致无法完全开启而需要采取补救措施。外窗的设计应注重功能性、美观性，并加强可实施性和对细节的把控。

（3）由于梁柱结构浇筑时未考虑填充墙的拉结钢筋预留，后期采用了大量的钢筋后锚固，由于后锚固耐久性较弱，建议后续项目施工时应同时对填充墙拉结钢筋进行预埋，规避后锚固的设计和施工。

（4）控制中心和综合楼地下一层车库互联互通，控制中心和综合楼主体结构设计使用寿命分别为100年和50年，两者之间设变形缝，结构缝两侧结构梁尺寸根据计算要求出现高度不一致，导致地下室在结构缝两侧净高不一，对大型设备设施的运输或通过产生了一定的影响。

（5）控制中心作为地铁运营的总控制终端，内部配备大量的工艺设备机柜，且机房发热量巨大，空调系统设计时除考虑消除室内发热量外，还要考虑空调设备、风口、风管、连接管件等容易产生冷凝水的部位对机柜的潜在威胁，在布置设备时要做好保温措施，机柜上方避免布置空调设备。在设备招标之前工艺机柜的大小和位置很难准确定位，同时各专业出图时间不统一，易出现空调设备布置在工艺机柜上方的情况，本项目调度大厅大屏后面的工艺机柜与空调机组就出现了冲突情况。建议在今后的项目中，设计人员出图之前要加强沟通，以避免此类问题发生，在施工过程中一旦发现类似问题，施工单位第一时间提出问题，并协同设计单位、建设单位、监理单位共同及时解决。

12.17 供电系统

济南轨道交通1号线作为济南首条轨道交通，位于城市市郊地块，以高架为主，地下结合的特点，设计中对济南自身特点认识不足，项目执行中对方案逐步进行完善，在此进行全面、细致的归纳总结：

（1）基于近期国内其他城市既有地铁高架线路电缆外护套开裂和露铠现象较为普遍，轨道交通作为百年工程，为避免济南轨道交通高架线路电缆外护套出现此类现象，本着重视、提前预防的态度，组织专家评审会建议合理设置电缆遮盖措施，进一步减少环网电缆开裂隐患，具体遮阳罩方案如下：

正线高架区间K10+149.723～K26+525.065以及出入段线的中压环网电缆，除设置全封闭声屏障（K12+440～K13+800、K17+703～K19+038）、雨棚（K26+420.000～K26+525.065）、高架车站、赵营—玉符河区间未敷设中压环网处外，增加遮阳罩。个别无法增加遮阳罩地段采用软管防护。遮阳罩和固定件全部经过热浸锌后再经多元封闭层处理，镀锌钢板2.0mm厚（图12-15、图12-16）。

（2）济南市轨道交通1号线工程开通后发现多处鸟巢，运营数次清点拆除鸟巢。经统计发现，鸟窝搭设位置主要集中在隔离开关、避雷器、棘轮补偿装置、双腕臂底座、声屏障、软横跨上下部固定绳角钢、杆号牌等部位。为减少因鸟害对正常运营的影响，在鸟容易搭巢的地方增设驱鸟器，针对不同处所采取对应的驱鸟方案。

一是下锚处驱鸟方案：接触网下锚处，易在棘轮补偿装置和坠砣限制架搭设鸟

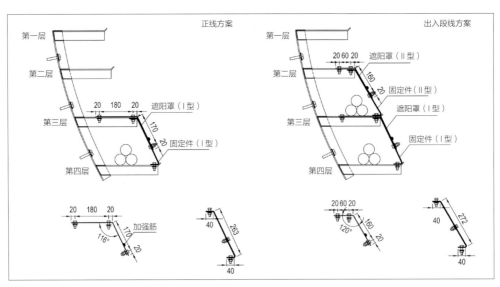

图12-15 遮阳罩方案

窝，在棘轮补偿装置和坠砣限制架分别安装1个光片风车驱鸟器。二是设备处驱鸟方案：接触网隔离开关和避雷器处易搭设鸟窝，在隔离开关处安装2个光片风车驱鸟器和2片平铺式绝缘驱鸟刺，避雷器处安装1个光片风车驱鸟器。三是双腕臂处驱鸟方案：双腕臂处建议在双腕臂上底座和双腕臂下底座分别加装1个光片风车驱鸟器。四是鸟窝搭设频繁部位驱鸟方案：S438

图12-16 遮阳罩现场实装照片

隔离开关处目前已处理鸟窝30次，X446棘轮补偿处目前已处理鸟窝24次，X187双腕臂底座处目前已处理鸟窝17次，S490坠砣限制架处目前已处理鸟窝11次，X408双腕臂底座处目前已处理鸟窝10次。这5处鸟窝搭设频繁，拟采用智能驱鸟器并加平铺式绝缘驱鸟刺或驱鸟剂进行辅助驱鸟。最后是其他处所驱鸟方案：针对鸟窝搭设位置不确定性的特点，上述4条范围外的处所，结合现场实际情况及驱鸟产品类型进行灵活处置（图12-17）。

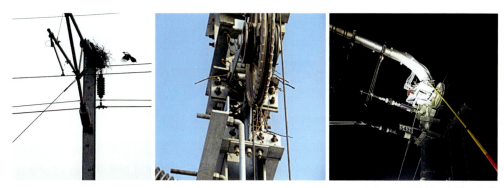

图12-17 接触网支柱上鸟巢

12.18 暖通空调

1号线暖通空调专业设计工作满足人员舒适性要求、设备用房工艺需求及火灾、事故工况人员安全疏散并为消防救援人员提供安全救援环境。但是轨道交通内暖通空调专业系统较多且繁杂，与相关专业接口较多，有些问题在施工图配合阶段发现与各专业沟通、协调得以解决。总结1号线暖通空调设计经验，提出以下建议：

（1）注意空调设备、风口、管线等与弱电专业机柜避让。因暖通专业出图后弱电专业机柜位置调整，在设备安装过程中现场未能及时反馈，出现了弱电专业机柜与空调、风口位置冲突的情况，因风管、风口已安装完成，空调已经充氟，调整工作量较大。业主、相关专业设计单位、施工单位，设备厂家在现场进行讨论协调后确定了调整方案，调整空调及风口位置避开弱电机柜。建议在以后工程中应在暖通专业出图前提供准确的机柜位置，并在施工前由弱电专业在机房中标出机柜位置以避免出现位置冲突的情况，在出现位置冲突时应及时反馈，及时调整，减少调整工作量。

（2）重视与土建、管综及BIM的密切配合。王府庄站车站外包总长340.95m、车站长度较长，建筑主体层高不高，并且主要结构梁没有上翻，环控专业管线尺寸较大，对于管路走向造成了极大的难度，部分区域高度较低，检修困难。大杨站环控机房内空间紧张，设备检修通道宽度不足，施工单位需调整部分风管尺寸，提高风管标高，以满足环控机房的检修要求。建议在以后的工程项目中，BIM早期介入，重点对环控机房、设备区走道等管线复杂、密集部位的管线，综合排布。提前发现问题，及时调整管线路由、尺寸，减少施工后的整改，缩短现场工期。

12.19 给水排水及消防

在设计、施工以及运营过程中我们也发现了很多问题，并进行了问题总结，为后续线路的开通积累了宝贵的设计经验。

（1）设计过程中必须做好与水务集团、排水管理部门及消防部门的对接工作。一是高架车站在施工阶段出现给水接入条件不满足车站用水设计需求的情况。工研院站在初设和施设阶段，提供的市政管网水压波动很大，影响车站给水方案，后期增设了给水泵房，引起设计变更。二是由于地铁设计和施工周期长，市政管网在这期间可能存在变化，特别是市政给水管网水压，在后续工程中应做好周边市政管线接入条件和市政水压的对接，需相关部门提供书面文件作为水系统的设计依据。在不同设计阶段，应及时对市政水压进行确认，必要时进行实地检测，以保证方案的合理性，避免后期调整。三是消防给水方面，根据规范和其他城市经验，在车站室外有双路稳定水源条件下，消防水源采用消防泵从市政给水管网直抽的方式不设消防水池。经与济南水务集团和消防部门沟通后，不同意消防泵直接从市政给水管网上直抽，需增设消防水池。作为首条线路需提前做好与当地水务及消防部门的对接，明确技术要求和建设标准，避免引起重大方案调整。

（2）给水排水专业预留管、槽、洞多且杂，存在多处遗漏、位置偏移等现象。一是设计阶段应全面向建筑、结构专业提预留预埋需求，并充分考虑梁、柱等对设备安装的影响；二是机电单位进场后对预留预埋孔洞进行全面排查，及时由土建单位进行补充；三是在细节方面，排水管线与其他管线存在交叉碰撞、出入口控制箱留槽尺寸不足、站台消火栓与站名墙冲突、广告灯箱与消防水管冲突、检修盖板遗漏、站厅地漏排水立管与站台广告灯箱冲突等问题，需强化接口设计和细节把控。

（3）建议加强对乙供设备的管理。乙供设备没有进行设计联络，设计单位无法知晓产品的型号尺寸，设计过程中根据既有经验进行了预留预埋，建议设备厂家在供货前对现场设备尺寸复核后再行供货。

12.20 动力照明

1号线动力照明从设计上来说，存在专业配合不到位、缺乏沟通协调、设计深度不够等问题，具体如下：

（1）公共区装修专业与动照专业配合不到位。车站公共区灯具由公共区装修专业负责设计，在配合建设单位招标时未按照动照专业要求提出灯具智能调光要求，试验站、创新谷站前期安装的部分灯具不能调光，更换后才实现调光功能。在以后项目中，装修专业应和动照专业深入沟通，了解动照专业对灯具的需求，进一步确定招标方案。

（2）预留配电箱孔洞过小，前期土建配合阶段，无法完全掌握配电箱出线回路数，进而无法确定配电箱的尺寸。因此，动照专业与土建配合孔洞时，应注意结合以往工程经验，并适当放大孔洞尺寸，避免后期孔洞过小，配电箱无法安装的情况。

（3）合理安排动力照明图纸出图时间。动照专业作为收尾专业，其涉及各专业的用电等提资工作，应合理安排动照专业图纸出图时间。待上序专业设备负荷、位置稳定后再出动照专业的图纸，不应和上序专业同一时间出图。避免后期出现反复修改、方案变动，影响现场施工进度，造成不必要的资源浪费。

（4）地下车站预留人防套管不足。王府庄站大里程方向，电缆过王府庄站人防门处人防套管数量较少。以后在与人防配合时，应提前做好电缆数量和规格的测算，并适当考虑富裕量，保证人防套管数量满足实际施工需求。

（5）照明灯具类型与装修风格不匹配。由于设备区房间吊顶结合清水建筑理念，与一般城市设备管理用房全部采用吊顶形式不同，取消了走廊吊顶和部分设备管理用房吊顶，在灯具采购时统一选用了有吊顶的嵌入式灯具，导致部分灯具无法安装。在以后项目中，要提前与装修专业沟通，并及时跟踪变化情况，确定每个房间的装修类型，根据装修类型确定灯具类型。

12.21 通信系统

通信系统虽然在设计过程中已经做到了精益求精，但是在实施过程中还是有一些小瑕疵，瑕不掩瑜，经过总结，起到"以效敬尤"的作用。

（1）清水混凝土装修风格不便于通信前端设备的安装。1号线高架车站采用清水混凝土装修风格，公共区除部分吊顶区域外不允许现场开孔，导致前期配合工作量增大，且部分特殊区域摄像机的监视功能受到影响。建议在后续线路的建设中，装修专业统筹考虑弱电专业终端数量多、位置分散、特殊位置安装需求等特点，综合确定装修方案。

（2）通信设备机房内出现空调风口位于设备机柜正上方的情况。空调风口易产生冷凝水，为保障通信设备的安全可靠运行，空调风口应避开设备机柜正上方。济南轨道交通1号线部分车站出现了空调风口位于设备机柜正上方的情况，建议细化设计，尤其加强与通风空调专业的配合，在施工交底中向施工单位重点强调，如现场发现问题，及时协同各参建方进行处理。

（3）车站部分摄像机与导向存在冲突。摄像机安装时间早于导向牌安装，但导向专业施工时未考虑摄像机与导向牌之间的位置关系，导致导向牌与摄像机安装位置冲突（图12-18）。建议由公共区装修专业统筹位置关系，避免交叉碰撞；同时加强施工交底及设计单位之间的沟通，减少类似事件发生。

（4）车辆基地室外通信人井位于道路护坡上。车辆基地个别室外通信人井位于道路护坡上，增加了施工难度，影响了道路美观。建议在施工图阶段加强与场段室外管综专业的配合，充分了解场段地形，综合考虑规划情况，在更合理的位置设置管道人井。

（5）通信专业部分前端需要借助装修设施安装，装修设施安装时间较为滞

图12-18 摄像机与导向冲突

后，影响通信专业调试进度。建议后续线路装修专业缩短装修设施到货时间，避免影响后续专业的安装、调试进度。

12.22 信号系统

信号专业的设计单位在工程开通以后积极地对工程做了相应的总结，主要不足有：

（1）本工程车辆段采用计轴方式，计轴安装需要两侧保证至少1m的无干扰区，库前轨道区段分界处两侧设置了供电专业回流线焊接于钢轨，应提前协调计轴磁头与回流线的位置，避免造成位置冲突（图12-19）。

图12-19 现场确定计轴位置

（2）信号系统轨旁设备众多，高架段采用U形梁时轨旁设备安装于U形梁顶部平台，设备位置相对较高，维护不便，建议后续线路采用U形梁时，综合考虑设备安装后运营维护的便利和防护问题。

12.23 综合监控系统

综合监控专业在系统开通以后对本项目的相关工程也做了总结，认为以下部分在以后的设计工作站可以做进一步优化。

（1）车站BAS系统蓄电池采用2V蓄电池安装空间局促。设备招标阶段，BAS系统UPS及蓄电池与整合UPS及蓄电池在同一标段招标，招标前考虑系统维护的便利性，BAS系统蓄电池与整合UPS系统蓄电池均采用了2V蓄电池，招标后发现蓄电池数量及空间较大，导致BAS设备房间布置空间较为局促，建议后续线路招标时BAS系统蓄电池采用12V，便于设备布置。

（2）门禁电锁与门体的匹配问题。门禁系统供货商负责门禁电锁的供货安装，而全线门的供货由机电安装单位负责，机电安装单位又分为高架段、地下段、车辆段等不同的单位，由于门禁供货商对应的接口单位过多，导致门禁防火门在生产过程中没有在厂内开孔，进一步导致门禁安装出现问题。建议后续项目考虑门禁电锁统筹纳入机电安装单位负责，或加强门禁供货商与机电安装单位的接口配合。

12.24　火灾自动报警系统

济南轨道交通1号线工程在后期建设提速，受工期影响需同步开展车站风水电和FAS施工图设计，风水电提资受流程影响发生多次变化，并未及时与FAS设计闭合，导致FAS、BAS施工图与风水电图纸不对应。建议后续线路统筹考虑设计工期，风水电出图后给FAS、BAS专业预留合理的出图时间，提高图纸质量，减少设计变更。

12.25　自动售检票系统

自动售检票系统相对较为成熟，主要存在线槽敷设方面的问题，除加强接口设计、减少碰撞外，结合首条线路土建施工误差较大的建设经验，建议AFC线槽高度由80mm调整为60mm。本线AFC系统采用350×80mm线槽，在公共区装修垫层内敷设，由于土建施工误差原因，很多车站装修垫层高度达不到设计要求的150mm，导致AFC线槽敷设完成后装修面层高度不足，建议后期AFC系统线槽高度为60mm，或进一步加强对土建施工误差的控制。

12.26　站内客运设备

在经验教训方面，存在接口划分、技术标准、细节把控三个方面的问题。

（1）本工程钢结构井道电梯钢结构由结构专业负责，玻璃幕墙由装修专业负责，电梯安装要求与结构和装修均存在接口，中间环节未处理好，容易造成影响设备安装。建议后续线路钢结构井道电梯的钢结构和玻璃幕墙由电梯设计统一采购，安装时由电梯标段委托具有钢结构设计资质的厂家完成，景观设计由建筑或装修根据车站风格进行审定，减少电梯外部接口，避免现场推诿影响施工进度。

（2）高架车站出入口采用钢结构玻璃井道，济南属于夏热冬冷地区，夏季井道因温室效应导致温度过高，即使设置通风百叶也难以改善，易增加设备故障风险，同时在运营过程中百叶及金属接缝处也容易漏水。建议高架车站出入口结合景观要求，研究能否采用混凝土的井道形式，降低温度过高导致设备故障风险的同时，妥善解决好漏水问题。

（3）自动扶梯、电梯设备与土建的设计配合最为密切，也最易出现细节问题，在建设过程中，出现了建筑与结构图因变更导致不一致、未按图施工、吊钩遗漏、预埋钢板超过安装高度、预留孔洞尺寸不足等问题。建议在后续的设计中强化细节设计，加强设计交底，严控施工质量，减少设计变更。

12.27 站台门

站台门技术较为成熟，重点关注对细节的把控，本工程主要有以下几点不足：

（1）地下车站端门在排产时按照图纸从站台至设备侧墙的宽度排产，未考虑设备侧墙装修厚度，导致端门活动门与侧墙装修冲突，端门活动门无法正常打开到90°，需要调整公共区侧墙的装修厚度。建议后续线路中充分考虑公共区装修层厚度（一般≤200mm），并根据功能需要进行排产。

（2）站台门招标设计时要求应急门门扇与门槛之间间隙不大于10mm，且具有调节功能，以防止门扇下沿同装修地面冲突；装修设计中盲道比装修面高出5mm，设计上应急门与盲道不会存在冲突，但由于施工现场误差造成相互冲突，建议加强施工安装精度控制，控制间隙高度为5~10mm。

（3）通常地下车站端门外的整合屏采用挂墙安装，本工程采用立柱落地安装，部分车站在站台门端门外绝缘层敷设后安装，直接破坏了站台绝缘层的绝缘效果，后续线路端门外的显示屏建议挂墙安装，或者提前沟通好安装方案，避免施工冲突。

12.28 声屏障

声屏障为桥面结构最后安装的设备设施，面临施工工期压力，动态考虑沿线条件变化，又要重视景观影响，难免出现不足之处，主要有以下几点：

（1）在八字线接轨车辆基地区段，该部分为非标准区段，接触网为框架式构造形式，高度超过声屏障导致标准声屏障无法安装，发现问题后，从高度上加高了檩条并局部断开了声屏障，对景观造成了一定的影响。建议后续线路重视八字线接轨区段接触网与声屏障的配合，实现功能性与景观性的统一。

（2）高架转地下U形槽段进行了罩棚防护设计，防护段为路基段至U形槽段，地面2m以上桥梁段根据环评要求未设置声屏障，考虑到2m高度以上无防护状态下有低空抛物、人员闯入等风险，发现问题后及时增设了声屏障，规避了以上危险。建议从设计之初充分考虑该位置的运营风险，通过声屏障一并解决问题。

附表：济南市轨道交通 1 号线工程参建设计单位

序号	参建单位	工作内容	主要负责人
1	北京城建设计发展集团股份有限公司	总体总包（含装修概念设计、轨道、限界、梯门等）、高架段六站（工研院站至赵营站）六区间、控制中心和派出所、供电系统、济南西站天窗改造、地下车站地面附属建筑	张晋毅、刘伟、田东、张丁盛、宋顺龙、王铁克、李晓霖、张伟、朱晓冬、陈海辉、刘颖
2	北京城建勘测设计研究院有限责任公司	大杨站以外的正线勘察	苏志红、庞炜、裴旭
3	济南市勘察测绘研究院	大杨站及范村车辆基地的勘察、全线建构筑物调查、地形测绘、控制测量	胡文奎、薛明华、隋俭武
4	中铁工程设计咨询集团有限公司	土建工程两站（玉符河站、王府庄站）三区间	王磊、徐莉、鹿江、张震
5	铁道第三勘察设计院集团有限公司	土建工程三站（大杨站至方特站）两区间	高国忠、刘康男、王彪
6	中铁二院工程集团有限责任公司	范村车辆基地	高照学、李光杰、叶啸飞
7	中国建筑设计研究院有限公司	高架车站外立面优化、高架车站室内装修方案设计	崔愷、任祖华、王庆国、饶劢、顾大海
8	北京全路通信信号研究设计院集团有限公司	通信、信号系统	袁松、王磊、董洪卫
9	中铁电气化勘测设计研究院有限公司	综合监控、FAS、BAS、AFC、安防系统	张振杰、舒移民
10	济南城建设计院有限责任公司	工研院站至赵营站区段市政配套设计，包含管线迁改、道路恢复、站前广场绿化等	季建连、邢邦宁
11	济南市市政工程设计研究院（集团）有限责任公司	玉符河站至方特站区段市政配套设计，包含管线迁改、道路恢复、站前广场绿化等	王澍
12	上海隧道工程轨道交通设计研究院	工研院站至紫薇路站五座车站装修设计、导向设计	韩小勇、陈志钢、邵铭
13	深圳广田装饰集团股份有限公司	赵营站至王府庄站三座车站装修设计	郑如新、刘银寅
14	深圳南利装饰集团股份公司	大杨站至方特站三座车站装修设计	韩靖宇
15	山东电力工程咨询院有限公司	主变电所及线路设计	李凤雷
16	济南市人防建筑设计研究院有限责任公司	人防设计	李晓慧、孙伟
17	江苏广华工程设计咨询有限公司	广告灯箱设计	李锦
18	中国铁塔股份有限公司济南市分公司	民用通信设计	袁义龙

参考文献

[1] 济南时报. 揭秘济南轨道交通筹建26年,当轨道交通邂逅泉水[N]. 济南时报,2014-5-7.

[2] 济南市规划局. 济南市城市总体规划（2011—2020年）[R]. 济南,2010.

[3] 济南市规划局. 济南市城市综合交通规划（2011—2020年）[R]. 济南,2010.

[4] 济南市规划局. 济南市公共交通专项规划[R]. 济南,2007.

[5] 济南市规划局. 济南轨道交通线网规划[R]. 济南,2013.

[6] 济南市规划局. 济南市城市轨道交通控制性详细规划[R]. 济南,2013.

[7] 济南市轨道交通建设规划（2015—2019年）[R]. 济南,2014.

[8] 北京城建勘测设计研究院有限责任公司. 济南轨道交通建设对泉水的影响研究[R] 北京,2010.

[9] 中华人民共和国住房和城乡建设部,中华人民共和国国家质量监督检验检疫总局. 地铁设计规范:GB 50157—2013[S]. 北京:中国建筑工业出版社,2016.

[10] 中华人民共和国建设部,中华人民共和国国家发展和改革委员会. 城市轨道交通工程项目建设标准:建标104—2008[S]. 北京:中国计划出版社,2008.

[11] 北京城建设计发展集团股份有限公司. 济南市轨道交通1号线工程可行性研究[R]. 北京,2014.

[12] 北京城建设计发展集团股份有限公司. 济南市轨道交通1号线工程初步设计[R]. 北京,2015.

[13] 北京城建设计发展集团股份有限公司. 济南市轨道交通1号线工程设计总结[R]. 北京,2020.

[14] 王丹. 济南R1线为什么要"成功避开所有城区和市内主路"?——济南轨道交通规划中的独特性分析[EB/OL]. https://mp.weixin.qq.com/s/wTAyVvMxRFNr6nvywtQFeQ,2019-01-10.

[15] 冯乃谦,（日）笠井芳夫,顾晴霞. 清水混凝土[M]. 北京:机械工业出版社,2011.

[16] 安藤忠雄. 建造属于自己的世界[M]. 北京:中信出版集团,2020.

[17] 中华人民共和国住房和城乡建设部. 清水混凝土应用技术规程[M].

北京：中国建筑工业出版社，2009.

[18] 山东省住房和城乡建设厅. 城市轨道交通清水混凝土施工技术规程[M]. 北京：中国建材工业出版社，2007.

[19] 彭一刚. 建筑空间组合论[M]. 北京：中国建筑工业出版社，2005.

[20] 褚智勇. 建筑设计的材料语言[M]. 北京：中国电力出版社，2008.

[21] 崔唯. 城市环境色彩规划与设计[M]. 北京：中国建筑工业出版社，2006.

[22] 王国富，周立民，路林海，李忠卫. 轨道交通清水混凝土应用技术研究[J]. 混凝土，2017（03）.

[23] 吴小光，李太文. 清水混凝土在城市轨道交通高架车站的应用研究用及研究[J]. 城市轨道交通，2006（12）：92-93.

[24] 张蒙. 清水混凝土在青岛地铁地下车站中的应用及研究[J]. 铁道标准设计，2018（12）：154-158.

城 建 设 计 · 泉 城 赋

刘一白

天降雨水于南山，经渗流沿裂隙，涌出于火成岩边，泉城现。
地逢拥堵之现状，历卅载谋良策，肇始于济水西南，轨道建。
人祈交通之便捷，通隧道过桥梁，畅达于经上纬下，网络链。
合担家国之使命，立匠心勤奋斗，聚力于综合服务，未来愿。

作者简介

张晋毅，1978年5月生，山西襄汾人，教授级高级工程师，博士研究生，时任济南轨道交通1号线工程总设计师，现任北京城建设计发展集团股份有限公司第二设计院院长、专家委员会结构组成员。担任中国城市轨道交通协会工程咨询专业委员会委员、中国勘察设计协会结构设计分会青年工程师工作组委员、北京城建科技促进会危大工程及轨道交通工程专家、山东土木建筑学会地下空间工程专业委员会副主任委员。

刘伟，字一白，1979年6月生，山东东平人，国家一级注册建筑师，教授级高级工程师，硕士研究生，时任济南轨道交通1号线工程执行总设计师，全程参与了1号线的规划设计。现任北京城建设计发展集团股份有限公司济南分院院长，担任中国国际工程咨询有限公司、山东省工程咨询院、山东省建设工程消防设计审查验收等专家。

路林海，1982年8月生，河北南宫人，正高级工程师，博士研究生，主要从事城市轨道交通绿色建造相关研究及管理工作。时任济南轨道交通1号线工程项目经理，现任济南轨道交通集团有限公司总经理助理，济南交通发展投资有限公司董事长。中国土木工程学会轨道交通分会青年专家委员、山东轨道交通学会理事、山东土木建筑学会基坑工程专业委员会副主任委员，济南专业技术拔尖人才、山东省"五一劳动奖章"获得者。